DROEMER ✪

Esther Göbel

DIE FALSCHE WAHL

Wenn Frauen ihre Entscheidung
für Kinder bereuen

Besuchen Sie uns im Internet:
www.droemer.de

Originalausgabe März 2016
© 2016 Droemer Verlag
Ein Imprint der Verlagsgruppe
Droemer Knaur GmbH & Co. KG, München
Alle Rechte vorbehalten.
Das Werk darf – auch teilweise – nur mit
Genehmigung des Verlags wiedergegeben werden.
Redaktion: Nadine Lipp, Berlin
Covergestaltung: Franzi Bucher, München
Satz: Adobe InDesign im Verlag
Druck und Bindung: CPI books GmbH, Leck
ISBN 978-3-426-27680-8

5 4 3 2 1

Es gibt keine Grenzen.
Weder für Gedanken
noch für Gefühle.
Es ist die Angst,
die immer Grenzen setzt.

Ingmar Bergman

Inhalt

Vorwort

Diese Geschichte beginnt nicht mit Müttern, auch nicht mit Kindern. Sie beginnt mit einer persönlichen Ernüchterung. Ich lebe in einer Großstadt, begreife mich als emanzipiert und gebildet, bin 31 Jahre alt, gesund und damit: eine junge Frau im besten gebärfähigen Alter. Lange Zeit machte diese Tatsache mir nicht zu schaffen; ich lebe schließlich in einer Gesellschaft, die mir die Freiheit lässt, selbst zu entscheiden, ob ich Kinder gebären möchte oder nicht.

Dachte ich.

Erst später sollte ich verstehen. Nämlich ab dem Punkt, an dem ich offen den Gedanken äußerte, vielleicht für immer kinderlos zu bleiben. Freiwillig.

Egal mit wem ich über mein Empfinden sprach, nie durfte der Satz: »Ich möchte vielleicht keine Kinder« einfach so stehen bleiben. Die gemäßigte aller Reaktionen war ein stummer, aber verwunderter Blick, der kein Verständnis spiegelte. Er kam von einem befreundeten Kollegen, der während eines gemeinsamen Mittagessens kurz sein Kauen unterbrach, als ich meine Unschlüssigkeit äußerte. Der Kollege sah mich wortlos an, murmelte etwas Unverständliches in seinen Teller und bearbeitete weiter seine Nudeln.

Die moderatere Antwort erhielt ich von einer guten Freundin, Mitte 30, Mutter zweier Töchter: »Ach, da wächst du schon noch rein!«, sagte sie, machte eine abwinkende Handbewegung und lächelte generös das Lächeln der Erfahrenen – als ob mein bis dato schwankender Kinderwunsch eine zwangsläufig nach oben verlaufende Linie wäre, die mit dem Alter auf der Skala der Sehnsüchte kontinuierlich ansteigt, und meine Zweifel lediglich eine überflüssige Laune, die sich einfach so wegwischen ließe.

Die heftigste Reaktion jedoch äußerte eine andere Freundin, genau wie ich 31 Jahre alt. Wir kennen uns seit zehn Jahren, sie ist selbstbewusst, emanzipiert und ungebunden. Meine Freundin lässt sich von niemandem diktieren, was sie zu tun oder zu lassen hat – und dann sagte sie zu mir: »Jede Frau hat die gesellschaftliche Pflicht, ein Kind zu gebären.«

Dieser Satz änderte etwas. Und meine anfängliche Ernüchterung steigerte sich in Empörung. Plötzlich verstand ich, dass ich als junge Frau so frei, wie ich zu sein glaubte, gar nicht bin. Da ist dieser Druck, als Frau einem Bild entsprechen zu müssen, das in unserer Gesellschaft noch immer eng mit dem Muttersein verknüpft ist. Frauen sollen Kinder gebären. Nach wie vor stellt diese Forderung das Leitbild dar.

Und es dämmerte mir: Wenn schon ich als kinderlose Frau einen gesellschaftlichen Erwartungsdruck verspüre, wie müssen sich dann erst Mütter fühlen? Von denen gefordert wird, dass sie ihre Kinder wenn schon nicht abgöttisch, dann zumindest bedingungslos lieben, dass sie stets glücklich sind, dass sie ihre Entscheidung, Nachwuchs bekommen zu haben, niemals hinterfragen, geschweige denn bereuen dürfen?

Denn Muttersein ist wunderschön, das größte Glück auf Erden. Zumindest laut der gängigen Norm. »Vermehret euch und zweifelt nicht!« So lautet der allgegenwärtige Imperativ an Frauen. Deutschland hat eine kinderlose Kanzlerin, die oft die mächtigste Frau der Welt genannt wird. Die Geburtenrate in Deutschland pendelt auf einem konstant niedrigen Level, sogar auf dem niedrigsten weltweit.[1] Und doch: Kinderwunsch und Mutterglück sind noch immer das Maß, mit dem sich Frauen hierzulande vermessen lassen müssen und meist auch selbst vermessen.

Ich fragte mich also: Sollten wir im Jahr 2016 nicht viel weiter sein? Sind wir wirklich so emanzipiert, wie wir glauben?

Der bestehenden Norm zufolge ist jede Frau eine Mutter. Und die ist angeblich niemals zweifelnd, sondern immer zufrieden. Dass diese Norm jedoch mit der Realität kollidiert und Mütter auch anders empfinden können, trug ich als stumme Ahnung lange mit mir herum. Ab und zu versuchte ich, mit befreundeten Müttern über meine Gedanken zu sprechen. Sicher, manchmal waren die Kinder anstrengend, oft fehlte der Schlaf, sagten sie. Aber die Conclusio blieb immer dieselbe: Natürlich war Frau überglücklich mit der Mutterrolle. Damit war das Gespräch in der Regel beendet.

Über die negativen Seiten dieser Rolle zu sprechen hatten meine Freundinnen nicht gelernt. Zu schwer wog der Druck von außen, zu sehr beäugten sie sich gegenseitig. Denn in der Wertung der öffentlichen Meinung ist die Frau, die Ambivalenz gegenüber ihren Kindern fühlt oder die es gar wagt, ihre eigene Entscheidung kritisch zu hinterfragen, unweiblich, egoistisch, fehlerhaft, unreif, karrieregeil, zu verkopft oder zu verwöhnt. Und wenn all das noch immer nicht reicht, haut man ihr eben den Stempel »gestört« auf den nachdenkenden Kopf.

Und doch gibt es die negativen Seiten des Mutterseins: den Druck der Verantwortung, den Verlust von Selbstbestimmung und Freiheit, die Überforderung, die fehlende Zeit für sich selbst, die Neuordnung mit dem Partner, die teils irreversible Veränderung des eigenen Körpers, ein chronisches Schlafdefizit, die Wut über eine vielleicht mangelnde Unterstützung, die ständige Sorge um das eigene Kind, die Unsicherheit und die Zweifel, eine gute Mutter zu sein, die große Anstrengung, Beruf und Familie miteinander zu vereinbaren, der ständige Stress, die Trauer darüber, das alte Leben aufgegeben zu haben für ein neues, das vielleicht hinter den Erwartungen vor der Geburt zurückbleibt.

Ich fühlte mit meinen Freundinnen. Und so hielt meine Skepsis an.

Dann stieß ich auf eine wissenschaftliche Studie aus Israel. Die Soziologin Orna Donath erforscht darin eine Beobachtung, die sie mit den Worten »regretting motherhood« betitelt, was übersetzt so viel bedeutet wie »die Mutterschaft bereuen«: Sie befragte 23 israelische Mütter im Alter von Mitte 20 bis Mitte 70 in intensiven Interviews zu ihren Gefühlen gegenüber der eigenen Mutterrolle. Allen Frauen stellte Donath die Frage: »Wenn Sie die Zeit zurückdrehen könnten, würden Sie dann noch einmal Mutter werden, mit dem Wissen, das Sie heute haben?« Alle Mütter, sosehr sie sich auch in ihren persönlichen Koordinaten unterschieden, antworteten auf dieselbe Weise: »Nein.«

Ich las die Studie einmal, zweimal, ich hatte noch nie vorher von Müttern gehört, die ihre Mutterrolle bereuten. Doch je mehr ich darüber nachdachte, desto mehr gärte in mir die Frage: Jede Entscheidung im Leben ist der Gefahr von möglicher Reue ausgesetzt – wieso also sollte ausgerecht eine der existentiellsten Entscheidungen im Leben einer Frau, nämlich ein Kind zu bekommen, von Reue ausgenommen sein?

Ich las die Studie ein drittes und viertes Mal, weil ich verstehen wollte, was das Phänomen ausmacht und wie das Tabu mit unserer Zeit verknüpft ist. Auch, wie es mich selbst als kinderlose Frau betrifft. In meine persönliche Empörung mischten sich Fragen nach der gängigen Norm, nach dem gültigen Frauen- und Mutterbild. Ich beschloss, einen Artikel zu der Thematik zu schreiben. Der Text erschien in der Oster-Ausgabe der *Süddeutschen Zeitung* – und sorgte für Aufregung: Innerhalb weniger Tage erreichte der Artikel online mehrere Hunderttausend Klicks, auf Facebook wurde der Text über das Profil der *Süddeutschen Zeitung* so oft kommentiert, dass ich irgendwann vor der schieren Anzahl der Kommentare kapitulierte. Das ZDF-*heute-journal* griff das Thema in der ersten Woche nach Ostern in seiner Sendung auf, Moderator Claus Kleber sagte: »Ich bin sicher, das ist nicht der letzte Beitrag zu diesem Thema.«

Er sollte recht behalten: Die klassischen Printmedien zogen nach, die Mütterblogs im deutschsprachigen Raum diskutierten zu diesem Zeitpunkt längst; unter dem Hashtag #regrettingmotherhood fand sich das Thema bald auch bei Twitter. Das Phänomen der bereuenden Mütter erhitzte die Gemüter. Eine Debatte war losgetreten. Nicht nur online, nicht nur in den Medien. Auch unter Müttern und jungen Frauen im realen Leben.

Seitdem weiß ich: Es gibt Redebedarf. Bei allen Müttern, die nicht der gängigen Norm nach empfinden, sich aber scheuen, ihren Gefühlen Ausdruck zu verleihen. Dieses Buch will sich jedoch nicht nur an jene Mütter wenden, die den Extremfall ihres Unglücks fühlen, die Reue. Sondern auch an solche, die ihre persönliche Erfüllung nicht automatisch in stundenlangen Still- oder Spielplatzsitzungen finden, obwohl sie ihr Kind lieben. Und die manchmal Verzweiflung und Wut darüber spüren, dass sie nicht nur durch ihr Kind fremdbestimmt werden, sondern vor allem durch ein Rollenbild, das ihnen vorschreibt, wie sie sich zu fühlen haben.

Menschen unterscheiden Erlebnisse und Geschehenes seit jeher in schwarz und weiß, gut und böse, normal und anormal, richtig und falsch. Weil diese Kategorisierungen eine vermeintliche Sicherheit versprechen in einer Welt, die nie einfach nur schwarz oder weiß, gut oder böse, normal oder anormal und richtig oder falsch ist. Trotzdem schaffen wir solche Kategorien. Weil wir sonst in dieser schwierigen Welt nicht bestehen könnten. Wir wünschen uns einfache und eindeutige Antworten, vor allem bei komplexen Fragestellungen. Doch wenn die Recherche an diesem Buch eines deutlich macht, dann die Erkenntnis: Mutterschaft und damit verbundene normative Gefühle wie Mutterliebe und Reue sind ein extrem vielschichtiges Thema, bei dem es keine einfachen Antworten gibt.

Deswegen verfolgt dieses Buch keinen universal gültigen Wahrheitsanspruch, einem naturwissenschaftlichen Beweis gleich. Es verweigert sich einfachen Kategorisierungen; wer nach den Ursachen für das Phänomen regretting motherhood sucht, wird *die eine* Erklärung nicht finden. Genauso wenig will dieses Buch glücklichen Müttern ihr Glück absprechen oder Frauen ihren Kinder- und Familienwunsch ausreden, denn das wäre schlicht eine Anmaßung. Beides, sowohl Mutterschaft als auch Familie, macht sehr viele Menschen sehr glücklich. Die folgenden Seiten sollen vielmehr eine Suche nach möglichen Antworten sein. Sie sollen den vorliegenden Diskurs genauer betrachten und in eine konstruktive Richtung lenken.

Ich möchte die bereuenden Mütter verstehen lernen und erkennen, welche Geschichte sich hinter ihrer Scham über die gefühlte Reue verbirgt. Es drängt sich außerdem die Frage auf: Wieso stellen bereuende Mütter und jene, die auch nur ambivalente Gefühle ihrer Rolle gegenüber hegen, ein solches Tabu dar? Wieso dürfen Frauen mit Kindern nicht über die negativen Seiten ihrer Rolle sprechen? Wo doch Muttersein nicht nur großes Glück bedeuten kann, sondern auch: Anstrengung, Verzicht, Unsicherheit. Es gibt diese ambivalenten Gefühle bei Müttern, sie sind sogar normal. Jeder Bindungsforscher und jede Entwicklungspsychologin wird das bestätigen. Was es bis dato nicht gibt: eine Redenskultur sowie einen öffentlichen Raum der Akzeptanz.

Wir wissen wenig über bereuende Mütter und über die Ursachen ihrer Gefühle, da die Thematik bis dato im öffentlichen Raum nicht explizit als eigenständiges Phänomen benannt und betrachtet wurde. Mütter, die mit ihrer Rolle hadern, sprechen nicht darüber. Negative Gefühle sind von der Gesellschaft in Bezug auf Mütter und ihre Kinder nicht erwünscht. Hinter vorgehaltener Hand aber wartet nicht selten ein riesiges Konglomerat aus Erschöpfung, Unsicherheit und Wut. Und so vermischt sich in dem Begriff regretting motherhood ein persönliches Gefühl mit einer gesellschaftlichen Problematik. Eben weil das so ist, muss die Betrachtung des Phänomens auch auf verschiedenen Ebenen verlaufen. Unwiderrufliche Reue mag ein Extrem sein, aber sie rührt an die Sorgen und Ängste vieler Frauen. Wer ihre Nöte verstehen will, muss deswegen fragen, wie die unterschiedlichen Ebenen zusammenhängen. An welchen Stellen also das persönliche Gefühl die individuelle Ebene verlässt und vielmehr in einem gesellschaftlichen Kontext betrachtet werden muss. Nur in diesem Spannungsfeld macht eine Diskussion Sinn.

Es braucht zunächst eine klare Definition des Begriffs (Kapitel 1), doch sie allein reicht nicht aus. Ebenfalls wäre es unzureichend, lediglich die persönliche Geschichte bereuender Mütter wiederzugeben (Kapitel 3). Auch darf die Tatsache nicht außer Acht gelassen werden, dass die soziologische Studie Orna Donaths aus Israel stammt. Wer differenziert analysieren will, muss über die Ausgangsstudie hinaus fragen: Wie sieht die Situation von Frauen in Israel im Vergleich zu derjenigen von Frauen in Deutschland aus (Kapitel 2)? Wie ist der deutsche Muttermythos entstanden, und wieso können wir uns nur so schwer von ihm lösen (Kapitel 5)? In welcher sozialpolitischen Realität finden sich Frauen hierzulande wieder (Kapitel 6)? Mit welchen Begriffen wird sprachlich operiert, wenn von »natürlicher Mutterliebe« die Rede ist (Kapitel 7)? Wie geht es den Müttern in diesem Land – aber auch den Vätern (Kapitel 8 und 9)? Was muss sich ändern (Schlusswort)? Und vor allem: Was war da eigentlich los, als sich die Debatte rund um das Thema regretting motherhood im Frühjahr 2015 derart erhitzte, als hätte das Thema lange im Dampfdrucktopf vor sich hin gegart und nur darauf gewartet, dass jemand den Deckel lüftet? Wieso ereiferten sich so viele – wegen 23 anonymer Mütter (Kapitel 4)?

Genau das ist die Kernfrage, in der sich die individuelle Geschichte einzelner Betroffener mit der gesellschaftlichen Ebene verknüpft. Es ist diese Frage, die erklärt, warum das vorliegende Buch sich nicht nur an Mütter richtet. Sondern auch an kinderlose Frauen im besten (gebärfähigen) Alter.

Wer sich die Debatte #regrettingmotherhood genauer anschaut, stellt schnell fest: Unter den Facebook- und Twitter-Kommentaren fanden sich nicht nur erleichterte Worte von betroffenen Müttern, sondern auch verurteilende und sogar hetzende Aussagen. Die aber helfen niemandem weiter. Wir sollten daher vorsichtig sein mit den gewählten Begrifflichkeiten. Und unseren Blick stattdessen fokussieren. Denn die Diskussion, die sich in den Wochen nach Bekanntwerden der israelischen Studie hierzulande entwickelte, war zu weiten Teilen ein Missverständnis.

Über die Vereinbarkeit von Beruf und Familie wurde in

den Kommentarspalten der Zeitungen und sozialen Netzwerken des Internets gestritten. Diese Diskussion wurde schon oft geführt, und sie muss weitergeführt werden, auch im Zusammenhang mit dem Phänomen regretting motherhood. Weil Kinder keine reine Privatangelegenheit von Müttern sind. Doch wer die Diskussion um die bereuenden Mütter allein in den Mantel der fortwährenden Vereinbarkeitsdebatte hüllt, greift zu kurz. Es geht um etwas anderes: darum, eine Norm zu hinterfragen. Um auf diese Weise mit einem der letzten großen Tabus unserer Gesellschaft aufzuräumen: dem Mythos der stets und zwangsläufig glücklichen Mutter, die weder Ambivalenz geschweige denn Reue zeigen darf.

Wie groß dieses Tabu ist, wird auch in der Tatsache deutlich, dass die drei bereuenden Mütter aus Deutschland, die auf den folgenden Seiten zu Wort kommen, nicht unter ihrem wirklichen Namen auftauchen wollten; nur im Schutz der Anonymität waren sie dazu bereit, über ihre Reuegefühle zu sprechen. Die drei Frauen unterscheiden sich in Alter, Wohnort, Anzahl und Alter ihrer Kinder, Bildungs- und Beziehungsstatus, Beruf und persönlicher Sozialisation. Sie sind nicht »verrückt« oder »gestört«, auch nicht »asozial« oder »herzlos«. Es sind Mütter, die aus verschiedenen Gründen nicht in das Korsett unserer gängigen Vorstellungen passen und für die die Mutterrolle deswegen problematisch ist.

Die Zeit schrieb in einer Replik auf die #regrettingmotherhood-Debatte: »Über die Vereinbarkeit von Beruf und Familie wurde viel gesagt. Über die Vereinbarkeit von Mutter und Kind nicht.« Damit trifft Nina Pauer, die Autorin des Textes, den Nagel auf den Kopf. Es geht in diesem Buch nicht um dysfunktionale, »kranke« Mütter, auch nicht im Kern um die Frage, wie eine Frau Kind und Job unter einen

Hut bringen kann (obwohl diese Problematik ein Teil der Betrachtung ist). Es geht um die Frage, wie sich das bestehende Frauenbild mit der gesellschaftlich gesetzten Erwartung nach dem großen Mutterglück in Einklang bringen lässt. Denn im Kern dreht sich die ganze Diskussion auch um mehr Freiheit. Für alle Mütter, aber auch für jede andere Frau.

Darum dieses Buch.

1
Was ist regretting motherhood? – Eine Definition

Ich habe natürlich meine Mutterschaft mal bereut. Jedes Mal, wenn ich meinem Sohn weh tun wollte. Als er ein Baby war und ich alleine, und er hörte nicht auf zu schreien. Er schrie und schrie und ich wollte ihm weh tun, ich wollte, dass er aufhört. Da habe ich meine Mutterschaft mal bereut. Oder jedes Mal, wenn ich dachte, ich sei eine so schlechte Mama, dass es ihm besser ginge, wenn er nicht geboren wäre; besser überhaupt nicht geboren als am Leben mit so einer schlechten Mutter wie mir. Jedes Mal, wenn ich mein Bestes gegeben habe und mein Bestes nicht gut genug war. Oder als mein Ex mich beim Jugendamt verpetzt hat. Oder als mein Sohn mich gebissen hat, wegen einer Club-Penguin-Karte. Als ich so alleine war, alleine und erschöpft. Als ich überfordert war, überfordert und überwältigt, überfordert und alleine.[1]

So beschreibt die in Berlin lebende Autorin Jacinta Nandi die Gefühle für ihren Sohn Lenny. Die Zeilen stammen aus einem Text, den die Bloggerin im Mai 2015 als Teil der #regrettingmotherhood-Debatte im Internet gepostet hatte. Er liest sich, als würde Nandi ihr Kind bereuen. Sie kommt am Ende des Textes aber zu dem Schluss, dass dies gar nicht der Fall sei. Die Worte sollen lediglich ihre Gefühle in bestimmten Situationen wiedergeben und ihre Überforderung als Mutter in diesen Situationen beschreiben. Nandis Zeilen sind Schnappschüsse, Momentaufnahmen mütterlicher Ambivalenz. Wenn aber Nandi laut Selbstauskunft

19

keine bereuende Mutter ist, welche Frau ist es dann? Wo fängt das Phänomen regretting motherhood an, und wo hört es auf? Was unterscheidet mütterliche Reue von mütterlicher Ambivalenz oder auch von postpartaler Depression? Wo verlaufen die Grenzen? Und wieso bereuen manche Frauen ihre Mutterschaft, obwohl sie ihre Kinder lieben? Beziehungsweise: Wie geht beides überhaupt zusammen?

Wir wissen wenig über die mütterliche Reue, weil sie bislang wissenschaftlich nicht in breitem Rahmen untersucht wird. Grund dafür mag auch der negative Beigeschmack sein, den das Thema bei vielen hervorruft. Offensichtlich stößt der Gedanke, Frauen könnten ihre Mutterschaft nachhaltig bereuen, derart bitter auf, dass bislang abgesehen von einer Forscherin aus Israel schlicht niemand auf die Idee gekommen ist, das Phänomen wissenschaftlich zu beleuchten. Die Entwicklungspsychologie beispielsweise konzentriert sich eher auf pränatale Angst oder postpartale Depression von Frauen. Auch in der Soziologie und der Anthropologie hat man die bereute Mutterschaft nie groß verfolgt, genauso wenig in den Genderwissenschaften. Langzeitstudien und quantitative Untersuchungen fehlen bisher. Wie wichtig aber eine möglichst genaue Begriffsdefinition ist, zeigt die Debatte, die im Frühjahr 2015 entbrannte: Wild flogen die verschiedenen Begriffe durcheinander, in einem schwammigen Konglomerat jagte eine Mutmaßung die nächste; die meisten Kommentatoren vermuteten bei den bereuenden Müttern schlicht ein pathologisches Problem. Leider hatten sie vergessen, den Begriff regretting motherhood auf eine bestimmte Definition hin zu eichen. An der israelischen Ausgangsstudie wollten sie sich auch nicht orientieren.

Dabei liefert Orna Donath, Soziologin an der Universität Tel Aviv und Verfasserin eben jener Studie, eine klare Bestimmung dessen, was sie mit den Worten »regretting motherhood« zusammenfasst:[2] Sie definiert solche Frauen als bereuende Mütter, die von sich sagen, sie liebten ihr Kind oder ihre Kinder – die sich gleichzeitig aber in ihrer Mutterrolle so unglücklich fühlen, dass sie den Schritt, ein Kind bekommen zu haben, zutiefst bereuen. Nicht nur in den ersten schwierigen Wochen und Monaten nach der Geburt, was das Phänomen von der postpartalen Depression abgrenzt. 13 bis 19 Prozent aller Mütter zeigen vier Wochen bis zu ein Jahr nach der Geburt depressive Symptome wie beispielsweise Angst, Schlaflosigkeit, Traurigkeit, Panikattacken oder Schuldgefühle.[3] Die postpartale Depression ist als Krankheit anerkannt; wird sie richtig und frühzeitig behandelt, sind die Heilungschancen gut.

Die mütterliche Reue aber ist keine Krankheit. Sie tritt auch nicht ausschließlich in bestimmten Momenten auf, was sie von ihrer Schwester, der mütterlichen Ambivalenz, unterscheidet. Die Reue der befragten Mütter begleitet die betroffenen Frauen nachhaltig. Und zwar so sehr, dass sie die Geburt ihrer Kinder rückgängig machen würden, wenn sie nur könnten. Das ist der große Unterschied zu postpartaler Depression und mütterlicher Abivalenz: Keines dieser beiden Phänomene beinhaltet zwingend eine gedankliche Auseinandersetzung der betroffenen Frauen mit ihren Gefühlen. Die mütterliche Reue aber erfordert ein Mindestmaß an Reflexion; nur, wer sich mit früheren Entscheidungen gedanklich auseinandersetzt, kann im Anschluss sagen, dass sie oder er bereut.

Für ihre Studie hatte Donath 23 israelische Mütter im Alter von Mitte 20 bis Mitte 70 in langen Interviews zu ihren Gefühlen gegenüber der eigenen Mutterrolle befragt. Der Großteil der Frauen stammte aus der Mittelschicht, manche hatten ein Kind, andere mehrere, manche waren alleinerziehend, andere nicht. Fünf der Probandinnen bezeichneten sich als atheistisch, zwölf als säkular, drei ordneten sich verschiedenen religiösen Sektoren zu, die restlichen drei wollten sich keiner eindeutigen religiösen Strömung verschreiben. Elf der befragten Frauen hatten ein Studium abgeschlossen, acht die Highschool besucht, drei eine professionelle Ausbildung durchlaufen, eine Befragte studierte noch. Fünf der Frauen hatten Methoden der künstlichen Reproduktionstechnologie genutzt, um schwanger zu werden.

Acht Probandinnen waren verheiratet oder lebten in einer langjährigen Beziehung, vierzehn waren geschieden oder vom Partner getrennt, eine der Befragten war verwitwet. Bei einigen Probandinnen kümmerte sich hauptsächlich der Vater um Kinder und Haushalt, in anderen Fällen lebte der Nachwuchs ganz beim Vater. Das Alter der Kinder lag zwischen einem und 48 Jahren, einige waren also schon erwachsen und zum Teil selbst Eltern. Keines der Kinder wies eine physische Behinderung auf, fünf von ihnen waren jedoch als betreuungsintensiv charakterisiert worden. Nur ein einziges gemeinsames Kriterium war es, nach dem Donath die Teilnehmerinnen ihrer qualitativen Studie ausgewählt hatte. Alle verneinten die Frage: »Wenn Sie die Zeit zurückdrehen könnten, würden Sie dann noch einmal Mutter werden, mit dem Wissen, das Sie heute haben?«

Die 57-jährige Tirtza etwa findet, ihre Mutterschaft habe ihrem Leben nichts hinzugefügt außer Schwierigkeiten und ständige Sorge. Charlotte, 44, sagt, sie ziehe aus ihrer Mutterrolle keinerlei emotionalen Gewinn. Muttersein »sei halt die Auseinandersetzung mit dem nun mehr Unvermeidbaren«. Und Atalya, 45, beklagt, sie könne einfach nicht verstehen, was andere Mütter meinen, wenn sie von ihren Glücksgefühlen sprächen. Sie empfinde Muttersein als eine Bürde.

Diese Aussagen sind schon deshalb bemerkenswert, weil

sie aus dem Mund einer Mutter normalerweise als Kuriosum gelten. Frauen sprechen öffentlich nicht über negative Gefühle in Bezug auf ihr Kind, meistens auch nicht im privaten Umfeld. Dabei kennt jede Mutter Situationen der Überforderung, geprägt von Einsamkeit und Zweifeln. Also Momente, wie Nandi sie treffend beschreibt. Die ambivalenten Gefühle können sogar hilfreich sein, da sie eine intensivere Auseinandersetzung der Mutter mit ihrem Kind erfordern, was letztlich die Bindung zwischen beiden stärkt. Schwierig wird die Ambivalenz der Mutter erst, wenn sie für den Nachwuchs jederzeit spürbar ist.

Dass es jedoch schwer ist, seine Gefühle als Mutter stets zu kontrollieren, weiß jeder, der schon einmal über einen längeren Zeitraum Babysitter war. Kleinkinder und Babys sind rücksichtslos an ihren ureigenen Bedürfnissen orientiert. Sie müssen erst lernen, dass neben den eigenen auch noch die Bedürfnisse anderer existieren. Also fordern sie, unermüdlich. Sie schreien nach Essen, Nähe, Liebe, Aufmerksamkeit, Sorgfalt, Beschäftigung, Geduld und Schutz, später nach Antworten, Einsichten und Erklärungen. Sie fordern und fordern – und manchmal *über*-fordern sie. In solchen Momenten stellen sich negative Empfindungen ein. In der Regel verflüchtigen diese sich jedoch wieder; es überwiegt trotz aller Anstrengungen und Entbehrungen das Glück über das eigene Kind.

Bei den bereuenden Müttern ist jedoch genau das nicht der Fall. Obwohl auch einige der Frauen aus Donaths Studie positive Aspekte der Mutterrolle anerkennen können (persönliche Weiterentwicklung, herausfordernde Aufgabe oder das Gefühl einer größeren gesellschaftlichen Wertschätzung),[4] fällt ihr Fazit in der Auseinandersetzung mit der eigenen Mutterrolle negativ aus. Sie unterscheiden zwischen Objekt und Erfahrung, also zwischen Kind und Mutterschaft. Im Klartext bedeutet das: Frauen, die ungern

Mütter sind, lieben ihren Nachwuchs deswegen nicht weniger. Sie bereuen nicht das eigene Kind, sondern das Muttersein. So sagt die 44-jährige Charlotte in Donaths Studie[5]:

Schauen Sie, es ist kompliziert zu erklären. Ich bereue es, Mutter geworden zu sein, aber ich bereue nicht meine Kinder, wer sie sind, ihre Persönlichkeit. Ich liebe sie. (...) Ich bereue es, Kinder bekommen zu haben und eine Mutter zu sein – aber ich liebe die Kinder, die ich bekommen habe. (...) Ich wünsche mir nicht, dass sie nicht hier wären, ich möchte einfach keine Mutter sein.

Und Tirtza, selbst zweifache Mutter sowie Großmutter, drückt ihre Gefühle folgendermaßen aus:[6]

Ich glaube, ich habe die Entscheidung schon in den ersten Wochen nach der Geburt bereut. Ich sagte, es war eine Katastrophe. Eine Katastrophe. Ich habe sofort verstanden, dass das nichts für mich ist. Mehr noch: Es ist der Alptraum meines Lebens (...). Allein dieses Konzept, wenn ein Kind mich ›Mama‹ nennt. Ich drehe mich um, schaue, welche Mutter gemeint ist. Bis zum heutigen Tag. Ich konnte keine Verbindung herstellen zu dem Konzept, der Rolle, den Konsequenzen dieser (...) Verantwortung und Verpflichtung.

Der erste Impuls verleitet dazu, solche Aussagen als ein individuelles, psychologisches Problem der einzelnen Frauen zu bewerten. Doch Donath schreibt in ihrer Studie, dass keine der Mütter eine auffällige Persönlichkeitsstruktur zeige. Auch gehörten die Probandinnen keinem bestimmten Problemmilieu an. Donath verortet die mütterliche Reue nicht in der Psychologie – sie betrachtet das Phänomen mit dem Blick der Soziologin. Folglich sucht die Wissenschaftlerin nicht nach dem Programmierfehler in der seelischen

Software ihrer Probandinnen, also nach eher intrinsischen Ursachen. Donaths Probandinnen sind eben nicht »gestört« oder »abnorm«. »Es sind ganz normale Frauen, die ihre Mutterrolle aber mit einer anderen emotionalen und kognitiven Haltung bewerten, als der soziale Kontext es verlangt«, so die Forscherin.

Mit dieser Aussage hebt sie die mütterliche Reue aus der persönlichen Schmuddelecke heraus in einen normativen Kontext. Donath setzt sich eine feministische Brille auf, durch die jene Fragen rund um das Phänomen in einer veränderten Form erscheinen. So fahndet die Wissenschaftlerin nicht nach der alles erklärenden Ursache für die mütterliche Reue, auch nicht nach dem großen Warum. Sie verschiebt den Blickwinkel und fragt, fast schon mit einer gewissen Koketterie: Warum nicht? »Wenn Reue in der Rückschau theoretisch jeden Lebensbereich, jede menschliche Beziehung und jede Entscheidung berühren kann, wieso dann nicht auch die Mutterschaft?«

Natürlich ist das eine provokante Frage. Sie fordert ihr Gegenüber heraus. Donath tätigt die Provokation als Frau, die von sich selbst sagt, sie sei Feministin. Und die sich freiwillig gegen eigene Kinder entschieden hat. Bevor sie das Thema regretting motherhood untersuchte, beschäftigte Donath sich mit der Frage, warum Frauen und Männer sich bewusst gegen Kinder entscheiden. Auch damals setzte sie sich mit der normativen Ebene auseinander, auf der das Thema Elternschaft und speziell die Mutterschaft Karussell fährt. Donath erforscht mit ihrer Arbeit den kulturhistorischen und soziopolitischen Charakter von Mutterschaft. Dass sie ihre Fragen vor diesem Hintergrund weiterdreht und auf die mütterliche Reue lenkt, scheint fast logisch. Donath will die mütterliche Reue ganz bewusst unter gesellschaftlichen Gesichtspunkten betrachten; als Soziologin ist die Gesellschaft ihr Revier.

Allerdings vernachlässigt die Forscherin die persönlichen Einflussfaktoren der einzelnen Probandinnen. So erfahren wir nichts über die Qualität der Beziehung zwischen den Kindern und ihren bereuenden Müttern. Auch werden keine detaillierteren Informationen zu deren Vorstellung vom Muttersein *vor* der Geburt der eigenen Kinder wiedergegeben, genauso wenig wie zur eigenen Biographie. Nur in einem einzigen Fall ist zu lesen, dass die Probandin eine schwere Kindheit durchlebt hat und sich durch ihre eigene Tochter an diese erinnert fühlt. Nähere Informationen zu den Partnerschaften der Frauen (falls vorhanden) fehlen ebenfalls. Mutterschaft aber ist immer von verschiedenen Faktoren beeinflusst, natürlich auch von individuellen. Das lässt sich nicht leugnen. Gleichzeitig gilt allerdings auch: Wer glaubt, die Ursache für die Reue bei Müttern allein in deren persönlichem Setting finden zu können, der vergisst den kulturellen Einfluss und die normative Komponente, obwohl beides eng mit dem Thema Mutterschaft verzahnt ist.

Deswegen ist die mütterliche Reue letztlich ein Phänomen, das auf verschiedenen Ebenen betrachtet werden muss: als persönliches Gefühl – aber auch als gesellschaftlicher Diskurs, der eine feministische Grundhaltung einnimmt.

Und weil nicht nur Erziehung, individuelle Prädispositionen und persönliche Erfahrungen unser Sein formen. Sondern auch unsere Umgebung uns prägt. Menschen leben in einem sozialen Gefüge und in einem kulturellen Biotop. Was ist Schönheit? Was ist Liebe? Was ist ein Mann? Und was eine Frau? Verschiedene Menschen mögen solche Fragen abweichend voneinander beantworten, doch auch wenn diese Antworten Schattierungen aufweisen, liegt ihnen eine gemeinsame Schablone zugrunde, die uns durch Normen und Bilder jeden Tag gespiegelt wird. Als schön gilt in unserem Kulturkreis eher schlank als adipös; Liebe soll für die meisten leidenschaftlich und monogam sein; ein Mann hat beruflichen Erfolg und weint nicht in der Öffentlichkeit; eine Frau ist hübsch, hat vielleicht beruflichen Erfolg, in jedem Fall aber will sie Kinder bekommen.

Wir entwickeln solche Vorstellungen nicht in völliger Unabhängigkeit von unserer Außenwelt. Unbewusst übernehmen wir Leitbilder, passen uns an Normen an und orientieren uns am Mainstream, selbst wenn wir uns von ihm abgrenzen. Wir sind keine Inseln, die weit voneinander entfernt und ohne jegliche Verbindung zueinander in einem luftleeren Vakuum liegen. Wir sind Individuen, die durch Beziehungen und die Brücken der sozialen Norm miteinander verbunden in ein und demselben Meer kultureller Erwartungen schwimmen. Dicht an dicht, auch wenn wir es gar nicht merken. Was keiner von uns will: in diesem Meer untergehen. Die meisten wollen mit dem Strom schwimmen, am besten vorneweg. Wir brauchen Anerkennung, wollen Erfolg. Also strampeln wir, bemühen uns. Schwimmen schneller, trainieren härter. Fördern die »guten«, die nützlichen Gefühle. Minimieren die »schlechten«, unterdrücken die Zweifel. Erfüllen die Norm.

Doch welches Verhalten sich ziemt und welches nicht, welche Gedanken »normal« sind und welche »krank«, überlegen wir uns nicht allein. Wir erlernen diese Kategorien mit der Sozialisation zum erwachsenen Menschen, vor dem Hintergrund des jeweiligen Kulturkreises, in dem wir leben. Und der hat Mütter, egal ob in Israel oder Deutschland, gelehrt: Kinder machen glücklich. Wer diese vermeintlich universelle Tatsache als Mutter infrage stellt, hat eine Macke. Jede Frau ist zum Muttersein geboren, ist doch logisch, eben durch ihr Geschlecht. Basta.

Nicht erst seit Jahrzehnten, sondern seit Jahrhunderten wird Frauen dieses Mantra ins Ohr geflüstert. Es waren

Männer wie Jean-Emmanuel Gilibert, Jean-Jacques Rousseau oder Johann Heinrich Pestalozzi, die den weiblichen Wirkungsraum auf Haus und Kinder beschränkten. Sie zwängten ihre Narration in ein Stützkorsett von Wissenschaft, Religion und Staat und verkauften sie so gut, dass wir mittlerweile vergessen haben, dass es sich bei der viel beschworenen instinktiven Mutterliebe und dem Bild der perfekten Mutter eben nicht um ein Naturgesetz handelt. Sondern um eine verzerrte Erzählung.

Im 21. Jahrhundert sollte jedoch jede Frau ganz für sich allein entscheiden können, ob sie erstens ein Kind bekommen will, und zweitens, wie sie sich mit dieser Erfahrung fühlt. Wie weit wir allerdings von diesem Ideal entfernt sind, zeigt folgendes Gedankenspiel: Jede Frau, die nicht tief in sich die bedingungslose Sehnsucht nach einem Kind verspürt, sondern eher indifferent über ihre Fotpflanzung denkt und sich folglich irgendwann die Frage stellt, ob sie Kinder möchte oder nicht, landet früher oder später bei der Befürchtung: »Was, wenn ich mich gegen Kinder entscheide – und die Entscheidung bereue, wenn es zu spät ist?«

Meistens muss sie sich diese Frage noch nicht mal selbst stellen; sie wird freundlicherweise von außen an die Zweifelnde herangetragen, als eine Art subversive Drohung. Von Freundinnen, die schon Kinder haben, von der eigenen Mutter, von Tanten und Onkel, die alle versichern, wie die eigenen Kinder jeden einzelnen Tag bereichern würden, ach, wie arm einem das Dasein in kinderlosen Zeiten rückblickend vorkomme.

Man möge es ihnen von Herzen gönnen. Und überhaupt: Die Eltern, Freunde, Tanten und Onkel meinen es gut. Trotzdem machen sie die oben erwähnte Befürchtung mit ihren Aussagen zu einer rhetorischen Fangfrage, weil sie keinen Widerspruch dulden und die Antwort somit längst gegeben scheint: Natürlich wird eine Frau die selbst gewählte Kinderlosigkeit in jedem Fall bereuen, so die implizierte Schlussfolgerung. Dass es aber auch anders kommen könnte, ja dass sogar die umgekehrte Situation eintreten, also eine Frau die Entscheidung *für* Kinder in ihrem späteren Leben bereuen kann, kippt bei der Überlegung der meisten Menschen hinten über. Diese Option wird nie an einen herangetragen. Zumindest hat keiner meiner engsten Vertrauten aus dem Familien- und Freundeskreis, mit denen ich meine Zweifel zur Kinderfrage besprach, jemals den Satz formuliert: »Aber was ist, wenn du dich für ein Kind entscheidest – und die Sache am Ende bereust, wenn das Kind da ist?«

So sehr haben wir die Erzählung vom perfekten Mutterglück verinnerlicht: Als ob es die Möglichkeit der mütterlichen Reue gar nicht gäbe, wenn wir sie einfach nicht ansprechen.

Und so wird das Gefühl der Reue zum Druckmittel. Kein Mensch will Entscheidungen bereuen. »Reue fühlt sich schlecht an, weil sie ein falsches Verhalten impliziert«, schreiben Neal J. Roses and Amy Summerville in einer wissenschaftlichen Publikation aus dem Jahr 2005.[7] Die beiden Psychologen wollten wissen, in welchen Bereichen des Lebens Menschen am ehesten ihre Entscheidungen bereuen. Um eine Antwort zu finden, hatten die Wissenschaftler Daten von elf Primärstudien zum Thema Reue statistisch ausgewertet.

Das Ergebnis: Am ehesten bereuen Menschen Entscheidungen, die mit ihrer Ausbildung zusammenhängen, gefolgt von den Feldern Karriere, Beziehung, Elternschaft, das eigene Ich und Freizeit. Die Bereiche mögen differieren, doch eine Sache hat die gefühlte Reue in allen Fällen gemein: Sie beinhaltet den Fehler. Wer bereut, hat sich zu einem früheren Zeitpunkt in seinem Leben geirrt. Ein Fehler aber gilt als Schwäche, als etwas, das am besten nicht passieren soll. Deswegen ist Reue mit einer ganzen Kaskade von anderen negativen Gefühlen verbunden: mit Scham, Schuld, Ratlosigkeit und Ärger gegenüber der eigenen Entscheidung, manchmal auch mit Selbsthass. Wer will sich schon so fühlen? Erst recht, wenn die Reue nicht nur das eigene Leben betrifft, sondern auch einen anderen Menschen mit einschließt, nämlich das eigene Kind?

Hinzu kommt: Emotionen werden gemeinhin als Privateigentum verstanden. Der eine verliebt sich beim ersten Anblick des Gegenübers, die andere braucht Monate. Sie bleibt in Stresssituationen ruhig, er fühlt sich schnell gestresst. Ein Dritter kann sich auch über Kleinigkeiten im Alltag freuen, ein Vierter freut sich nie.

Emotionen sind individuell, nur bedingt zu kontrollieren und zudem auch noch schwer diskutierbar, denken wir. Tatsächlich hat zwar jede Person ein Recht auf die eigenen Gefühle (oder sollte es zumindest haben) – aber deswegen sind diese noch lange nicht so individuell, wie gern vorausgesetzt wird. »Die Entstehung von Emotionen erklärt sich durch das Zusammenwirken biologischer, psychischer, sozialer und kultureller Faktoren«, schreibt die Historikerin Anne-Charlotte Trepp.[8] »Gefühle sind gleichermaßen kulturell geprägt wie auch innerlich geprägt.« Und die amerikanische Soziologin Arlie Russel Hochschild definiert Emotionen als eine Übereinstimmung des Körpers mit einem Bild, einem Gedanken oder einer Erinnerung.[9] Beide Forscherinnen verstehen Gefühle also nicht als eigenständige, von der Außenwelt unabhängige Komponenten. Sondern als einen Prozess, der sich im ständigen Abgleich mit äußeren Erwartungen abspielt. Als eine Art Diffusion.

Der Soziologe Niklas Luhmann fragte provokant, was denn eigentlich die Liebe sei. Für ihn war sie weniger Gefühl, sondern »Kommunikationsmedium«. Woher beispielsweise weiß ein junges Mädchen, wenn es zum ersten

Mal verliebt ist, dass es sich bei ihren kreisenden Gedanken um den Bruder der besten Freundin, die auf seine Person fixierte Lust und die Sehnsucht nach ihm um Liebe handelt? Sie kann diese Emotionen nicht aus sich selbst heraus definieren, denn sie fühlt sie zum ersten Mal. Aber das junge Mädchen kommuniziert mit der Außenwelt, gleicht die Emotionen ab. Freundinnen, Bücher, Lieder und Filme sagen ihr schließlich, dass sie wohl verliebt sein muss. Also liebt sie. »Wir zwingen uns nicht, das als Selbsttäuschung über das ›eigentliche‹ Gefühl zu behandeln«, schreibt Luhmann in seinem Aufsatz »Liebe. Eine Übung«, »sondern sehen in solchen Gefühlsdeutungen mehr oder weniger weittragende Effekte kultureller Sozialisierung.«[10]

Somit haben Emotionen auch eine soziale Funktion. Wir lernen früh, welche Gefühle »gut« sind und welche »schlecht«; jemand, der sich nicht nach dem gültigen Normenkatalog verhält, weil er beispielsweise auf einer Beerdigung laut lacht, gilt als »asozial«. Kurz: Dieser Jemand wird sanktioniert. Also unterdrückt er ein Lachen, selbst wenn ihm trotz der widrigen Umstände plötzlich ein alter Kollegen-Witz in den Kopf fährt.

Die Frage nach den »echten« Gefühlen, die so oft gestellt wird, ist vor diesem Hintergrund gar nicht mehr so leicht zu beantworten. Liebe ich meinen Partner wirklich – oder bin ich nur mit ihm zusammen, weil unsere Freunde uns als Paar so sehr mögen? Bin ich tatsächlich glücklich in meinem neuen Job – oder denke ich nur, ich müsste es sein, weil es der vermeintliche Traumjob ist? Wünsche ich mir wirklich ein Kind – oder empfinde ich diesen Wunsch lediglich, weil er dem vermeintlich natürlichen Verlauf entspricht und ich mich nicht traue, etwas anderes zu fühlen?

Emotionen stiften Identifikation. Wer anders empfindet, als die gesellschaftliche Konvention es verlangt, hat ein Problem.

Deshalb regulieren wir unsere Gefühle. Besteht eine Diskrepanz zwischen dem, was wir empfinden, und der äußeren Erwartung, wie wir in bestimmten Situationen fühlen sollen, verrichten wir »Gefühlsarbeit«, wie Hochschild es nennt. Wir bringen beide Seiten miteinander in Einklang, um so eine »emotionale Dissonanz« zu verhindern. Jede Situation erfordert dabei eine neue Gefühlsanpassung. Woher aber wissen wir, wann welche Emotion angebracht ist? Eben durch die Normen, mit denen wir sozialisiert werden. Hochschild nennt diese Orientierungshilfen »Gefühlsregeln«. Die Hochzeit als den schönsten Tag im Leben, die Geburt eines Kindes als das größte Ereignis, die romantische Zweierliebe als das höchste Glück: All diese Sätze geben uns indirekt vor, wie wir uns in bestimmten Situationen zu fühlen haben. Als seien wir ein ewig operierender Algorithmus, verrechnen wir verschiedene emotionale Parameter wie »Was ich fühlen will«, »Was ich fühlen soll« und »Was ich versuche, zu fühlen« miteinander, um am Ende des seelischen Rechenprozesses eine Emotion auszuspucken, die eine möglichst große Kongruenz mit den äußeren Erwartungen zeigt. Oft genug »schlucken wir Gefühle herunter«, weil wir sie nicht fühlen wollen oder weil sie uns nicht adäquat erscheinen. Jeder, der schon einmal unglücklich verliebt war, gerade eine Streitsituation durchlebt oder die eigenen Emotionen in bestimmten Situationen als abweichend von der breiten Masse begreift, kennt die Problematik.

Besonderes Gewicht bekommen diese Gefühlsregeln in einem geschlechtlichen Kontext: Männer und Frauen unterliegen unterschiedlichen *Feeling Rules*. Auch wenn Feminismus und Genderwissenschaften stark in die andere Richtung arbeiten und sich die Rollenbilder von Männern und Frauen mehr und mehr wandeln, gilt in der Breite noch immer das Klischee: Kleine Jungs sind weniger ängstlich, insgesamt wilder und tougher, kleine Mädchen dafür friedliebender, verträumter und weniger mutig. Männer dürfen Ehrgeiz und Wut fühlen (und das auch nach außen präsentieren), Frauen sollen sanftmütig, empathisch und fürsorglich sein. Nicht umsonst gelten sie noch immer als das »emotionale Geschlecht«. Und nicht umsonst werden mehr als 83 Prozent der Stellen in Gesundheits- und Pflegeberufen von Frauen besetzt,[11] während ein männlicher Erzieher im Kindergarten noch immer für Stirnrunzeln, wenn nicht sogar für Misstrauen sorgt. Wie praktisch, dass jene Gefühlsregeln, die sich an Frauen richten, wie für ein Leben zuhause erdacht scheinen, eine Hand immer an der Babywippe. Lächelnd, versteht sich.

Was Reue und Mutterschaft betrifft, so bilden beide ein besonderes Paar: Reue wird im Bezug auf Mütter als Rundumkeule verwendet. Eine Frau soll sich *für* Kinder entscheiden, sonst scheint die Reue in ihrer Zukunft so sehr festgeschrieben wie das Altern. Hat sie sich aber letztlich für Kinder entschieden, wird ihr wieder mit der Reue gedroht. Nur in einer anderen Form: Auf keinen Fall darf sie dieses Gefühl spüren. Das enge Set an Emotionen, aus dem eine Mutter sich zu bedienen hat, hält die Reue nicht bereit. Höchstens als »abartigen« Bruch der Norm.

Orna Donath hat 23 Mütter für ihre Studie befragt. Lachhaft, sagen manche. Irrelevant, meinen andere. Was sind schon 23 Frauen? Doch gerade die große Aufregung hierzulande macht deutlich, wie sehr die Thematik über die kleine Probandenanzahl hinausreicht; das Thema trifft einen Nerv bei vielen Müttern. Denn die stehen in Deutschland unter einem enormen Druck. Wie weit oder vielleicht auch wie nah entfernt es von der mütterlichen Ambivalenz bis zur mütterlichen Reue ist, kann niemand genau sagen. Es ist schwer, sich selbst einzugestehen, die äußeren und vor allem die selbst gesetzten Erwartungen nicht zu erfüllen. Erstens, weil niemand gern Schwäche zeigt. Zweitens, weil Reue im mütterlichen Gefühlskatalog in etwa so sehr vorgesehen ist wie ein Sechser im Lotto als Teil der eigenen Lebensplanung. Drittens, und diese Tatsache wiegt besonders schwer: weil Mutterschaft eben nicht zu den Bereichen des Lebens gehört, die sich korrigieren lassen. So gut wie jede andere Entscheidung lässt sich revidieren. Außer ab einem bestimmten Zeitpunkt die für oder gegen ein Kind. Rien ne va plus, nichts geht mehr.

2
Mutterschaft ist Ideologie –
Frauen in Israel

Haviva Ner-David erinnert sich genau. Auch wenn Jahrzehnte vergangen sind und sie heute nicht mehr in New York lebt, sondern in Israel. Trotzdem weiß sie noch: Als Kind betete sie jeden Morgen gemeinsam mit den Klassenkameraden, so wie es in ihrer jüdischen Schule üblich war. Jeden Tag folgte das Morgengebet einem festgesetzten Ritus: Die kleine Haviva und ihre Freundinnen dankten Gott, dass er sie nach seinem Willen geformt hatte. Ihr Bruder aber sowie die übrigen Jungen aus der Klasse formten andere Worte mit ihren Mündern. Sie dankten Gott, dass sie keine Mädchen geworden waren. Sondern Jungen.

Ich stehe an einer riesigen Kreuzung, orientierungslos. Drei Straßen weisen in verschiedene Richtungen, der Verkehr rauscht an mir vorbei. Es ist so heiß, dass ich kaum atmen kann. Ich weiß nicht, in welche Straße ich gehen soll, ein Junge wartet neben mir an der Ampel und sagt etwas auf Hebräisch zu mir. Ich stehe in Tel Aviv, auf dem »Hügel des Frühlings«, so lässt mich mein Reiseführer wissen. Ich bin hergeflogen, weil ich die Situation der Frauen in Israel mit der von Frauen in Deutschland vergleichen will. Orna Donaths Studie hatte mich hergelockt. Als klar war, dass ich dieses Buch schreiben würde, wusste ich auch: Wenn die einzige wissenschaftliche Publikation zu bereuenden Müttern, die ich finden konnte, aus Israel stammt, musste ich dorthin reisen. Denn der kleine Staat an der östlichen Mittelmeerküste zählt zwar wie Deutschland zum westlichen Kulturkreis, nimmt gleichzeitig aber aufgrund der politisch-religiösen Lage vor Ort eine Sonderstellung ein.

Mit welchen Problemen sehen sich Frauen in Israel konfrontiert? In welchem gesellschaftlichen Zusammenhang steht die Reue der 23 Mütter aus Donaths Studie? Welchen Einfluss hat die zionistische Idee auf das Frauen- und Mutterbild? Und wie verändert der stets lauernde, nächste gewaltsame Konflikt die Stellung von Frauen innerhalb der Gesellschaft? Mit diesen Fragen im Kopf war ich aufgebrochen und hatte mich in ein Flugzeug gesetzt. Easy Jet, vier Stunden Flug, Berlin – Tel Aviv nonstop.

Deswegen stehe ich jetzt an dieser Kreuzung. Um mich herum hupen Taxis, rufen Menschen, die Sonne knallt. Tel Aviv im August bedeutet Chaos und Schwitzen in der Sonne, klebrige Haut den ganzen Tag über. Die Stadt gleicht einem Wimmelbild, in dem europäische Moderne auf traditionelle Kultur trifft, genauso wie Wüstenhitze auf Meeresrauschen. Bei meinem ersten Spaziergang durch die Straßen verlaufe ich mich mehrmals, die Schwüle ist zu drückend und das Menschengewusel zu verwirrend, als dass ich mich lange orientieren könnte. In den Straßen höre ich Fetzen von Französisch, Russisch, amerikanischem Englisch, Hebräisch und einer Sprache, die mir als Deutsche seltsam vertraut erscheint, obwohl ich sie nicht kenne; vielleicht Jiddisch? Ich sehe für die Touristen aufgedonnerte Boutiquen und Restaurants, dazwischen Billig- und Süßwarenshops in ihrem Plastik-Trash, halb verfallene Häuser und wacklige Balkone, die an den Mauern kleben, als wollten sie sich dort festkrallen. Ich zähle Kräne und ein Dutzend Baustellen, es ist laut, die Straßen sind voll. Die ganze Stadt gleicht einem ächzenden Körper, der scheinbar an allen Ecken repariert und erneuert werden muss. Hier und dort kreuzt eine Straßenkatze meinen Weg.

Mir begegnen Ultraorthodoxe mit schwarzen Hüten auf dem Kopf, feingliedrige Äthiopier, Filipinos, Soldaten und Touristen. Überall im Stadtbild sehe ich Kinder, vor allem Babys. Und Schwangere. Mir scheint, als seien es viel mehr als in Berlin. Überhaupt, die Frauen Israels: So schön sind sie in ihrer Vielfalt. In den Straßen kommen mir ultraorthodoxe Jüdinnen entgegen, man erkennt sie an ihren bodenlangen Röcken, langärmeligen Shirts und einem Kopftuch, das das ganze Haar bedeckt und im Nacken zu einem Knoten gebunden wird. Dazwischen bahnen sich junge Soldatinnen in beigen und olivefarbenen Uniformen ihren Weg, manche tragen ihr Maschinengewehr an der einen und die Handtasche an der anderen Schulter. In Strandnähe wechselt sich das Bild: Die Soldatinnen werden weniger, dafür die hippen Strandmädchen mit Lockenmähne und Hotpants mehr.

Und dann stehe ich plötzlich genau dort: an der Strandpromenade. Hinter mir die gläsernen Apartment- und Hotelkästen, die Stockwerk um Stockwerk aufmüpfig in den Himmel ragen, vor mir weißer Sand und keine 50 Meter entfernt, endlich: graublaues Wasser. Das Meer winkt mir zu. Ich sehe Köpfe auf den Wellen wippen, der Rest der Menschenmasse quetscht sich auf dem schmalen Strandstreifen zwischen Promenade und Wellensaum wie zappelige Sardinen. Die Leute an Land joggen, skaten, radeln, im Wasser wird geschwommen, gesurft und gepaddelt. Tel Aviv ist eine sportliche Stadt, Dutzende Menschen spielen vorn am Wasser Strandball; wenn die kleinen Bälle auf einen der Holzschläger treffen, klingen sie wie dicke Regentropfen auf einer Autoscheibe – aber natürlich regnet es nicht. Nicht hier. Stattdessen: über 300 Sonnentage im Jahr.

An diesem Strand ist Israel vorwiegend jung, braun gebrannt, trainiert und unbeschwert. Jeden Freitagabend dann, wenn der Sabbat eingeleitet wird und das ganze Land für 24 Stunden zum Stillstand kommt, verwandelt sich der Abschnitt zwischen dem altem Hafen im Norden und Jaffa im Süden in ein öffentliches Wohnzimmer: Ganze Familien rücken an, mit Tüten voller Essen und Picknicktischen bepackt. Abends um halb zehn ist es längst dunkel, die Luft aber noch immer 31 Grad warm. Familienväter planschen mit ihren Kindern in den lauen Wellen, von irgendwoher dringt ein Elektro-Beat an mein Ohr. Stroboskop-Licht flackert in grünen Blitzen über den Strand. Ein eng umschlungenes Pärchen sitzt einige Meter von mir entfernt im Sand und küsst sich selbstvergessen.

Ein schönes Bild. So sollte die Welt für jeden sein, denke ich, während ich einer Gruppe israelischer Teenager bei ihrem nächtlichen Beachvolleyball-Spiel zusehe. Fast könnte man vergessen, was Israel auch noch bedeutet: einen scheinbar unlösbaren Konflikt mit den arabischen Nachbarn, immer wieder Krieg, Raketen aus dem Gazastreifen, dazu eine tiefe innenpolitische Spaltung. Es gibt nicht wenige Israelis, die sich Sorgen machen um die Zukunft ihres Landes. Nicht nur wegen der Bedrohung von außen – sondern wegen der von innen. Sie sorgen sich auch um die Frauen Israels.

Die Soziologin Eva Illouz etwa, selbst Jüdin und seit über 20 Jahren im Heiligen Land lebend, berichtet in ihrem jüngsten Buch »Israel« von »unerträgliche(n) Ungleichheiten und Ausgrenzungen« innerhalb der israelischen Gesellschaft.[1] Sie schreibt von einer »staatliche(n) Diskriminierung vieler nicht-orthodoxer Formen des Judentums einschließlich der offiziellen Diskriminierung von Frauen«.[2]

Diese Sätze irritierten mich, also machte ich mich kundig: Die Bevölkerung Israels bildet mit knapp acht Millionen Einwohnern ein hochkomplexes Gebilde aus verschiedenen Gruppierungen.[3] Im Jahr 2009 etwa klassifizierten sich laut einer Studie des Israeli-Democracy-Instituts rund ein Drittel der Israelis als traditionell lebend, 15 Prozent als orthodox, sieben als ultraorthodox, 43 Prozent als säkular und drei als säkular und antireligiös.[4] Solche, die sich als ultraorthodox bezeichnen, werden auch Charedim genannt. Qua Definition ist Israel ein Einwanderungsland; Menschen jüdischen Glaubens aus der ganzen Welt kommen hierher. Abseits der jüdischen Bevölkerung leben noch etwa 1,7 Millionen arabische Israelis im Land, unter ihnen Beduinen, Christen und Drusen.[5]

Der kleine Staat ist ein Land der Extreme: einerseits Demokratie, andererseits Ort kriegerischer Auseinandersetzungen; einerseits Party-Paradies, andererseits heiligstes Refugium. Nirgendwo gründen sich mehr Start-ups und halten mehr Menschen einen Universitätsabschluss in der Hand, gleichzeitig sind Fernsehen und Internet in weiten Teilen der streng religiösen Bevölkerung verboten. Die meisten der Ultraorthodoxen leben vollkommen weltabgewandt, manche sprechen kein Hebräisch. Die Männer studieren die Tora, die Frauen bleiben zuhause und bekommen Kinder im Jahrestakt. Nicht selten müssen sie auch noch den Lebensunterhalt verdienen. Kurzum: An Komplexität ist Israel kaum zu überbieten.

Wo finden die Frauen zwischen diesen Extremen ihren Platz? Wie geht es ihnen, und was heißt es, in Israel Frau und Mutter zu sein?

»In der Welt, aus der ich komme, stimmt etwas nicht mit dir, wenn du eine 25-jährige Frau bist und noch nicht verheiratet. In dieser Welt ist eine Frau ohne Kinder nutzlos.« Elana Maryles Sztokman schiebt ihren Teller auf dem kleinen Tisch vor ihr zurecht, Mittagszeit. Wir haben uns in der Azrieli Center Mall mitten in Tel Aviv verabredet, einem riesigen Einkaufscenter, untergebracht in einem von drei Wolkenkratzern, die zusammen ein Wahrzeichen der

Stadt bilden. Um uns herum ist es laut und voll, wir sitzen im Essensbereich, wo sich Schnellimbisse und Cafés aneinanderreihen. Sztokman stammt aus den USA, in der jüdisch-orthodoxen Gemeinde New Yorks ist sie aufgewachsen, als junge Frau nach Israel immigriert. Die Religion hat einen festen Stellenwert im Leben der 45-Jährigen, sie ist verheiratet und selbst Mutter von vier Kindern.

Sztokman ist eine kleine, runde Frau, ihr praktisch zurückgebundener Pferdeschwanz wippt so fidel, wie Sztokman spricht. Die Sonnenbrille hat sie sich unkompliziert in die Haare geschoben, überhaupt könnte man Sztokman mit diesem Wort beschreiben: unkompliziert. Man braucht nicht lange zu fragen, bis sie zu reden beginnt. Sie nimmt kein Blatt vor den Mund. Jetzt nicht, obwohl sie gerade nebenbei ihr Mittagessen verspeist, genauso wenig wie in ihrem jüngsten Buch, das sich »Der Kampf der Frauen in Israel« nennt. Man kann den Titel als Ansage verstehen. Denn Sztokman ist nicht nur gläubige Jüdin, die sich selbst dem orthodoxen Sektor zurechnet. Sie ist auch Feministin, war jahrelang in der aufkommenden feministischen Bewegung des Landes aktiv. Jetzt schlägt sie Alarm. In ihrem Buch hat Sztokman Dutzende Beispiele dafür gesammelt, wie israelische Frauen im Alltag diskriminiert werden.[6] Von geschlechtergetrennten Bussen lässt sich dort lesen, von Läden, die Frauen nicht mehr besuchen dürfen, von Rabbinern, die Frauen das Bekleiden öffentlicher Ämter verbieten wollen, genauso wie ihre Stimme im Radio oder auch nur ihre Gesichter in öffentlichen Werbekampagnen, von Radikalen, die gegen eine orthodoxe Mädchenschule protestierten, weil sie eine solche Bildungsstätte in der Nähe ihrer Jungenschule als nicht sittsam genug erachteten.

»In Israel lassen sich zwei entgegengesetzte Entwicklungen beobachten«, sagt Sztokman. »Die religiöse Rechte

wird stärker, gleichzeitig aber auch die Frauenbewegung.«
Es sei, als würden verschiedene Kräfte an den Frauen ziehen. »Trotzdem denke ich, die Ansicht, dass Frauen Kinder
bekommen *müssen,* hat immer noch am meisten Kraft.
Selbst unter denen, die modern und gebildet sind. Die
Frauen stecken fest in diesem Modell.« Dann beißt Sztokman in ihre Frühlingsrolle, schüttelt den Kopf und sagt ver-
ächtlich mit halb vollem Mund: »Die israelische Gesellschaft ist so eine Macho-Gesellschaft!« Sie nimmt noch eine
Gabel Nudeln, kaut, hält kurz inne. »Ich fühle mich nicht
so, als hätte ich hier eine Community, in die ich mit meinen feministischen Ideen passen würde«, sagt sie dann.

Man könnte Sztokmans Worte als Einzelfall abtun, als
persönliche Meinung, die mehr über die Wut einer religiösen Feministin erzählt als über eine gesamte Gesellschaft.
Aber das wäre zu einfach. Weil in Israel alles mit allem zu-
sammenhängt. Wo in Deutschland etwa Politik und Religion offiziell strikt voneinander getrennt sind, ist in Israel
beides eng miteinander verzahnt. Die religiöse Elite hat als
Teil der Knesset weitreichenden politischen Einfluss. Die
Rabbinatsgerichte schließen Ehen und bestimmen über
Scheidungen, für jede Frau, egal ob säkular oder religiös.[7]
Eine zivilrechtliche Ehe existiert nicht. Für Staatsbürger, die
keiner religiösen Gemeinschaft wie dem Judentum, Chris-
tentum oder dem Islam angehören, wurde zwar 2010 das
Civil Marriage Law for those without Religion[8] verabschiedet. Eine Sonderregelung, die ihnen eine zivilrechtliche
Heirat ermöglicht. Doch erstens erfüllen nur wenige Personen die Kriterien, die das Gesetz verlangt, zweitens spielen
die Rabbinatsgerichte auch in diesem Fall ihre Rolle: Sie
müssen zunächst entscheiden, wer nicht-jüdisch ist und damit überhaupt für die Anwendung des Gesetzes infrage
kommt. Möchte ein nicht-jüdischer Israeli einen jüdischen
Israeli heiraten, kann das Paar eine zivilrechtliche Zeremo-

nie nur im Ausland abhalten – vor dem Rabbinatsgericht in Israel gelten beide Partner dennoch als unverheiratet.

Noch problematischer wird es beim Thema Scheidung: Laut der Halacha, dem traditionellen jüdischen Gesetz, auf dessen Basis die Rabbinatsgerichte arbeiten, darf ein Mann sich zwar jederzeit von seiner Ehefrau scheiden lassen – umgekehrt aber gilt dies nicht ohne weiteres.[9] Eine Frau muss von ihrem Mann mittels eines bestimmten Zertifikats aus der Ehe entlassen werden. Manche Frauen warten Jahre auf eine Scheidung. Verwehrt der Mann die Zustimmung, darf die Frau keine neue Beziehung eingehen. Auch dann nicht, wenn das Paar schon längere Zeit getrennt lebt und der Mann bereits eine neue Familie gegründet hat. Auch Mutterschaft ist in Israel keine Privatsache. Der Staat propagiert viele Kinder, zahlt sogar medizinische Behandlungen zur Fruchtbarkeitsförderung.[10] Israel gilt als Vorreiter im Bereich der künstlichen Reproduktionstechnologien. Frauen bekommen vier Behandlungszyklen pro Jahr und bis zu acht in zwei Jahren gezahlt. Diese Regelung gilt für weibliche Staatsbürger, die in einer Beziehung leben, für Frauen, die schon Mutter sind, aber mit einem neuen Partner noch einmal Kinder bekommen wollen, und sogar für Frauen, die nicht älter sind als 45 Jahre und die sich ein Kind wünschen, aber keinen Partner dazu.[11] Israelische Frauen bekommen im Schnitt 3,0 Kinder, damit befinden sie sich deutlich über der Geburtenrate der restlichen OECD-Länder, die bei 2,0 Kindern liegt.[12] Unter den Charedim sind Frauen mit sechs, sieben und sogar bis zu zehn Kindern keine Seltenheit, sondern der Normalfall. Tugend und Tradition verlangen es so, was zählt, sind Sittsamkeit und die Meinung der männlichen Rabbiner. Sztokman zitiert in ihrem Buch die ultraorthodoxe Autorin Judy Brown, die in einem Artikel über ihre Erfahrungen als Mutter schreibt:

Meine Hölle begann nicht, als ich sagte, dass ich keine weite-
ren Kinder will. Sondern als ich flehte, bat und weinte, man
möge mir erlauben, weniger Kinder zu bekommen; als ich
bat, man möge mir eine Pause gestatten, nicht nur für ein Jahr,
sondern für fünf Jahre, weil ich wusste, ich würde als Mutter
von drei kleinen Kindern nicht funktionieren, wenn ich mindes-
tens noch drei weitere gebären müsste. [...] Meine Hölle be-
gann, als ich sagte, ich möchte eine Mutter sein und keine
Babymaschine.[13]

Schwangerschaft, Geburt, Baby. Schwangerschaft, Geburt,
Baby.

Keine Pause, keine Erholung.

Die Frauen der Charedim verbringen ganze Jahre mit
dieser Ereignisfolge. Zwar bezeichneten sich 2009 laut der
erwähnten Studie des Israel-Democracy-Institutes nur rund
7 Prozent der Befragten als ultraorthodox.[14] Doch keine andere Gruppe in Israel bekommt so viele Kinder wie die
Charedim. In weniger als 50 Jahren könnten sie deswegen
ein Drittel der israelischen Bevölkerung ausmachen.[15] Als
problematisch betrachten viele diese Entwicklung nicht
nur, weil eine Trennung zwischen Religion und Politik mit
wachsendem Einfluss der Ultraorthodoxen noch schwieriger würde; manche von ihnen lehnen Israel als demokra-
tisch legitimierten Staat ab. Sondern auch, weil die Charedim nach einem patriarchalen Weltbild leben, das Frauen
lediglich als Mütter wahrnimmt. Sztokman warnt in ihrem
Buch vor dieser Entwicklung. Und sie sagt: »Der religiöse
Extremismus übernimmt die Kontrolle über die Körper der
Frauen.«

Sarit Hashkes hat ihre Konsequenzen aus dieser Situation
bereits gezogen. Nicht nur wegen der Sache mit den beiden
Ärzten, die sich weigerten, sie zu operieren. »Für jemanden

wie mich gibt es in diesem Land keinen Platz«, erzählte mir die 32-Jährige vor meiner Israel-Reise in einem Skype-Telefonat. Von meinem Bildschirm blickte mir eine attraktive Frau entgegen: langes schwarzes Haar, schmales Gesicht, kritischer Blick. Ich hätte Sarit gern in Jerusalem getroffen, ihrem Heimatort. Aber sie lebt längst nicht mehr in Israel. Seit einem Jahr nennt sie die Niederlande ihre neue Heimat. Dort studiert Sarit Cognitive Neuroscience, das erste Semester hat sie gerade hinter sich. Sie interessiert sich für die Funktionsweise des Gehirns, auch dafür, wie neurobiologische Vorgänge das soziale Verhalten des Menschen steuern und beeinflussen. »Monkey see, monkey copy«, Affe sieht, Affe kopiert, sagte sie trocken, »Menschen kopieren das Verhalten um sich herum, so funktioniert es in unserem Kopf.«

Für Sarit selbst hat dieser Mechanismus nie funktioniert. Obwohl sie aus einer jüdisch-orthodoxen Familie stammt und mit der jüdischen Tradition aufgewachsen ist, sei sie eigentlich nie gläubig gewesen. Schon als Kind habe sie Zweifel gehabt an der Religion. Schon früh wusste sie auch, dass sie sich später keine eigenen Kinder in ihrem Leben wünschte: Als Achtjährige sitzt sie mit ihrer Mutter im Bus auf dem Weg zur Großmutter, Mutter und Tochter streiten. Die kleine Sarit ist wütend, sie findet es ungerecht, wie die Mutter sie behandelt, schwört sich in jenem Moment, dass sie es selbst einmal anders machen wird mit ihren eigenen Kindern. Doch noch während das intelligente Mädchen im Bus über eine Alternativlösung nachdenkt, wird ihr klar: Sie würde sich genauso verhalten wie ihre Mutter. Eine andere Lösung fällt ihr für die Streitsituation nicht sein. »Dann machte es ›klick‹ in meinem Kopf. Und mir wurde bewusst, dass ich später gar nicht zwingend Kinder kriegen muss!«, erzählt Sarit. »Das war eine unglaubliche Erleichterung.«

Geändert hat sich ihr Gefühl nicht mehr. Also wollte Sarit sich vor einigen Jahren mittels einer Operation sterilisieren lassen, damals lebte sie noch in Israel. Der erste Arzt, eine Frau, verweigerte den Eingriff. Auch der zweite Arzt wollte sie nicht operieren, »weil er einen solchen Eingriff an einer Frau, die noch keine Kinder bekommen hat, nicht durchführen wollte«, sagt Sarit.

Spricht man mit ihr, erzählt sie die Geschichte sachlich und ohne Aufregung. Obwohl ihr Lebensentwurf ein ungewöhnlicher ist im Vergleich zu den meisten anderen Frauen. »Wenn du als Frau religiös bist, sollst du in der Küche stehen und viele Kinder kriegen. Wenn du ultraorthodox bist, sollst du in der Küche stehen, viele Kinder kriegen, aber gleichzeitig auch arbeiten, damit dein Mann den ganzen Tag die Tora studieren kann. Und wenn du säkular bist, sollst du zur Armee gehen, das Land unterstützen – und trotzdem viele Kinder kriegen«, sagt sie.

Sarit selbst hat nie in eine dieser Schubladen gepasst. Sie will nicht heiraten, will keine Kinder. Stattdessen lebt sie offen polygam. Frauen wie sie haben es nicht leicht in einer Stadt wie Jerusalem, die von Religiosität tief geprägt ist. Zwar gibt es in Israel eine »childfree-movement«, also eine Bewegung, die sich für die freie Wahl zur Kinderlosigkeit einsetzt. Ab und zu berichten israelische Medien über Paare und Frauen, die sich gegen Kinder entscheiden.[16] Aber die Szene ist klein und findet kaum Gehör innerhalb der Gesellschaft. Von den meisten wird sie belächelt.

In unregelmäßigen Abständen überprüft Sarit ihren nicht vorhandenen Kinderwunsch. Sie ist sich sicher mit ihrer Entscheidung. Aber sie ist ein reflektierter Mensch. Keine Dogmatikerin, eher wachsam. Also horcht sie von Zeit zu Zeit in sich hinein, ob sich irgendetwas verändert hat und der Drang nach einem Kind vielleicht mit zunehmendem Alter doch noch kommt, so wie es ihre Freundinnen ihr immer sagen. Aber da ist nichts. Dafür weiß Sarit: »Die Leute in Israel verstehen meine Art zu leben als Provokation. Dabei bin ich einfach so.«

Kinder bilden das Zentrum des gemeinschaftlichen Lebens in der israelischen Gesellschaft, durch alle sozialen Schichten hinweg.[17] Darin unterscheidet sich Israel von Deutschland. Worin sich die beiden Länder allerdings nicht unterscheiden, sind die Anforderungen an Mütter. Die israelischen Psychologinnen Rivka Tuval-Mashiach und Shirit Shaiovitz-Gourman schreiben in einem Aufsatz, von der vermeintlich perfekten Mutter würden ewige, bedingungslose Liebe zu ihrem Kind sowie eine ständige physische Präsenz erwartet. Ebenso wie das emotionale Rüstzeug, den eigenen Nachwuchs stets ruhig und sicher durch Krisenzeiten zu navigieren. Ihre eigenen Bedürfnisse soll sie außerdem zurückstellen[18] – genauso könnte sich auch die Definition der vermeintlich perfekten Mutter aus Deutschland lesen.

»Wie viele jüdische Mütter braucht es, um eine Glühbirne auszuwechseln?«, fragt Hannah Katsman mich. Sie gibt die Antwort selbst: »Keine, sie bleibt einfach im Dunkeln sitzen.« Es soll ein Witz sein, den die 50-Jährige erzählt, um das Stereotyp der vermeintlich guten jüdischen Mutter zu verdeutlichen: Die stellt das Wohl der anderen stets vor ihr eigenes, nie will sie irgendwem zur Last fallen – lieber bleibt sie im Dunkeln sitzen. Katsman kennt sich aus mit jüdischen Müttern; die gebürtige US-Amerikanerin und orthodoxe Jüdin hat selbst sechs Kinder, außerdem schreibt sie den Blog »A mother in Israel« und betreut Mütter einige Stunden pro Woche als Stillberaterin im Großraum Tel Aviv. Katsman lebt in Petach Tikvah, einer Stadt wenige Kilometer östlich von Tel Aviv gelegen. Für ihren Job besucht sie frischgebackene Mütter einmal nach der Geburt, manchmal auch ein zweites Mal, aber das bekommt sie nicht bezahlt. Sie arbeitet nach Auftrag. Meistens berät sie die Frauen deswegen nach dem ersten Besuch am Telefon. »Auf einmal Mutter zu sein ist ein großer Schock«, sagt sie. »Die meisten Frauen, die ich treffe, sind darauf nicht vorbereitet.« Wenn Katsman diese Sätze sagt, klingen sie empathisch und freundlich; sie diktiert den Müttern nicht, was sie wie machen sollen – eher unterbreitet Katsman ihnen Vorschläge, stellt leise Fragen, um eine Mutter falls nötig auf die Lösung für ein Problem zu bringen. »Ich bin eine nette und maßvolle Person«, sagt sie. Fast wirkt sie schüchtern.

In ihrem Blog widmet Katsman sich dem Stillen, traditionellen Babynamen, der jüdischen Tradition und sozialen Themen. Ihre Zielgruppe sind jüdische Frauen, die in Israel leben, aber vielleicht wie sie selbst als junge Frau irgendwann einmal hergezogen sind. »Von der Politik halte ich mich in meinem Blog fern«, sagt sie. »Ich habe keine allzu ausgeprägten politischen Ansichten.«

Katsman stammt aus einer Familie mit einer starken jüdischen Identität, wie sie sagt. Für die Bloggerin kommt die Religion an erster Stelle. Auf Platz zwei folgen die Kinder. Katsman sieht sich zuallererst als Mutter, nicht als Frau. Sie trägt kein Make-up, die halblangen grauen Locken hat sie unter einer beigen Mütze hinter den Ohren zurückgestreckt, dazu kombiniert sie eine helle Leinenhose und ein weites, geringeltes T-Shirt. Ihr Outfit soll praktisch sein.

Katsman hat studiert, kann einen Masterabschluss als Englischlehrerin vorweisen. Aber sie war immer die erste Erziehungsperson für die Kinder, ihr Mann und sie folgen dem klassischen Rollenmodell, bis heute. »Natürlich war es nicht immer einfach«, sagt sie. »Die Mütter hier stehen sehr unter Druck, wahrscheinlich wie in allen westlichen Ländern.« Es gäbe ein sehr großes Bestreben unter den Frauen, alles perfekt machen zu wollen. Die Verunsicherung sei groß. »In erster Linie werden die Mütter dafür verantwortlich gemacht, wenn etwas mit den Kindern nicht stimmt«, sagt Katsman.

Aber sie sieht auch Vorteile für die Frauen in Israel: »Kinder sind hier überall willkommen, sie sind integriert. Chefs nehmen Rücksicht, es gibt Elternzeit.« Niemand muss sich in Israel dafür rechtfertigen, wenn er vier, fünf oder gar mehr Kinder bekommt. Eltern genauso wie Kinder erfahren eine große Wertschätzung innerhalb der Bevölkerung, selbst Fremde sind hilfsbereit. Trotz der kinderfreundlichen Mentalität bleibt allerdings unbestritten, welche Rolle einer Frau in der jüdischen Orthodoxie zugedacht wird: Sie ist immer und zuallererst Mutter.

Auch die Zionisten stellen die Mutterfigur in ihren Dienst: Sie wird zum Politikum, weil das Gebären von Kindern im Namen der zionistischen Idee und in Erinnerung des Holocaust von weiten Teilen der Bevölkerung auch als Dienst am Staat verstanden wird. »Jede jüdische Frau, die nicht mindestens vier gesunde Kinder in die Welt setzt, missachtet ihre Pflicht dem Staat gegenüber, genauso wie ein Soldat, der sich dem Militärdienst verweigert«, zitiert Elana Sztokman den Staatsmann David Ben-Gurion in ihrem Buch,[19] um die kollektive Erwartungshaltung des Landes zu beschreiben.

Auch die Soziologie-Professorin Hanna Herzog stützt sich in einem Aufsatz auf ein Zitat des ersten Ministerpräsidenten Israels. In einer Knesset-Debatte zum *Law of Defense Service* von 1949 hatte Ben-Gurion den Frauen unmissverständlich ihre Bestimmung zugeordnet: »Das spezielle Schicksal von Frauen ist die Mutterschaft, es gibt keine großartigere Rolle.«[20] Herzog kämpft seit Jahrzehnten für die Gleichberechtigung der Frauen in Israel. Sie war eine der Ersten, die sich in ihrer Heimat den Genderwissenschaften zuwandten und die Rolle von Frauen in der israelischen Politik und im öffentlichen Raum wissenschaftlich untersuchten – schon zu Zeiten, als ihre männlichen Kollegen noch spöttisch behaupteten, Feminismus sei nur eine Mode, die bald wieder verschwinden würde.

Heute lacht die 68-Jährige, wenn sie diese Anekdote erzählt. Ihre rot gefärbten Locken, etwas chaotisch zu einer Hochsteck-Frisur drapiert, wackeln dabei, ihre Stimme klingt amüsiert. Ich besuche Herzog in ihrem Büro in der Tel Aviv University, ein kleiner, unprätentiöser Raum, Naftali Building, sechster Stock. Der Campus ist leer, wie narkotisiert liegt er in der Mittagshitze. Es ist Freitag, Sabbat, am späten Nachmittag wird gemäß dem jüdischen Wochenkalender der Tag der Ruhe eingeleitet. Alle Geschäfte stehen dann still. Herzog, weißes Leinenkleid am Körper, bunte Porzellan-Kette um den Hals und einladendes Lächeln im Gesicht, ist trotzdem im Büro. Zwar hat auch sie den Freitagabend als Familientermin gepachtet, Herzog wahrt die Traditionen. Aber sie beschreibt sich als nicht religiös. »Früher war ich es mehr. Aber jetzt hat es stark nachgelassen, seit die Grenzen zwischen Politik und Religion immer mehr verwischen«, sagt sie.

Die Professorin betrachtet die Situation der Frauen in ihrem Land im Zusammenspiel von Tradition, Religion, dem israelisch-arabischen Konflikt und dem israelischen Militär. Weil dieses Konglomerat ein binäres, nach Geschlechtern aufgeteiltes Gesellschaftsmuster fördere und erhalte, sagt Herzog. Sie weiß, dass ihre Geschlechtsgenossinnen den Rückstand zu den Männern aufholen.[21] Israels Frauen sind auf dem Vormarsch, zahlreiche feministische Gruppen engagieren sich, sogar im orthodoxen Sektor erheben sie die Stimme. Im Bereich Bildung sind die Frauen schon jetzt besser als die Männer. »Aber sie können diesen

Vorteil nicht wirklich umsetzen, nicht auf dem Arbeitsmarkt und nicht in der Politik«, erklärt Herzog.

Sie spricht von einer gleichzeitigen Inklusion und Exklusion von Frauen, beides eng mit der Mutterrolle verknüpft. Um ihren Gedanken zu verdeutlichen, bedient sie sich der jüngeren Historie: Als Israels Frauen in den Gründungsjahren des Staates zur Mitte des vergangenen Jahrhunderts ihr Wahlrecht einforderten, wurde es ihnen zwar gewährt. Heirat, Ehe und Scheidung wurden im Gegenzug jedoch unter die von Männern geführten Rabbinatsgerichte gestellt, die die Frauen vor allem in ihrer vermeintlich natürlichen Rolle als Gebärende und Hausfrau sahen. Ein Kuhhandel, der die Position der Frauen nicht stärkte, sondern eher schwächte. Weil er sie Heim und Herd zuordnete und ihnen vor allem in Scheidungsangelegenheiten erhebliche Schwierigkeiten einbrachte.

Eine weitere Rolle spielt das Militär, die Israeli Defense Forces (IDF). Dessen Existenz sowie ein historisch verankertes Sicherheitsbestreben sind tief in der Seele des Landes implementiert. Auch, weil die Hamas im Gazastreifen, die Hisbollah im Libanon sowie der Iran und Syrien in nicht allzu großer räumlicher Entfernung Israel nicht ruhen lassen. Immer wieder Raketen, immer wieder Gewalt. Genoziddrohungen und die Weigerung, Israels Existenzrecht anzuerkennen. Der Krieg als stets anwesende Drohkulisse bildet den Rahmen, in dem Leben und Sozialisation in Israel ablaufen. Das Militär zählt folglich zu den Grundpfeilern der Gesellschaft wie der Sabbat.

Der Wehrdienst ist Pflicht: Junge Männer müssen ihn drei Jahre lang absolvieren, junge Frauen in der Regel zwei. Doch was zunächst nach Gleichberechtigung aussieht – sowohl Männer als auch Frauen müssen zum Dienst –, führt laut Hanna Herzog eher zur Benachteiligung des weiblichen Geschlechts: »Das Militär ist immer noch eine

Männerbastion, in der Männer Netzwerke knüpfen, Männer den Grundstein für künftige Karrieren legen und Männer für das Wohl des Landes gegebenenfalls in den Krieg ziehen«, sagt sie. »Frauen sind davon noch immer ausgeschlossen.«

Herzog spricht außerdem von einer »Politisierung der Mutterschaft«: Das Militär schafft ein kollektives Gefühl von Sorge unter den Müttern Israels, wie es Müttern in Deutschland fremd ist. Das eigene Kind in einen dreijährigen Wehrdienst zu entlassen, womöglich sogar in einen Krieg, verlangt den Müttern vieles ab. Gleichzeitig wird vorausgesetzt, dass Mütter die Institution Militär und die Entscheidungen der Politik wie selbstverständlich mittragen. Kochen, backen und Wäsche waschen für den Soldatensohn, der am Wochenende nach Hause kommt, dient dabei nicht nur dem Kind – sondern indirekt auch dem Land. Weich gespülter Patriotismus in der Wohlfühlvariante. »Das elterliche Kümmern um einen Soldaten stellt eine kulturelle Rolle dar, die im Praktischen aber meist ausschließlich von der Mutter ausgeübt wird«, schreibt Herzog.[22] Auf der anderen Seite nützten die Mütter ihren Status, um sich in Gruppen wie etwa *Parents Against Silence*, *Mothers in Peace* oder *Four Mothers* zu organisieren, sich eine Stimme zu verschaffen und öffentlich Druck auf die Politik auszuüben. »Mutterschaft ist Ideologie«, sagt Herzog zum Ende unseres Gesprächs.

Der nächste Tag. Ich reise in den Norden des Landes. Haviva Ner-David hatte mich eingeladen, sie nahe der Stadt Tiberias am See Genezareth zu besuchen. Ich wusste nicht viel über sie, als ich aufbrach, lediglich, dass sie in einem privatisierten Kibbuz lebt, Feministin ist, Kinder hat und 2006 als erste Frau in der jüdisch-orthodoxen Gemeinde Israels öffentlich die Ordination als Rabbinerin erhielt.

Diese Informationen reichten für einen Knoten in meinem Kopf. Ich wollte sie unbedingt treffen.

In einem der grünen Egged-Busse, die das ganze Land wie durch ein unsichtbares Spinnennetz miteinander verbinden, düse ich gen Norden. Route 77, an der Küste entlang. Links das blaue Meer, ansonsten zu beiden Seiten der Autobahn: Gestrüpp, Sand, Palmen und Olivenbaum-Plantagen. Sanfte Hügel, je weiter der Bus sich ins Landesinnere bewegt. Hier und dort ein arabisches Dorf, das sich mit seinen hellen Schachtelhäusern tief in die hügelige Landschaft drückt. Vereinzelt ragen Minarette in den wolkenlosen Himmel, knallrot und violett blühen Oleander neben der Straße und ziehen an meinem Fenster vorbei.

Nach knapp zwei Stunden Fahrt erreiche ich den Kibbuz. Er wirkt wie eine Antithese zum vollen und hektischen Tel Aviv: Mich erwarten ein paar Häuser auf einem Hügel, von Ruhe umzäunt. Bei einem Spaziergang entdecke ich einen kleinen Swimming-Pool, ein Educational-Center, einen Mini-Supermarkt und einen Spielplatz. Auch eine Synagoge gibt es. Ich höre Vögel zwitschern und Grillen zirpen, ansonsten: Stille. Der Wind trägt einen leichten Geruch von Kuhmist zu mir herüber, ein Teenager fährt auf einem kleinen Traktor an mir vorbei.

Als Haviva Ner-David mich begrüßt, muss ich kurz stutzen; sie sieht ganz anders aus, als ich mir eine Rabbinerin vorgestellt hatte. Vor mir sitzt eine braun gebrannte, sportlich-zierliche Frau im bunten Hängekleidchen und mit kurz geschnittenen Locken. Sie empfängt mich in ihrem Haus, offene Küche, großes Wohnzimmer. Auf dem Boden liegen Spielsachen verstreut, im Regal stehen Bücher mit Titeln wie »Theologie und Feminismus« oder »Wie man die Welt rettet«.

Ich wollte die 46-Jährige vor allem treffen, weil ich mir von ihr eine Antwort auf die Frage erhoffte, wie orthodoxer

Glaube und Feminismus zusammenpassen und wie sich das Konzept Mutterschaft in dieses Zusammenspiel einfügt.

Haviva stellt gern Dinge auf den Kopf, sie hat früh damit angefangen: Bei ihrer Bat-Mizwa, dem Initiations-Ritus, nach dem Mädchen im jüdischen Glauben ihre Mündigkeit erreichen, will die Zwölfjährige nicht nur eine Party feiern wie sonst üblich. Sie will eine kleine Rede in der Synagoge halten. Eigentlich ausgeschlossen, doch Havivas Eltern, Teil der modern-orthodoxen Community New Yorks, verhandeln mit dem Rabbiner. Der erlaubt ihr schließlich, im Nebenraum der Synagoge ihre Rede vorzutragen. Es soll der Anfang einer rebellischen Suche sein, auf der Haviva sich noch immer befindet. »Ich mag es, die Grenzen innerhalb des Systems so weit zu dehnen, wie es geht«, erzählt sie mir.

Also beginnt Haviva mit Anfang 20, die Tora zu studieren. Sie besucht eine Zeit lang eine Reform-Synagoge, hat Zweifel an ihrer Religion. Trotzdem bleibt sie der orthodoxen Gemeinde treu. Aber Haviva glaubt auch an die Gleichberechtigung zwischen den Geschlechtern; als sie ihren Mann Jacob heiratet, steckt sie ihm nach der offiziellen Zeremonie einen Ring an den Finger – dem traditionellen Protokoll nach übergibt nur der Mann der Frau einen Ring. Als ihr erstes Kind zur Welt kommt, teilen beide Eltern sich die Betreuung. Haviva macht ihren Abschluss in Englischer Literatur, beginnt, die Tora noch intensiver zu studieren, als sie es früher schon getan hat. Sie beschließt, dass sie Rabbinerin werden will, und legt die Tefillin an. Ein radikaler Schritt, denn der jüdischen Tradition nach dürfen eigentlich nur Männer mit diesen Gebetsriemen bekleidet beten.[23] Für Haviva ist das jedoch kein Widerspruch. »Wenn man sich die geschriebenen Quellen anschaut, verbieten die so etwas nicht«, sagt sie. »Ich glaube, die Gesetze des Judentums sollten sich im Wandel des Zeitgeists auch ändern können. Aber in der Welt, in der ich groß wurde, passierte das nicht. Weil die Rabbiner einen Wandel zurückhielten.«

Also arbeitet Haviva als junge Frau hart daran, selbst den Wandel herbeizuführen. Nebenbei bekommt sie ein zweites Kind, ein drittes, noch eins und noch eines. Das sechste Kind adoptieren sie und ihr Mann. Und schließlich wird Haviva mit 42 Jahren noch einmal schwanger. Ihre Tochter Sha-fe wird geboren. Sieben Kinder haben die Ner-Davids schließlich, ein Foto der Großfamilie ziert den Flur, es ist das erste, was dem Besucher ins Auge fällt, wenn er das Haus betritt.

Doch wie passen sieben Kinder mit Havivas feministischem Streben zusammen? »Ich denke nicht in Gender-Kategorien. Ich habe schlicht für mich herausgefunden, dass ich es mag, eine große Familie zu haben. Feminismus bedeutet für mich, dass Personen unabhängig von ihrem Geschlecht all das machen können, was sie wollen«, sagt sie.

Als die Kinder noch klein sind, schafft Haviva es, trotzdem weiter ihr Studium der jüdischen Schriften zu verfolgen. Die Kleinen werden älter, die Mutter vertieft ihr Wissen. Bis sie 2006, mit Mitte 30, ihre Ordination erhält. Es scheint, als habe ihr Kampf damit ein Ende.

Doch es kommt anders.

Die Ordination endlich in der Tasche, stellt Haviva fest, dass sie sich unwohl fühlt mit dem neuerworbenen Titel. »Das kam nicht über Nacht, es war ein jahrelanger emotionaler Kampf«, sagt sie. Damals ist sie enttäuscht, dass der Wandel innerhalb ihrer Gemeinde so langsam verläuft, sie verliert die Geduld. Ihr Streben nach egalitären Verhältnissen wird zu stark. »Ich wollte keinen Kompromiss mehr eingehen in Sachen Feminismus.« Zudem lehnt Haviva die verschiedenen Konfessionen innerhalb des Judentums ab. Sie versteht sich nicht mehr als Rabbinerin. Fortan trägt sie kein Kopftuch mehr, kleidet sich weltlich und nennt sich eine »post-konfessionelle Rabbinerin«. Den Titel im traditionellen Sinne will sie nicht mehr verwenden. In New York besucht sie seit kurzem ein Seminar, *One Spirit*: Teilnehmer unterschiedlicher Religionen tauschen sich aus und lernen voneinander, am Ende des zweijährigen Kurses darf Haviva sich *spiritual minister* nennen.

Von dem Kampf, den sie einstmals selbst kämpfte, hat sie sich verabschiedet. Sie lässt ihn heute von anderen kämpfen. »Es gibt jetzt mehr und mehr Frauen in der orthodoxen Gemeinde, die sich engagieren«, sagt sie, lehnt sich entspannt in ihrem Stuhl zurück und schlürft einen Schluck Kaffee. Tochter Sha-fe klettert ihr auf den Schoß. Sie hat während unseres Gesprächs in der Sofaecke gespielt, in sich selbst versunken und kleine Lieder summend. »Ich bin fertig mit dem orthodoxen Feminismus«, sagt ihre Mutter. Es klingt nicht wütend oder gekränkt, einfach wie eine sachliche Feststellung. »Ich wünsche mir, dass Menschen frei Entscheidungen treffen können, egal ob Mann oder Frau, religiös oder nicht«, sagt Haviva. Es scheint nur wenige Grenzen in ihrem Kopf zu geben.

Als ich ihr von den bereuenden Müttern und der israelischen Studie erzähle, bleibt sie genauso entspannt, wie sie es schon das ganze Gespräch über ist. »Interessant, sehr interessant«, sagt sie immer wieder. Vor allem aber wundert sie sich, dass das Thema besonders in Deutschland eine solch hitzige Diskussion entfacht hat. Nun ist sie es, die mich fragend anblickt.

Tochter Sha-fe wird langsam unruhig. Sie will jetzt endlich mit ihrer Mutter losfahren, um eine ihrer älteren Schwestern abzuholen. Also verabschiede ich mich und mache mich auf den Weg zum Bus, der mich zurück nach Tel Aviv bringen wird. Auf meinem Fußweg zur Haltestelle spiele ich die Begegnungen und Gespräche aus der vergangenen

Woche in meinem Kopf noch einmal durch: Elana, die Buchautorin, Hannah Katsman, die Bloggerin; Sarit, die angehende Neurobiologin; Hanna Herzog, die Professorin, und natürlich Haviva. Ich weiß jetzt, wie die besondere Situation Israels auch Einfluss auf die Rolle der Frauen nimmt: Orthodoxie, Zionismus und der Nahostkonflikt politisieren in einem jeweils ganz eigenen Sinne die Frau als Mutter. Mir kommt der Satz »Das Private ist politisch« in den Sinn, der Slogan zur zweiten Welle der Frauenbewegung. Er gilt für Mütter in Israel aufgrund der speziellen politischen Situation vor Ort noch stärker als für ihre Schwestern in Deutschland. Letztlich aber sitzen die Mütter beider Länder im selben Boot: weil die Erwartungen an Frauen hier wie dort immens sind. Und die Figur der Mutter eine ideologisch überhöhte ist.

An der Bushaltestelle angekommen, sehe ich eine junge ultraorthodoxe Frau warten. Ich schätze sie auf Anfang 30, knapp mein Alter. Sie schaukelt ihr Baby im Kinderwagen sachte vor sich hin – ohne ihre fünf anderen Kinder aus dem Blick zu verlieren, die neben ihr sitzen. Sie unterhält sich mit dem ältesten, vielleicht ist der Junge neun oder zehn Jahre alt. Ich verstehe nicht, was die beiden reden. Der Bus kommt, ich steige ein. Als ich mich erschöpft in den Sitz fallen lasse und der Bus langsam anfährt, blicke ich aus dem Fenster, die junge Mutter und ihre Kinder warten noch. Mir fällt mein Gespräch mit der Bloggerin Hannah Katsman wieder ein: Ich hatte auch sie nach den bereuenden Müttern aus der israelischen Studie gefragt, wollte wissen, ob sie irgendeine Art von Empathie für diese Frauen fühlen konnte. Ich erwartete ein striktes »Nein!« Vielleicht würde sie aufstehen und gehen, losschimpfen oder die Mütter verurteilen, hatte ich mir im Vorfeld ausgemalt. Aber Hannah Katsman blieb ruhig. »Natürlich habe ich Empathie«, sagte sie, es hörte sich glaubhaft an. Ihre Stimme klang weich. »Ich weiß nicht, was ich sagen soll, es ist schwer. Du könntest dir Kinder von ganzem Herzen wünschen und dann herausfinden: Das ist nichts für mich.« Sie machte eine kurze Pause. »Das könnte jedem passieren. So ist das Leben.«

3
Reise zu einem verbotenen Gefühl – Bereuende Mütter in Deutschland

Auch nachdem ich aus Israel zurückgekehrt war, wichen die bereuenden Mütter nicht aus meinem Kopf. Ich wollte mehr über diese Frauen wissen, selbst mit ihnen sprechen. Und nicht nur die Lebensumstände von Frauen und Müttern in Israel *oder* Deutschland betrachten. Sondern die beiden Situationen miteinander vergleichen und in einen Zusammenhang setzen.

Also machte ich mich auf die Suche nach bereuenden Müttern in Deutschland. Schon für die Recherche meines Artikels hatte ich nach solchen Frauen gesucht, doch die Nachforschungen waren schleppend verlaufen. Ich hatte Mütterblogs im Internet abgeklappert, Selbsthilfegruppen angeschrieben, befreundete Mütter gefragt, ob sie nicht jemanden kennen würden. Nichts. Nun aber, nach Erscheinen des Artikels und nach der hitzig geführten öffentlichen Debatte, war die Sachlage eine andere. Vielleicht würden sich nun einige betroffene Mütter trauen, mir ihre Geschichte zu erzählen. Ich startete also erneut eine Offensive und durchforstete das Internet. Schließlich mit Erfolg: Nach einiger Zeit meldeten sich mehrere Frauen. Ja, sie bereuten ihre Mutterschaft, schrieben sie mir. Ob wir uns treffen könnten, fragte ich zurück. Alle antworteten sie zögerlich, waren skeptisch. Schließlich willigten drei ein. Unter einer Bedingung: Keine von ihnen wollte mit dem eigenen Klarnamen auftauchen, auch die ihrer Kinder sollten geändert werden.

Ich sagte zu.

Sofie

Für das erste Gespräch musste ich nicht weit reisen, die Berliner S-Bahn kutschierte mich an das grüne Ende Berlins. Weg aus dem hippen, wuseligen Kern der Großstadt, rein in die schon fast dörfliche Stille der Randbezirke. Hier treffe ich meine erste Protagonistin: Sofie. Mit ihrem Mann und den zwei Söhnen, sieben und vier Jahre alt, lebt die 38-Jährige in einem modernen Reihenhaus. Erst vor einem Jahr ist die studierte Sonderpädagogin mit ihrer Familie nach mehreren Jahren in Amsterdam zurückgekehrt in die alte Heimat. Als ich auf den Hof einbiege, sehe ich Sofie schon von weitem: eine große Frau mit kurzem, blonden Haar. Füllige Statur, ein rundes, selbstbewusstes Gesicht mit kleinen Augen, die mich zunächst skeptisch mustern. Sofie trägt eine modische Jeans und ein unkompliziertes, blaues T-Shirt. Wenn sie lächelt, bilden sich zwei Grübchen auf ihren Backen. Wir begrüßen uns kurz, sie bietet mir das »Du« an und bittet mich herein.

Ich hatte mir im Vorfeld überlegt, dass ich die komplette Geschichte dieser Frauen aufzeichnen wollte. Nicht nur den Teil, der sich gezielt mit der mütterlichen Reue beschäftigt. Sondern auch die Sozialisation der Frauen, das Verhältnis zur eigenen Mutter, ihre Geburtserfahrung. Ich wollte das Thema regretting motherhood zwar mit einem feministischen Blick betrachten und in einen gesellschaftlichen Gesamtkontext stellen, gleichzeitig jedoch die persönlichen Faktoren meiner Protagonistinnen berücksichtigen. Also setzen Sofie und ich uns jetzt in ihre moderne Küche an den Esstisch. Es ist früher Vormittag, Sofies Mann ist in der Arbeit, die Söhne in der Schule und der Kita. Die Kaffeemaschine brummt, ich schalte mein Aufnahmegerät an. Sofie beginnt zu erzählen:

Ich glaube, ich bin eine verdammt gute Mutter. Wieso auch nicht? Ich gehe ja nicht zu meinem älteren Sohn und sage: »Hör mal, Paul, weißt du, das ist alles nicht sehr gut mit uns gelaufen, ich bereu das mein Lebtag lang.« Das tu ich nicht. Wer tut so was denn? Ich geh nachts an sein Bett und sag ihm, dass ich ihn lieb hab. Und Paul kommt nachts an mein Bett und sagt mir, dass er mich lieb hat. Ich kann mich gut um meine Kinder kümmern – obwohl ich denke, ich hätte im Nachhinein besser keine bekommen. Was ist so schlimm daran, zu sagen: »Ich würde das nicht noch einmal tun.« Ich finde das legitim, ich lebe jetzt damit. Aber so etwas kannst du nicht öffentlich äußern, dann wirst du von allen angeschrien.

Zu Anfang des Gesprächs benutzt Sofie noch die Wörter »Sohn« oder »Söhne«, wenn sie von ihren Kindern spricht. Im Laufe der Unterhaltung schrumpfen beide Wörter allerdings zusammen: Sofie sagt an manchen Stellen »S1«, wenn sie von ihrem älteren Sohn erzählt, und »S2«, wenn sie den jüngeren meint.

Dass ich in meinem Leben verheiratet sein wollte und Kinder haben würde, wusste ich früh. Da waren nie Zweifel. Ich bin in der ehemaligen DDR aufgewachsen, es war normal, dass man sehr früh Kinder bekam. Mit 16 ausziehen, eine Lehre machen, jemanden kennenlernen, heiraten und schwanger werden. So sah der Ablauf aus. Ich hab das nie infrage gestellt. Sondern schon als Kind immer gedacht: »Wenn ich 18 bin, dann heirate ich und kriege Kinder.« Ich kann mich erinnern, dass mein Mann, als wir noch nicht verheiratet waren, einmal zu mir sagte: »Wir brauchen nicht zu heiraten, wenn du nicht willst. Kinder bekommen können wir auch so.« Aber das kam für mich nicht infrage, ich wollte, dass wir zu beiden Seiten abgesichert sind. Er auch. Mein Mann stammt ebenfalls aus der DDR, polnische Grenze. Er hat einen Bruder, die

Eltern sind genauso wie meine seit Ewigkeiten verheiratet. So war es eben damals, so haben wir es vorgelebt bekommen.

Zuhause war ich das zweitjüngste von vier Kindern; nicht die Älteste, nicht die Jüngste, dazwischen. Außer mir gab es noch eine kleine Schwester, eine große und meinen älteren Bruder. Mecklenburg-Vorpommern, die Seen dort: Das ist meine Heimat. Ich komme aus einem kleinen Dorf, das damals, als ich Kind war, vielleicht 5000 Einwohner hatte. Es gab eine Kita, in die alle gingen, und eine Schule, auf der man sich später wiedertraf. Ich hatte eine typische DDR-Kindheit: früh selbständig, weil beide Eltern im Schichtbetrieb arbeiteten, Vollzeit in einer Schweinemastanlage. Sie weckten uns morgens, schmierten uns Butterbrote für die Schule. Den Rest erledigten wir selbst. Wir sind allein aufgestanden, allein in die Schule gegangen und nach dem Hort auch wieder allein nach Hause gekommen. Meine beiden Großmütter sprangen oft ein, manchmal wohnten sie sogar ein halbes Jahr bei uns.

Meine Eltern waren wenig anwesend, aber dafür liebevoll. Im Sommer ist mein Vater oft mit uns im See geschwommen oder hat uns alle in seinen Trabbi gepackt, einen alten Kombi. Dann fuhren wir zur Oma nach Zittau. Wir lagen alle hinten drin, meine kleine Schwester unten auf den Sitzen, ich oben mit 'ner Decke auf dieser Ablagefläche. Und dann sind wir Richtung tschechische Grenze gedüst. Total lässig. Die Oma hatte auch einen Trabbi, sie fuhr uns entgegen, wir haben sie dann meistens an einer Raststätte auf halber Strecke getroffen. Ich weiß überhaupt nicht, wie damals die Autos gebaut waren, so dass wir alle hineinpassten! Aber irgendwie ging es immer. Es war eine glückliche Kindheit, doch.

Sofie erzählt mit fester Stimme, ohne zu zögern und ohne Umschweife. Sie ist keine Frau, die sich lange mit schmeichelnden Nettigkeiten aufhält oder ihre Worte in säuselnde Niedlichkeit verpackt. Eher »eine Frau von der pragmati-

schen Sorte«, so beschreibt sie sich selbst im Gespräch. Sofie wirkt gefasst und reflektiert, auch die schwierigen Passa-
gen erzählt sie mit einer gewissen rationalen Strenge. Ältere
Männer in Chefetagen würden sie vielleicht eine »toughe
junge Frau« nennen. Im Interview wirkt sie stark, sachlich
und selbstbewusst. Zunächst zumindest.

*Meine Mutter ist 'ne sehr robuste Frau. Eine, die sofort an-
packt, wenn es etwas zum Anpacken gibt. Die nicht lange
fackelt. Wir sind uns in dem Punkt ziemlich ähnlich, glaub ich.
Sie hat immer viel und schwer gearbeitet, immer in Vollzeit.
Ich bin schon mit 16 Jahren ausgezogen von zuhause, mir
fehlt vielleicht deswegen dieses Kämpfen mit den Eltern, was
viele in der Pubertät durchmachen. Ich hatte immer ein gutes
Verhältnis zu meiner Mutter, auch heute ist das noch so. Und
bewundert hab ich sie auch immer. Wie sie das so hinbekommen hat mit vier Kindern.*

*Meinen Mann Martin hab ich erst relativ spät kennenge-
lernt, mit 23. In dem Alter war man in der DDR eigentlich
schon längst verheiratet und hatte mindestens ein Kind. Ich
wohnte damals mit einer Freundin in einer WG, erster Stock.
Martin lebte im selben Haus, vierter Stock. Er hat uns einmal
unseren Mülleimer geklaut, weil er dachte, meine Mitbewohnerin und ich hätten ihn weggeschmissen, dabei hatten wir
ihn nur im Hof abgestellt, während wir einkaufen gingen. Als
wir wiederkamen, war unser Eimer weg. Ich bin dann zu ihm
hochgelaufen und hab empört an seiner Tür geklingelt. So
lernten wir uns kennen. Es dauerte noch ein bisschen, bis wir
schließlich ein Paar wurden. Mittlerweile sind wir seit 15 Jahren zusammen, neun davon verheiratet. Wahnsinn.*

*Paul, also Sohn 1, war ein absolutes Wunschkind. Ich hatte
seit längerer Zeit versucht, schwanger zu werden; Hormon-
spritzen, künstliche Befruchtung, dazu gesunde Ernährung
und viel Sport. Aber nichts schlug an. Meine Frauenärztin*

wurde irgendwann richtig besorgt, weil ich schon 32 war, aber immer noch nicht schwanger. Erst als wir ein Jahr nach unserer Hochzeit in die Niederlande zogen, klappte es. Wir hatten unsere Wohnung in Berlin aufgelöst, nur die nötigsten Möbel in einen Sprinter gepackt und waren losgefahren. In Amsterdam erwartete uns eine heruntergekommene Altbauwohnung, die wir erst einmal renovieren mussten. Es gab noch nicht einmal eine Küche, in der wir kochen konnten, stattdessen ernährten wir uns von Burgern, Tiramisu und Rotwein, lebten übergangsweise in einer Ersatzwohnung. Es war wirklich furchtbar. Ich spachtelte jeden Tag Wände und schraubte die Küche zusammen, während Martin ins Büro ging. Abends fiel ich total erschöpft ins Bett. Aber ich dachte mir nichts dabei, dass ich am Ende des Tages so müde war; die körperliche Arbeit war schließlich anstrengend. Ich hatte außerdem ganz normal meine Regel, die Müdigkeit schob ich auf die Renovierungsarbeiten. Erst im vierten Monat schnallte ich, was los war: Ich war schwanger!

Ich hatte mir so lange ein Kind gewünscht, endlich schwanger zu sein war für mich das Größte. Die Zeit mit Paul im Bauch war super! Ich ernährte mich extrem gesund, aß schon zum Frühstück Salat, fuhr noch im neunten Monat mit dem Fahrrad durch die Straßen. Ich machte mir keine Gedanken darüber, dass irgendetwas schiefgehen könnte. Martin und ich waren glücklich. Ich hatte keine Angst, keinerlei Zweifel. Rückblickend betrachtet, war das vielleicht naiv; man malt sich das alles so nett aus: Dass man in den Geburtsvorbereitungskurs geht, dort lernt man ein bisschen hecheln, die Geburt wird dann schmerzhaft, okay, aber im Ganzen doch erträglich. Schließlich kommt das Baby, und alle sind glücklich. So sah die Vorstellung in meinem Kopf aus. Ich war mir sicher, dass ich das alles schaffen würde. Spielend.

Und dann wurde Pauls Geburt ein Notkaiserschnitt. Zwei Wochen vor dem errechneten Geburtstermin riss plötzlich meine Fruchtblase an, warum, weiß ich bis heute nicht. Es passierte an einem Morgen im Mai, draußen war es viel zu heiß für diese Jahreszeit. Ich hatte am Nachmittag sowieso einen Termin zur Akupunktur im Krankenhaus, also ging ich früher hin, als ich den Blasensprung bemerkte. In der Klinik angekommen, behielten sie mich gleich dort. Da stand ich plötzlich in meinem Sommerkleidchen, völlig unvorbereitet, meine Krankenhaustasche stand gepackt zuhause, und Wehen spürte ich auch keine. Um mich herum lagen Frauen, die vor Schmerz schrien, weil sie ihre Kinder aus sich herauspressten. Die lagen hier, weil sie wirklich einen Grund dazu hatten. Und bei mir? Nichts. Ich war richtig neidisch auf die anderen Frauen; so hatte ich mir das nicht vorgestellt.

Am Nachmittag und Abend wartete ich immer noch auf die Wehen, genauso in der Nacht. Ich spürte hin und wieder ein leichtes Ziehen, aber mehr nicht. Martin, der zwischenzeitlich mal da gewesen war, um mir Sachen zu bringen, hatte ich wieder zur Arbeit geschickt. Am anderen Morgen kam er wieder, und als ich ihn gerade noch einmal losgeschickt hatte, um den vergessenen Fotoapparat von zuhause zu holen, legten die Ärzte mir einen Tropf, der die Wehen einleiten sollte. Wieso, hat mir niemand erklärt. Wenig später kam die Hebamme, die mir eine Betäubung verpasste. Als die erste Wehe dann irgendwann kam, dachte ich bloß: Aha, das ist es jetzt also. Hm, das ist ja lustig.

Durch die Betäubung habe ich kaum etwas gespürt. Ich fühlte mich, als wäre ich bei der Geburt meines Kindes gar nicht richtig anwesend, alles ging viel zu schnell. So sollte der Ablauf doch nicht sein! Ich war zu dem Zeitpunkt noch gar nicht bereit für die Geburt, genauso wenig wie mein Körper. Und Martin war auch nicht da; er steckte irgendwo im Taxi fest, auf dem Weg zurück ins Krankenhaus.

Auf einmal kam dann eine Schwester in mein Zimmer, die sich mit der Hebamme über irgendetwas stritt, wenig später *kam noch ein Arzt dazu und sagte: »Wir müssen jetzt sofort einen Kaiserschnitt machen, die Herztöne sind schlecht, ihr Kind ist in Gefahr, unterschreiben Sie hier.« Ich wusste überhaupt nicht, was eigentlich passierte. Der Arzt sagte noch, er würde mir nun eine Spritze setzen, von der mein Herz schneller schlagen würde – wenige Minuten später lag ich im Kreißsaal, an beiden Armen auf einer Bahre festgeschnallt. Mein Herz raste wie irre. Martin war immer noch nicht da, alles passierte wie im Zeitraffer. Ich fühlte mich ausgeliefert. Du bist zwar betäubt und spürst keine Schmerzen, merkst aber, wie fremde Hände in dir herumfuhrwerken. Und plötzlich ziehen sie dieses Kind aus dir heraus. Auf einmal war dieses Baby da – aber ich war es mental nicht; weil alles viel zu schnell gegangen war. Der Notkaiserschnitt hatte maximal eine halbe Stunde gedauert.*

Sofie berichtet von einem Notkaiserschnitt, in der Gynäkologie wird zusätzlich zwischen primärem und sekundärem Kaiserschnitt unterschieden. Den Notkaiserschnitt praktizieren Ärzte eigentlich nur selten. »Da kommt es wirklich auf jede Minute an, alle rennen dann«, erklärt Werner Neuhaus, Leiter der Frauenklinik Köln-Holweide, die auf problematische Geburten spezialisiert ist. »Ein Notkaiserschnitt erfolgt nur bei höchster Dringlichkeitsstufe und muss innerhalb von maximal 20 Minuten vollendet sein.« Der primäre Kaiserschnitt hingegen wird schon im Verlauf der Schwangerschaft geplant. In der Klinik Holweide liegt die Gesamtrate an Kaiserschnitt-Geburten bei knapp 40 Prozent, rund zehn Prozent mehr als im Bundesdurchschnitt. Der sekundäre Kaiserschnitt wiederum würde aus dem Geburtsverlauf heraus durchgeführt, erklärt Neuhaus, aber in einer ruhigen Atmosphäre. Zu einer solchen Operation komme es beispielsweise bei Geburtsstillstand oder wenn Gefahr für Mutter und Kind bestehe. »Man muss hier genau differenzieren, weil die Begriffe oft falsch verwendet werden«, sagt er.

Sofie hat den plötzlichen Kaiserschnitt als traumatisch empfunden. Sie fühlte sich während und nach der Operation alleingelassen.

Als sie mir meinen Sohn noch im Kreißsaal zeigten, sprach ich zum ersten Mal bewusst seinen Namen aus: »Das ist Paul«, sagte ich laut. An sein Gesicht direkt nach der Geburt kann ich mich nicht mehr erinnern. Ich glaube, er war ziemlich blau und lila, und er hatte einen ganz langen Kopf, weil die Ärzte ihn aus dem Geburtskanal herausgezerrt hatten. Sie brachten Paul dann aus dem Kreißsaal raus zu Martin, der mittlerweile wieder im Krankenhaus eingetroffen war. Ich lag auf meiner Bahre, konnte mich keinen Zentimeter bewegen und dachte die ganze Zeit: Es wird alles gut. Es wird alles gut. Es – wird – alles – gut!

Irgendwann, nach dem Aufwachen, fand ich mich in meinem Krankenzimmer wieder. Mit dem einzigen Unterschied, dass mein Baby plötzlich da war. Nur fühlen konnte ich das nicht. Als sie mir Paul brachten, wusste ich nicht, was ich mit ihm anfangen sollte; ich traute mich nicht, ihn hochzunehmen. Ich hatte extreme Schmerzen, mein Bauch war grün und blau von der Operation. Das Stillen klappte auch nicht, aber es kam auch niemand, um mir zu zeigen, wie es ging. Die Krankenschwester hielt mir nur dieses Kind hin und meinte: »So, und jetzt stillen Sie mal!« Das funktionierte aber nicht, auch nicht mit dem blöden Stillhütchen. Ich bat die Schwester schließlich, Paul wieder mitzunehmen.

Während der Schwangerschaft hatte ich mein Baby gespürt. Ich konnte fühlen, wenn es strampelte oder trat, das Kind war ein Teil von mir gewesen. Und jetzt? Fühlte es sich an, als sei Paul gar nicht mein Kind. Natürlich wusste ich rational, dass er es war, aber ich konnte es eben nicht fühlen. Ich dachte die ganze Zeit: Das ist nicht mein Kind, ich habe das nicht bekommen – man hat es mir gegeben.

In den ersten Tagen und Wochen nach der Geburt heulte ich viel, eigentlich permanent. Paul war zum Glück ein sehr pflegeleichtes Baby. Er war genügsam, schlief viel und schrie wenig; so als wüsste er um meine Not und wollte mir helfen, statt ich ihm. Nach einigen Wochen ging es mir psychisch besser, und ich habe den Alltag mit Paul gut hinbekommen. Aber diese Distanz, die ich schon ganz am Anfang bei Paul gespürt habe, hat mich nie verlassen. Ich fühle sie auch heute noch. Natürlich fand ich ihn niedlich; alle Babys sind niedlich. Und natürlich habe ich mich gut um ihn gekümmert. Er ist ja mein Kind. Aber diese Mutterliebe, von der immer alle sprechen, die fühlte ich damals nicht und heute immer noch nicht. Dass Paul sich von jedem füttern, drücken und ins Bett bringen ließ, wertete ich lange Zeit als Zeichen dafür, dass er mich gar nicht unbedingt brauchte. Dass es anders ist, habe ich erst später verstanden, als er in die Kita eingewöhnt wurde. Da hatte ich auf einmal Verlustängste. Aber wenn ihn in den ersten Monaten jemand mitgenommen hätte – ich hätte kein Problem damit gehabt. Als Paul ungefähr ein halbes Jahr alt war, bin ich auch für eine Woche in Urlaub gefahren, in ein Wellness-Hotel. Ohne ihn. Alle um mich herum haben mich gefragt: »Und du kannst dich einfach so von deinem Kind trennen? Das kannst du doch nicht machen!« Aber ich dachte nur: Wieso denn nicht?! Für mich war das kein Problem. Ich habe den Alltag als Mutter nicht vermisst.

Alle anderen Mütter aus meinem Mütterkreis waren hin und weg von ihren Kindern, auch die, die wie ich per Kaiserschnitt entbunden hatten. Aber mir fehlte dieses Glücksgefühl. Im Gegenteil: Ich hatte immer Angst, dass ich vielleicht bei Paul irgendetwas »kaputt gemacht« hatte, weil ich ihn nicht so lieben konnte, wie ich mir das vorgestellt hatte. Das empfinde ich heute immer noch so.

Aus wissenschaftlicher Sicht gibt es keine stichhaltigen Hinweise darauf, dass Frauen, die per Kaiserschnitt entbunden haben, in der Folge schwerer eine Bindung zu ihrem Kind aufbauen können. Zumal in Kliniken heute versucht wird, das Neugeborene auch nach einer Kaiserschnittentbindung direkt bei der Mutter zu lassen, um das sogenannte Bonding durch Augen- und Hautkontakt zu erleichtern. Entwicklungspsychologen gehen davon aus, dass dieses erste Kennenlernen zwischen Mutter und Kind wichtig ist für die spätere Bindung zwischen beiden. Aber, erklärt Werner Neuhaus: »Es gibt keine Untersuchung, die belegt, dass es von Nachteil ist, wenn eine Mutter ihr Kind beispielsweise erst nach zehn Minuten auf die Brust gelegt bekommt im Vergleich zu zehn Sekunden.«

Auch Michael Bolz, Oberarzt an der Universitätsfrauenklinik und Poliklinik Rostock, warnt vor einer Überbewertung der natürlichen Geburt: »Sie wird zu einer Art Ikone hochstilisiert. Der Sinn der Geburt, das Gebären eines Kindes, geht verloren. Man möchte den Geburtsablauf durchplanen, vergisst dabei aber, dass es sich um einen biologischen Vorgang handelt, nicht um eine programmierbare Computersimulation.« Bolz sieht in Kaiserschnittgeburten kein Problem: »Es wird verkannt, dass gerade jener Kaiserschnitt, der sich während einer Geburt ergibt, Rettung des Kindes und manchmal auch der Mutter bedeutet.« Die Aspekte einer natürlichen Geburt würden zu sehr in den Vordergrund gerückt, sagt er. »Vielen Eltern wird in dieser Hinsicht ein realitätsfernes Bild vermittelt, sie kommen mit überzogenen Erwartungen im Kreißsaal an und sind dann natürlich enttäuscht, wenn alles nicht so läuft, wie es dem eigenen Plan entspricht.«

Sofie fühlte sich trotzdem lange Zeit um eine natürliche Geburt betrogen:

Ich hatte sie mir mit S1 sehr gewünscht, der Notkaiserschnitt hat mich völlig überfordert. Klar fragt man sich, wie dieses Ereignis die heutige Beziehung zu meinem Sohn beeinflusst. Ich habe mich lange schuldig gefühlt, weil ich dieses bedingungslose Mutterglück, von dem immer alle sprechen, nicht fühle. Mittlerweile denke ich: Okay, das ist jetzt eben so. Aber wenn ich dann bei Facebook, Twitter oder Instagram lese, was andere Mütter wieder alles mit ihren Kindern unternehmen und wer welchen tollen Geburtstagskuchen gebacken hat, könnte ich kotzen. Jeder stellt auf diesen Foren doch nur seine eigene kleine Welt dar, und die ist natürlich immer voller Glück und Liebe. Ich will aber nicht den ganzen Tag zuhause sitzen und backen, malen oder spielen. Ich glaube, wir beschäftigen uns heute viel zu sehr mit unseren Kindern. Jeder einzelne Moment wird bewertet, für die kindliche Entwicklung oder das spätere Leben des Kindes. Und Twitter, Facebook, auch die ganzen Mütterblogs: Das erzeugt alles extrem viel Druck. Weil man sich automatisch damit abgleicht.

15 Monate nach Pauls Geburt bin ich wieder arbeiten gegangen. Vollzeit. Immer nur zuhause sein, immer nur diesen Baby-Kram im Kopf haben; mich hat das nicht erfüllt, mein Selbstwertgefühl hat extrem darunter gelitten. Ich hatte am Abend einfach nichts zu erzählen. Was hätte ich auch sagen sollen? Dass sich irgendeine Mutter auf dem Spielplatz aufgeregt hat, weil Paul die Rutsche falsch herum hochgeklettert ist?

Ich war so neidisch auf meinen Mann, weil er morgens aus dem Haus gehen und sich mit anderen Dingen beschäftigen durfte. Weil er selbstbestimmt war, während ich 24 Stunden am Tag die Verantwortung trug für unseren Sohn. Ich habe das meinem Mann nicht gegönnt, mich hat das aggressiv gemacht. Wir hatten die Pflege in den ersten Monaten zwar untereinander aufgeteilt, und das klappte auch sehr gut. Aber trotzdem blieb und bleibt die Hauptverantwortung an mir hängen. Ich empfinde das als extrem erdrückend. Da geht jede

Unbeschwertheit verloren. In welchem Maße, davon hatte ich vor Pauls Geburt überhaupt keine Ahnung.

Reue hab ich in den Anfangsjahren mit S1 noch nicht gespürt, die kam erst nach Elias' Geburt, also mit S2. Warum ich überhaupt noch ein weiteres Kind bekommen habe? Weil ich nicht wollte, dass Paul als Einzelkind aufwächst. Und weil wir nicht richtig verhütet hatten. Ich bin schon beim ersten Mal so schwer schwanger geworden, dass wir uns nicht vorstellen konnten, dass es noch ein zweites Mal passieren würde. Ist es dann aber natürlich doch. Während der Schwangerschaft mit Elias habe ich mir eine Hebamme gesucht, bin zur Psychologin gegangen, um die erste Geburt aufzuarbeiten; ich habe mich also sehr bewusst vorbereitet. Und das hat auch funktioniert: Mit Elias hatte ich eine Bilderbuchgeburt ohne Komplikationen. Genau so, wie ich es mir bei Paul eigentlich gewünscht hatte. Ich konnte meinen zweiten Sohn viel leichter annehmen, war auch stolz darauf, dass ich ihn durch eine ganze normale Geburt auf die Welt gebracht hatte und von Anfang an stillen konnte.

Aber mit Elias' Ankunft veränderte sich Paul. Er war immer ein zufriedenes und in sich ruhendes Kind gewesen, das sich auch gut mit sich selbst beschäftigen konnte. Eigentlich total pflegeleicht, ein super Kind! Doch Elias änderte alles. Seit er da ist, braucht Paul viel Aufmerksamkeit, er ist sehr unsicher geworden. Auch aggressiv und extrem fordernd. Er tickt manchmal so krass aus. Als es anfing, mit Paul so schwierig zu werden, dachte ich zum ersten Mal: Ich hätte S2 nicht bekommen sollen. Obwohl ich ihn liebe. Aber vielleicht wäre Paul ohne einen Bruder ein glücklicheres Kind geworden.

Ich kann diese Geschwister-Rivalität so schlecht ertragen. Paul und Elias fangen schon an, sich zu streiten, wenn sie morgens um sechs Uhr die Augen aufmachen. Ich hasse das. Mich stresst diese Aggression, mich nervt die Lautstärke. Ich hab mir Schutzkopfhörer besorgt, so große, in den ganz schlimmen

Momenten setz ich die morgens auf. Ich hasse das wie die Pest. Und ich komme nicht umhin zu denken, dass es mir ohne diese Momente besser ergangen wäre. Allein deshalb denk ich mir, ich hätte keine Kinder kriegen sollen. Ich bin so friedliebend, ich hab's gern harmonisch, diese ständigen Streitigkeiten gehen mir zu nah. Das ist ein ewiger Kampf für mich. Ich glaube auch wirklich, Elias ist mir lieber als Paul. Elias muss nicht immer mit allen rumkämpfen, so wie Paul das tut. Gleichzeitig klebt er dann wieder so an mir. Ich kämpfe ständig darum, von den Kindern nicht so bedrängt zu werden. Dieser mangelnde Platz für mich selbst, das finde ich sehr anstrengend.

Dazu kommt dieser ganze Kleinkram an Dingen, die man als Mutter ständig im Kopf hat. Welches Kind hat wann welchen Arzttermin? Wer hat wann welchen Elternabend in der Schule oder Kita? Müssen wir uns bei dieser oder jener Mutter noch entschuldigen, weil mein Sohn ein anderes Kind im Sportunterricht gebissen hat? Mich nerven diese Dinge wahnsinnig, ich will die gar nicht alle im Kopf haben. Ständig zerren diese Dinge an mir. Und immer ist da jemand, der etwas von mir will; an manchen Tagen hab ich das Gefühl, ich hab noch nicht einmal einen einzigen Gedanken nur für mich allein.

Ich denke, ich wäre ohne Kinder besser dran gewesen. Ohne eigene. Ich kann mich super um die Nachbarskinder kümmern, stundenlang Wasserbomben bauen oder Kindergeburtstage mit zehn Kindern im Haus feiern. Das ist überhaupt kein Problem für mich. Vielleicht wäre ich wirklich besser Erzieherin geworden oder Lehrerin. Ich glaub, ich wäre mit fremden Kindern, für die ich nicht ständig die Verantwortung tragen muss, sehr glücklich geworden.

Es ist nicht so, dass ich es bereue, Kinder bekommen zu haben, weil ich denke, die Jungs hätten mir etwas verbaut. Eine Karriere beispielsweise. Was ich will, ist mehr Ruhe. Und *ich will nicht ständig als Mutter bewertet werden. Sondern als Frau. Ich möchte nicht immer die Mutter sein, die auf ihre Kinder reduziert wird. Sondern einfach eine Frau, die Kinder hat. Ich will überhaupt nicht, dass das in irgendeiner Form bewertet wird. Genauso wenig wie meine Reue. Wenn ich dieses Gefühl spüre, dann ist das eben so. Ich finde nicht, dass mir jemand dieses Gefühl absprechen darf, dazu hat niemand das Recht. Als Mutter bist du irgendwie so ein Allgemeinobjekt, zu dem scheinbar jeder etwas sagen darf. Ich kann problemlos von mir behaupten: Ich würde nicht noch einmal Kinder bekommen. Alle anderen finden das total schlimm. Aber wieso regen sich alle so darüber auf? Warum muss ich mich von allen bewerten lassen?*

Paula

Mutterglück

*Es wächst und gedeiht in Deinem Leib,
es macht das Mädchen gar zum Weib,
es macht sie fraulich, hübsch und schön,
und diese Schönheit wird niemals vergehn.*

*Denn diese Schönheit kommt von innen,
kommt von der Frucht, die tief da drinnen
schlummert, doch bald erwacht
aus des Leibes dunkler Nacht.*

*Das geht schon so seit Jahrmillionen,
wenn man einmal blickt zurück.
Frauen, die sich niemals schonen,
denen gehört das Mutterglück.*

Das Gedicht habe ich geschrieben, als ich etwa 16 Jahre alt war. Meine älteren Schwestern dienten damals als Vorbilder; als die schwanger wurden und rosige Gesichter bekamen, und dann heirateten sie und zogen mit ihren Männern in eigene Wohnungen! Das sah alles so schön aus, das wollte ich auch. Und ich dachte, dass man nur zur Frau wird, wenn man ein eigenes Baby bekommt. Das musste die Schlussfolgerung sein, sagte ich mir damals, denn alle jungen Frauen um mich herum wurden irgendwann schwanger.

Meinen ersten Sohn bekam ich mit 23 Jahren, was für die damalige Zeit schon spät war. Die Schwangerschaft war trotzdem ein Unfall, ich habe den Vater meines Babys dann zwangsläufig geheiratet. Das machte man damals so. Als unser Sohn drei war, habe ich mich von seinem Vater getrennt. Das zweite Kind war dann eine bewusste Entscheidung. Aber nicht, weil ich unbedingt noch ein Kind wollte, sondern weil ich dachte: Oh, jetzt bin ich ein zweites Mal verheiratet, mein Mann erwartet von mir, dass wir ein gemeinsames Kind haben. Obwohl er das nie so geäußert hat. Aber ich dachte das eben. Auch für das dritte Kind habe ich mich bewusst entschieden. Wieder aus einem Pflichtgefühl heraus: Mein ältester Sohn war zu diesem Zeitpunkt schon elf Jahre alt, ihn und meinen jüngsten Sohn trennte ein Altersunterschied von acht Jahren. Ich wollte aber nicht, dass der Kleine ohne ein Geschwisterkind in einem ähnlichen Alter aufwächst. Also wurde ich wieder schwanger; kapp vor dem dritten Geburtstag meines jüngeren Sohnes kam schließlich meine Tochter zur Welt.

Heute bin ich 55, meine Kinder sind 32 , 24 und 21 Jahre alt. Und ich weiß: Die Gründe, warum ich sie damals bekommen habe, waren die falschen. Ich bereue nicht alle drei Kinder. Wäre ich als junge Frau schon reflektierter gewesen, hätte ich wahrscheinlich trotzdem ein Kind bekommen. Um zu wissen, wie es sich anfühlt. Und um dem damaligen Bild zu entsprechen. Das tat man einfach, Kinder kriegen. Aber ich

bereue das zweite und das dritte Kind. Wenn ich meine bei-
den jüngeren Kinder heute anschaue, bin ich traurig. Darüber,
wie ihr Leben bis jetzt verlaufen ist. Und ich fühle mich schul-
dig, weil ich als Mutter Anteil daran habe. Das hätte nicht sein
müssen – wenn sie nicht geboren worden wären.

Ich treffe Paula in einer mittelgroßen Stadt im Westen
Deutschlands, sie empfängt mich schon am Bahnhof. Obwohl wir uns noch nie gesehen haben, läuft sie schnur-
stracks auf mich zu und streckt mir strahlend die Hand
entgegen, um mich zu begrüßen. Paula arbeitet als Sekre-
tärin in der Universität, dort hat sich bis in die höchste Be-
soldungsgruppe hochgekämpft. Mit Kämpfen kennt Paula
sich aus. Sie hat kein leichtes Leben hinter sich: eine schwierige Kindheit, durchzogen von Vernachlässigung, teilweise
auch Missbrauch. Zwei gescheiterte Ehen mit gewalttätigen
Männern, sie trennte sich erst von dem einen, später auch
von dem anderen. Die drei Kinder zog sie weitestgehend
allein groß, das Verhältnis zu ihrem zweiten Sohn und der
Tochter ist heute schwierig.

Nach unserem Vorgespräch am Telefon, in dem Paula
mir ihre wichtigsten biographischen Details erzählte und
wir unser Treffen in einem Café vereinbarten, hatte ich tief
Luft holen müssen; ich erwartete eine gebrochene Frau.
Doch Paula gehört zu jenen Menschen, die schon in den
tiefsten Löchern saßen, um am Ende zwar erschöpft, aber
dennoch wieder herauszufinden. Was dich nicht umbringt,
macht dich stärker. Fast hätte es sie allerdings umgebracht:
einmal, an ihrem 50. Geburtstag. Als Paula so müde war
vom ewigen Kämpfen, dass sie schon auf einem Fenstersims
in einem Berliner Hotelzimmer stand und nach unten
schaute. Dann rief ihr ältester Sohn an, um ihr zum Geburtstag zu gratulieren. Und Paula stieg wieder vom Fenstersims herunter in ihr Zimmer, zurück ins Leben.

So sitze ich nun neben einer aufrechten, sympathischen Frau, die sich gewählt ausdrückt und die eigenen Erfahrungen in ruhiger Weise artikulieren kann. Paula trägt eine blonde, fransige Kurzhaarfrisur und knallrosa Lippenstift. Sie sagt selbst von sich, sie sei eine neugierige und wissbegierige Person. Auf Fotos ihres Facebook-Profils sieht man sie meistens in einer Gruppe mit anderen Menschen; im Urlaub vor dem Eifelturm, beim Singen mit ihrer alten Band, beim Bier mit Freunden. Eine lebensfrohe Frau.

Ich liebe meine Kinder. Aber ich konnte mich überhaupt nicht in diese Mutterrolle einfinden. Auch heute fällt mir das immer noch schwer. Ich habe mich schrecklich gequält mit dem Muttersein, weil ich nie wusste, was jetzt richtig ist und was falsch. Ich war immer unsicher in all den Dingen, die es zu entscheiden gab. Vielleicht hätte mir ein verlässlicher Partner an meiner Seite geholfen. Aber den gab es halt nicht. Also musste ich trotz meiner Unsicherheit alle Entscheidungen allein treffen, immer begleitet von den Zweifeln und der Angst, doch die falsche Entscheidung zu treffen. Ein furchtbares Gefühl, ganz schrecklich. Diese Orientierungslosigkeit, dieses Rumeiern. Das hat mich beides sehr gequält. Ich hatte nichts, worauf ich zurückgreifen konnte; kein Mutterbild, noch nicht mal ein Omabild, denn meine eine Großmutter war tot, die andere lebte nicht in Deutschland. Ich wusste nur: So wie meine eigene Mutter wollte ich nicht werden. Aber ich hatte kein eigenes Konzept. Vielleicht war ich deswegen immer unsicher.

Ich habe oft gedacht: Hätte ich das bloß nicht gemacht! Die letzten 15 Jahre eigentlich. Ich kann schlecht festlegen, wann das angefangen hat, aber spätestens, als ich gemerkt habe: Ich bin meinen Kindern und dem Muttersein als Alleinerziehende nicht mehr gewachsen. Als meine Tochter zwei Jahre alt war, kamen diese Reuegedanken zum ersten Mal auf. Da habe ich irgendwann gedacht: Ich schaff das nicht mehr. Ich

kann das nicht. Wieso hab ich bloß drei Kinder bekommen?!
Wie konnte ich nur so dumm sein?!

Trotzdem hätte ich meine Kinder nie verlassen können. Ich
habe auch nie darüber nachgedacht. Dafür ist mein Verant-
wortungsbewusstsein zu groß. Ich wollte sie auch nicht zu ihren Vätern geben, die hätten sich nicht richtig um sie gekümmert. Und ich hatte mir geschworen: Du wirst immer für deine
Kinder da sein, egal, was passiert. Also habe ich mich total
angestrengt, ich wollte eine perfekte Mutter sein. Wahrscheinlich war genau das der Fehler. Weil ich natürlich immer überlastet war. Vollzeitjob, abends nach Hause kommen, kochen,
Hausaufgaben machen, ins Bett bringen. Jeden Tag. Abends
habe ich den Kindern eine Geschichte vorgelesen oder sogar
selbst eine erfunden. Aber das geschah eher aus einer Pflicht
heraus. Ich dachte: Du liest den Kindern jeden Abend etwas
vor, damit sie Bildung erfahren, später eine gute Sprache haben, hoffentlich eine ordentliche Rechtschreibung lernen. In
der Art und Weise, wie ich meine Kinder erzogen habe, dachte ich sehr oft: Ich mache das jetzt so und so, weil man es
eben genau so machen soll. Aber ich dachte nicht: Ich mache
es so, weil ich es so fühle.

Ich frage Paula, was sie in diesen Momenten empfunden
hat. Sie schweigt lange, blickt mich suchend an. Dann
zuckt sie mit den Schultern und sagt wieder:

Pflichterfüllung. Funktionieren. Wenn das morgens schon los-
ging in meinem Kopf: Du musst, du musst, du musst, du musst!
Dann spult man das Vorleseprogramm abends eben auch
noch so ab. Vielleicht habe ich diese Momente ab und zu
genossen. Aber der größte Teil im Umgang mit den Kindern
hat sich für mich nach Pflicht angefühlt. Ich wollte es unbedingt besser machen als meine eigene Mutter.

Die war eine kalte und dominante Person, die bei uns zuhause die Zügel straff hielt – sehr straff. Sie übte keinen Beruf aus; mein Vater, der selbst als Postbote arbeitete, hatte es ihr verboten. Also war meine Mutter immer zuhause. Sie hatte uns alle im Griff, meinen Vater, meine vier älteren Schwestern, den jüngeren Bruder und mich. Meine Eltern hatten beide noch den Krieg erlebt, der Umgang war rau und lieblos. Zuhause herrschte immer eine angstbesetzte Atmosphäre. Was wird Mutti als Nächstes machen? Wird sie wieder ausrasten? Darum drehte sich das Familienleben. Es gab keine Zeitung, keine Bücher oder einen Fernseher zuhause. Meine Eltern interessierten sich nicht für Bildung. Wir Kinder wurden nicht zu selbstbewussten Personen erzogen, die sich eine eigene Meinung bilden konnten, sondern hatten zu funktionieren. Unsere Mutter war nicht für uns da – im Gegenteil: Wir waren für sie da. Ich weiß noch, wie sie einmal zu uns sagte: »Hätte ich euch doch besser im Rhein entsorgt!« Dieser Satz hat mich durch meine ganze Kindheit begleitet.

Mein Vater auf der anderen Seite war ein labiler und schwacher Mann, der jegliche Auseinandersetzung scheute; er kuschte vor meiner Mutter. Als ich acht Jahre alt war, verließ er die Familie für eine andere Frau, die unsere Nachbarin war. Bis dahin war ich eigentlich ein »Papakind« gewesen, aber ab dem Tag, an dem er wegging, habe ich ihn nicht mehr »Papa« genannt. Das war eine ganz bewusste Entscheidung. Weil ich mich von ihm verlassen fühlte und weil ich wütend war. Sehr wütend sogar.

Heute habe ich nur noch sporadisch Kontakt zu meinem Vater, manchmal treffe ich ihn auf Familienfesten. Meine Mutter hingegen spreche und sehe ich gar nicht mehr; irgendwann habe ich erkannt, dass es besser so ist. Wir leben alle im selben Ort, aber wenn ich meine Mutter zufällig in der Stadt treffe, wechsle ich die Straßenseite. Ich wollte nie so sein wie sie, so kalt und abweisend, nur mit sich beschäftigt. Als mein ältester Sohn anfing zu sprechen, habe ich ihm verbo-

ten, »Mutti« zu mir zu sagen; so hatte ich als Kind meine Mutter genannt. Ich habe ihm befohlen: »Du nennst mich Mama!«

Im Gegenzug hatte ich mir geschworen: Ich werde immer für meine Kinder da sein, sie immer versorgen, sie immer lieben. Doch es gab Momente in meinem Leben als Mutter, da habe ich in den Spiegel geschaut und mich gefragt: So, und wie viel von ihr steckt nun doch in dir drin?

Die Bindungstheorie geht davon aus, dass die eigene Beziehung zur Mutter eine wesentliche Rolle in der Frage spielt, welche Beziehung eine Mutter zu ihrem Kind entwickelt. Die eigene Bindung wirkt wie ein Schutzschild und Vorbild zugleich; Forscher sprechen von einer »Transmission«: Hat eine werdende Mutter als Kind selbst erlebt, was es heißt, eine fürsorgliche Mutter zu haben, ist die Wahrscheinlichkeit höher, dass sie eine sichere Bindung zu ihrem Kind aufbauen kann. »Wir wissen, dass Mütter, die in komplizierten Elternbeziehungen gelebt haben, statistisch gesehen größere Schwierigkeiten haben, sich auf die neue Situation einzustellen, die mit einem Kind kommt«, sagt die Psychologin Iris Reiner, die an der Universität Mainz die Emotionen von Frauen im Übergang zur Mutterschaft erforscht. »Frauen mit einer sicheren Bindung zu einer Elternfigur fällt es beispielsweise leichter, mit einer problematischen Geburt oder einem schwierigen Kind umzugehen.«

Das Verhältnis zu meinen Kindern ist heute gespalten: Zu meinem ältesten Sohn pflege ich einen guten und innigen Kontakt. Er macht Karriere, ist viel unterwegs, deswegen sehen wir uns nicht so häufig. Aber wir schicken uns oft E-Mails von Büro zu Büro. Viel schwieriger ist es mit den beiden Jüngeren: Mein zweiter Sohn wollte mit 15 Jahren plötzlich nicht mehr in die Schule gehen; er hat einfach damit aufgehört. Von jetzt auf gleich. Ich bin mit ihm überall gewesen: beim schulpsychologischen Dienst, in der Kinder- und Jugendpsychiatrie, beim Jugendamt, bei der Erziehungsberatung. Er hat sich allem verweigert, komplett. Ich weiß eigentlich immer noch nicht, was mit ihm los war. Eine Zeitlang hat er gekifft, aber nicht oft und auch nicht lange. Weil er selbst sagte, er würde es nicht gut vertragen. Insgesamt wurden aus seiner Untätigkeitsphase fünf Jahre, in denen er nichts gemacht hat. Keine Schule, keine Ausbildung – nichts. Als er 19 Jahre alt war, habe ich ihm ein Zimmer gesucht und ihn vor die Tür gesetzt. Weil ich die ständigen Auseinandersetzungen und sein Verhalten nicht mehr ertragen konnte. Die damalige Zeit war immer nur Kampf, Kampf, Kampf. Mittlerweile ist er 24 Jahre alt und wieder bei mir eingezogen. Es ist sehr anstrengend, aber ich bringe es nicht übers Herz, ihn noch einmal vor die Tür zu setzen. Weil ich doch immer für meine Kinder da sein wollte. Mit diesem inneren Zwiespalt kämpfe ich unendlich.

Die Beziehung zu meiner Tochter ist noch schwieriger. Bis sie 13, 14 Jahre alt war, hatten wir ein inniges Verhältnis. Aber plötzlich kippte sie von dem kleinen Mädchen, das eben noch mit mir kuscheln wollte, in eine 14-jährige Pubertierende, die sich in einen doppelt so alten Mann verliebte. Sie verschwand für eine Woche, ich fand sie schließlich am Bahnhof wieder. Ihr Freundeskreis bestand plötzlich nur noch aus Obdachlosen – und sie ließ sich irgendwann vom Jugendamt aus unserer Familie herausnehmen! Ich kann mich noch genau erinnern: Ich saß im Büro, vor einer wichtigen Sitzung, das Telefon klingelte. Ich nahm ab. »Hallo, hier ist das Jugendamt«, sagte die Stimme im Telefon, »Ihre Tochter sitzt bei uns. Sie will aus der Familie genommen werden.«

Ich konnte es nicht fassen. In dem Moment ist vieles in mir zusammengebrochen. Meine Tochter kam dann erst für sechs Wochen in eine Pflegefamilie, danach hat man ihr tatsächlich eine eigene Wohnung gegeben, nach einem Jahr ist sie dort allerdings rausgeflogen und in ein betreutes Wohnheim ge-kommen. Ich habe mich wahnsinnig geschämt. Nicht für sie, sondern für mich. Ich fühlte mich wie eine Idiotin. Weil ich die Handlung meiner Tochter einfach nicht verstehen konnte. Ich hatte meine Kinder nie geschlagen, nie missbraucht, mich im-mer um sie gekümmert, sie geliebt, mich so sehr angestrengt, ihnen Hobbys ermöglicht und Bildung geboten. Und dann ließ das jüngste Kind sich aus der Familie nehmen? Weil sie eine eigene Wohnung wollte? Das jedenfalls war ihre Antwort, wenn ich sie nach den Gründen für ihr Handeln fragte.

Mittlerweile ist meine Tochter 21 Jahre alt und selbst Mutter von zwei kleinen Kindern. Sie wohnt bei ihrem Freund, ich besuche sie einmal die Woche. Nach der Arbeit fahre ich dorthin und schaue, wo ich helfen kann. Aber die emotionale Distanz, die damals entstanden ist, als sie sich aus der Familie hat nehmen lassen, ist immer noch da. Mich hat dieser Schritt wahnsinnig verletzt.

Das Leben als Mutter bedeutete für mich immer Anstren-gung. Als die Kinder klein waren, habe ich mir gewünscht, es hätte damals schon Ganztagsschulen gegeben wie etwa in Frankreich. Dort kommen die Kinder am späten Nachmittag nach Hause und sind fertig mit ihrer Arbeit. Hätte es diese Schulen damals schon in Deutschland gegeben, hätte ich nicht jeden Abend mit den Kindern bis halb zehn in der Küche sit-zen und Hausaufgaben machen müssen. Das hat uns alle wirklich vollkommen fertig gemacht, dieses Schulsystem. Es ist einfach nicht dafür ausgerichtet, dass eine Mutter – vor allem eine Alleinerziehende – den ganzen Tag arbeiten geht. Ich habe mir zwar Hilfe gesucht; als die Kinder klein waren, habe ich zum Beispiel öfter die Erziehungsberatung besucht. Aber, wie soll ich das sagen, ich hätte mir manchmal gewünscht, da wäre ein Mensch gewesen, der mir ganz konkret eine Hilfe-stellung anbietet. Meinem jüngsten Sohn hat beim Heran-wachsen außerdem total die männliche Komponente gefehlt.

Es gab Erzieherinnen, Grundschullehrerinnen, Beraterinnen. Aber keine männliche Bezugsperson.

Von den anderen Müttern in meinem Umfeld habe ich keine Unterstützung oder Solidarität erfahren. Wenn ich im Wartezimmer beim Kinderarzt erzählte, dass ich meinen Sohn nicht stillen kann, musste ich mir immer diese entrüsteten Reaktionen anhören: »Wie, du stillst nicht? Das ist aber doch total schlecht fürs Kind!« Und so ging es weiter: im Kindergarten, in der Schule. Die Elternabende waren der Horror. Wie die Mütter aufeinander einhackten!

Mütter untereinander sind oft die schärfsten Konkurrentinnen. Weil Familie und Mutterschaft auch heute noch als Chance auf Status und Anerkennung dienen. Deswegen soll alles perfekt sein: das Haus, der Garten, der Geburtstagskuchen. Und vor allem das Kind.

Abgesehen von meinen Schwestern, habe ich mit niemandem über meine Überforderung damals gesprochen. Auch nicht über die gefühlte Reue. Weil ich Angst hatte, sofort verurteilt zu werden und als schlechte Mutter dazustehen. Meine Scham war sehr groß.

Mittlerweile habe ich mich als Mutter angenommen, auch wenn ich sicherlich einiges falsch gemacht habe. Ich besuche einmal die Woche eine Traumatherapie. Mit meiner Tochter stehe ich kurz vor einem klärenden Gespräch, ich habe zu ihr gesagt: »Du weißt, wir müssen irgendwann über alles offen reden.« Vor kurzem sagte sie dann zu mir: »Ich habe mich zuhause nie zuhause gefühlt.« Das muss ich jetzt verarbeiten. Und herausfinden, wo genau mein Anteil an ihrem Gefühl liegt.

Petra

Nachdem ich Sofie und Paula getroffen habe, steht als dritte Protagonistin Petra auf meiner Liste. Sie wohnt von Berlin aus gesehen am anderen Ende Deutschlands. Auf meiner Reise zu ihr rase ich im ICE stundenlang vorbei an sattgrünen Wäldern und knallgelben Rapsfeldern, dazwischen vergessene Ortschaften und dreckig-graue Großstädte. Die Klimaanlage in meinem Abteil fällt aus, die Platzreservierung streikt ebenfalls, genauso wie das Bahnpersonal. Sommer in Deutschland. Als ich endlich an meinem Ziel ankomme, einem kleinen Ort nahe der französischen Grenze, habe ich den kompletten Tag im ICE verbracht.

In Petras Dorf begegnet mir nur ein einziger Mann auf der Straße, als ich mich auf den Weg zu ihr mache. Sie öffnet die Haustür mit einem nervösen Lächeln. Vor mir steht eine mittelgroße Frau, breites Kreuz, kurze blonde Haare. Man sieht der 47-Jährigen an, dass sie seit der Kindheit immer Sport getrieben hat. Freundlich bittet sie mich herein. Wir gehen ins Esszimmer und setzen uns. An der Wand hinter ihr hängt die Familie in gerahmten Bildern: In der obersten Reihe zwei Fotos ihres Sohnes, ein blonder Junge, Kindergartenalter. Weiter unten ein Bild von Petra und ihrer Lebenspartnerin, es zeigt die zwei Frauen an ihrem Hochzeitstag. Seit fünf Jahren sind die beiden ein Paar, vier davon verheiratet. Petra schließt das Wohnzimmerfenster zur Terrasse, »die Nachbarn müssen ja nicht alles hören«, sagt sie, stellt einen Teller Melone mit Erdbeeren auf den Tisch und setzt sich.

Das erste Mal bereut habe ich mein Kind, noch bevor es überhaupt da war. Nämlich mit der ersten richtigen Wehe. Das Ausmaß dieses Schmerzes, den ich bei der Geburt empfunden habe, hat mich schockiert. Vielleicht war ich während der

Schwangerschaft viel zu naiv gewesen, aber dass eine Geburt so schmerzhaft sein konnte und so lange dauern würde, das fand ich unglaublich. Das war für mich wirklich existentiell, ein ganz tiefes Gefühl. Mein Sohn hatte sich in mir verhakt; mein Becken war zu eng für ihn, er ist mit seiner Schulter in mir hängen geblieben. Wären wir nicht im Krankenhaus gewesen und hätten die Ärzte ihn nicht mit der Zange rausgezogen, wären er und ich wohl beide bei dieser Geburt gestorben, das ist mir später klar geworden. Nie, wirklich nie wieder würde ich mich solch einer Situation aussetzen, und vor allem nicht solchen Schmerzen. Das hab ich mir noch während der Geburt geschworen, bei der ersten richtigen Wehe. Nie wieder ein Kind!

Wenn Petra jetzt über die Geburt ihres Sohnes spricht, wirkt sie noch immer fassungslos. Als ob sie die Schmerzen, die damit verbunden waren, als eine Unverschämtheit begreifen würde. Bei den Worten »Nie wieder ein Kind!« schüttelt sie energisch den Kopf und klopft mit der Faust leicht auf den Tisch, um das Gesagte zu untermalen. Mehrmals wiederholt sie das Wort »nie«.

Das zweite Mal bereut habe ich mein Kind etwa einen Monat nach der Geburt. Am 9. November 1989. Ich bin ja ein Ostkind, in der DDR geboren und aufgewachsen. Als die Mauer fiel, kam das Gefühl der Reue quasi in meinem Kopf an und ich dachte: So ein Scheiß! Was habe ich mir mit diesem Kind jetzt mein Leben verbaut! Ich kann mich noch genau an den Moment erinnern: Ich war mit dem Kleinen im Zimmer nebenan, da rief mein damaliger Partner aufgeregt aus dem Wohnzimmer: »Komm mal her, schnell, komm mal her! Die Mauer ist offen!« Ich so: »Was? Die Mauer ist offen?« Ich dann hin, ins andere Zimmer. Hab auf den Fernseher gestarrt, vollkommen fassungslos – da kletterten lauter Menschen über die

Mauer drüber! Gibt's doch nicht!, hab ich gedacht und musste losheulen. Jetzt sind wir endlich politisch frei. Und ich bin gefangen mit diesem Baby!

Als die Mauer noch stand, empfand ich ein Kind als Aufgabe. Auch als Trost, der mich die eingeschränkten Möglichkeiten in der DDR besser aushalten ließ. Und jetzt? Hätte mir theoretisch alles offengestanden. Aber ich hatte ja nun ein Kind. Das hat mich wahnsinnig traurig gemacht. Dieser Gedanke, dass ich mir durch meinen geliebten Sohn mein Leben verbaut habe, hat sich nie mehr aufgelöst. Vielleicht ist das jetzt die Strafe, dachte ich lange, dafür, dass ich überhaupt schwanger geworden war.

Denn bis ich 17, 18 Jahre alt war, wollte ich gar kein Baby. Ich wusste das eigentlich schon früh, ich hab das auch so geäußert. Ich bin immer sehr freiheitsliebend gewesen, schon als Kind. Aber als ich ungefähr 19, 20 Jahre alt war, wurden alle meine Kolleginnen auf der Arbeit schwanger. Und sogar meine Schwester, die jünger war als ich! Zwei Jahre etwa ging das so, alle um mich herum bekamen plötzlich ein Baby. Da wollte ich auf einmal auch.

In meiner Familie gab es nie viel Aufmerksamkeit für uns Kinder. Meine Eltern haben beide Vollzeit gearbeitet, im Schichtbetrieb. Die hatten demnach nie viel Zeit für uns. Sie haben uns physisch versorgt, einmal im Jahr sind wir in Urlaub gefahren. Aber eine besondere emotionale Bindung mit den Eltern gab es bei uns nicht. Wir sind oft umgezogen, meine Hauptkindheit habe ich dann in einem kleinen Ort in der Nähe von Berlin verbracht. Unsere Eltern haben sich nicht sonderlich für meine jüngere Schwester, unseren jüngeren Bruder und mich interessiert. Als ich etwa zehn Jahre alt war, bin ich einmal an einer Sporthalle vorbeigelaufen. Ich wollte wissen, was die da machen, also hab ich reingeschaut. Da waren andere Kinder, die trainierten. Das wollte ich auch! Ab diesem Zeitpunkt wurde Sport ein wichtiger Punkt in meinem

Leben. Ich habe viel trainiert, war sehr erfolgreich, habe alle Meisterschaften gewonnen. Sogar bis in die höchste Liga. Aber meine Eltern hat das überhaupt nicht interessiert. Die sind nie zu meinen Wettkämpfen gekommen, so wie andere Eltern das gemacht haben. Und irgendwann, wenn du als Kind zwei-, dreimal gefragt hast, ob Mama oder Papa zum Zuschauen kommen wollen, und die Antwort jedes Mal »Nö« lautet, fragst du eben nicht mehr.

Als ich dann mit 20 Jahren schwanger wurde, dachte ich: So, jetzt zeig ich's euch! Ich kann das, so wie alle anderen! Und dann bekomme ich endlich eure Aufmerksamkeit! In diesem Moment kam auf einmal mein sportlicher Ehrgeiz durch, fast wie bei einem Wettkampf. Ich wollte auch im Mittelpunkt stehen. Geliebt und gelobt werden, wie meine Schwester. Meine Mutter hatte sich so über ihre Schwangerschaft gefreut. Ich wollte, dass sie sich auch mal wegen mir freut. Deswegen wollte ich ein Baby. Als junge Frau hab ich diesen Zusammenhang nicht verstanden, das ist mir erst viel später klar geworden.

Den Vater meines Kindes hatte ich auf der Arbeit kennengelernt, ich machte eine Ausbildung zur Kranfahrerin. Er war doppelt so alt wie ich, verheiratet und hatte schon eine erwachsene Tochter. Anfangs führten wir nur eine Affäre, mir reichte das eigentlich. Aber irgendwann erfuhr seine Frau von unserer Beziehung und schmiss ihn raus. Er stand dann wenig später mit gepackten Koffern vor meiner Tür. Mir war das eigentlich zu viel, aber ich war damals erst 19 Jahre alt und hatte noch nicht das Selbstbewusstsein, mich in diesem Moment zu behaupten. Auch, dass ich mich eigentlich zu Frauen hingezogen fühlte, konnte ich mir damals noch nicht eingestehen. Mein Freund zog also bei mir ein. Nach etwa einem Jahr beschloss ich, dass ich ein Kind wollte. Ganz bewusst. Das war meine Entscheidung. Bis zu diesem Punkt hatte ich die Pille genommen, mein Freund und ich hatten nie über ein Kind gesprochen. Als ich ihn dann damit konfrontierte, zuckte er nur mit den Schultern. Kurz darauf wurde ich schwanger – und freute mich riesig. Die Schwangerschaft verlief super, ohne Probleme. Ich wollte dieses Kind und war glücklich. Es sollte ein Junge werden, hoffte ich.

Erst die Geburt wurde zum Wendepunkt. Ich lag 24 Stunden in den Wehen, die Schmerzen kamen mir unerträglich vor. Die Ärzte im Krankenhaus waren kalt und rücksichtslos; es gab Komplikationen. Ich musste operiert werden, mein Sohn kam per Zangengeburt auf die Welt. Er hatte Fruchtwasser in der Lunge und brauchte einen Blutaustausch. Ich musste auf die Intensivstation, er in den Brutkasten. Erst nach einer Woche brachten sie ihn mir ins Zimmer. Aber dieser Moment war toll! Als ich ihn dann richtig auf den Arm nehmen konnte, habe ich gefühlt: Dieses Kind gehört zu mir, es ist meins. Ich war stolz. Weil ich dachte: Das ist mein Baby, das ist ein Teil von mir.

Nach zwei Wochen im Krankenhaus bin ich dann mit ihm nach Hause gegangen. Der erste Tag war noch Glück, der zweite auch. Aber dann wurde es schwierig; mein Sohn schrie viel, ich war mit ihm und der Hausarbeit überfordert. Mein Freund kümmerte sich nicht, wurde zunehmend eifersüchtig. Mit der Überforderung kam die emotionale Distanz zu meinem Kind. Ich liebte ihn, aber er wurde mir zu viel. Sein ständiges Geschrei zerrte an meinen Nerven, dazu der Haushalt, mein blökender Partner. Und egal, was ich tat: Immer schrie dieses Kind. Ich hatte das Gefühl, nicht atmen zu können. Ich wollte raus aus der Situation.

Dann fiel die Mauer. Für mich war das ein schwerer Schlag. Weil ich mich in meinem Leben fühlte wie in einem Gefängnis. Ich vermisste meine Arbeit, die ich so gern ausgeübt hatte, und fühlte mich zunehmend eingeschränkt. Ich malte mir aus, wie es wäre, im Westen zu leben. Spätestens ab dem Zeitpunkt waren die Reuegedanken sehr präsent.

Gesprochen hab ich damals mit niemandem drüber. Einmal, als mein Sohn schon sechs oder sieben Jahre alt war, hab ich's versucht, bei 'ner Kollegin, weil ich darüber nachgedacht hatte, meinen Sohn zur Adoption freizugeben. Ich war so überfordert damals mit allem. Aber die Kollegin meinte nur: »Biste bescheuert? So was kannst du doch nicht machen! Das würdest du dein Leben lang bereuen!« Damit war das Thema vom Tisch. Und ich habe gemerkt: Okay, über solche Gedanken sprichst du besser nicht mehr. Ich bin froh, dass ich jetzt drüber spreche. Ich finde mich in den Worten der israelischen Frauen total wieder. Ich hab meinen Sohn auch geliebt, und das tue ich heute immer noch. Ich war gefühlsmäßig immer hin- und hergerissen zwischen diesen beiden Polen. Also zwischen totaler Liebe und diesen Reuegedanken. Es war ja auch gut, dass ich das mit der Adoption nicht gemacht habe. Im Nachhinein bin ich froh darüber. Wenn du erst einmal ein Kind geboren hast, wirst du nie wieder so frei sein wie zuvor, das habe ich irgendwann verstanden. Du wirst dich nicht mehr von deinem Kind lösen können, selbst, wenn du es weggibst. Genauso wie dein Kind sich nie vollständig von dir lösen kann. Aber ich fühlte mich oft durch meinen Sohn extrem blockiert. Ich hab ihn immer als schweren Rucksack empfunden, den ich zu tragen hatte. Wenn andere Mütter sagen, Kinder machen doch so viel Freude, kann ich das heute immer noch nicht nachvollziehen; ich hab mich nie wie die anderen Mütter gefühlt. Im Gegenteil: Ich habe sehr oft bereut, Mutter zu sein. Einfach, weil ich mich dadurch in meiner Freiheit so eingeschränkt fühlte.

Petra spricht jetzt leise, ihre Stimme klingt dünn. Man hört ihr die Schuldgefühle an, auch, wie schwer sie auf ihr lasten. Sie macht eine längere Pause, dann erzählt sie weiter.

*Als Kranfahrerin konnte ich mit meinem kleinen Kind nicht wei-
terarbeiten, weil sich die Früh- und Spätschichten überhaupt
nicht mit dem Kind vereinbaren ließen. Dabei habe ich diesen
Job geliebt. Ich musste mich dann auf dem Arbeitsamt arbeitslos melden. Das war ja ganz neu, so was hatte es bei uns in
der DDR nicht gegeben. Die erklärten uns erst mal den Kapitalismus, ich habe dann eine Umschulung gemacht. Parallel
bin ich immer mit meinen Sohn im Kinderwagen rüber nach
Berlin, habe mir den Kapitalismus sozusagen live angeguckt.
Mein Freund hatte mir diese Besuche verboten, aber das war
mir egal. Er versuchte immer stärker, mich zu kontrollieren.
Aber ich wollte das alles nicht mehr. Als mein Sohn etwa an-
derthalb Jahre alt war, trennte ich mich. Ich packte mein Kind
ein und zog aus. Rüber in den Westen.*

Irgendwann im Laufe des Gesprächs kommt Petras Frau
vom Joggen zurück. Sie grüßt kurz, fragt dezent, ob wir
etwas trinken oder essen wollen. Dann zieht sie sich in die
Küche zurück, um das Abendessen vorzubereiten. Die Türe
zum Esszimmer bleibt offen; Petras Frau weiß von dem
schwierigen Verhältnis ihrer Partnerin zum eigenen Sohn,
auch von den Reuegefühlen. Später setzt sie sich zu unserem Gespräch mit dazu. Nur ab und zu ergänzt sie Petras
Erzählungen, die meiste Zeit aber hört sie schweigend zu.

*Als alleinerziehende Mutter war es schwierig, auch für mei-
nen Sohn. Ich war ja fast nie zuhause, weil ich arbeiten musste. Sein Vater war nicht präsent, der hat anfangs noch nicht
einmal Unterhalt gezahlt. Meine Eltern haben sich auch nicht
für ihren Enkel interessiert.*
  *Eine Zeitlang wohnten wir neben einem älteren Ehepaar,
Onkel Willi und seine Frau, die waren wie Oma und Opa für
meinen Sohn. Haben sich oft um ihn gekümmert. Aber als wir
umzogen, fielen die auch weg. Ich habe mir dann Hilfe beim*

Jugendamt gesucht und gesagt, dass ich dringend Unterstützung brauche. Wir fanden für die Nachmittage, an denen ich
arbeiten musste, eine Unterbringung für ihn im Johannesstift.
Das hat ihm sehr gut getan. Dort konnte er hingehen bis zur
12. Klasse etwa.

Ich hab immer Vollzeit gearbeitet, musste ich ja. Zehn Jahre
im Fliesenfachhandel. Bis die Firma, in der ich arbeitete, plei-
teging. Ein Jahr lang war ich arbeitslos, bis ein Bekannter
mich auf die Idee brachte, doch Industriekauffrau zu werden.
Ich dachte: Mensch, das ist super, das mach ich!

Ich hab dann nochmal zwei Jahre lang eine Ausbildung
gemacht und danach als Fahrlehrerin gearbeitet. Aber in Berlin hat man wahnsinnig schlecht verdient, das reichte nicht für
meinen Sohn und mich. Irgendjemand hat mir dann erzählt,
dass man an anderen Orten in Deutschland viel besser bezahlt wird. Und als mein Sohn 18 Jahre alt war und ich über
persönliche Kontakte die Möglichkeit hatte, hier im Süden einen Job als Industriekauffrau zu bekommen, bin ich weg.
Mein Sohn blieb in meiner alten Wohnung in Spandau. Ich
dachte: Das ist eine einmalige Chance, jetzt geh ich! Ich wollte endlich frei sein – und mein Sohn hatte auch keine Lust mehr
auf mich.

Schuldgefühle hatte ich zu diesem Zeitpunkt nicht. Die kamen erst später. Mein Sohn ist mittlerweile 25 Jahre alt, das
Gefühl der Reue hat mich über all die Jahre begleitet. Mir ist
kein Grund eingefallen, warum ich sagen würde: Dafür hätt
ich ihn nochmal bekommen.

Als mein Sohn ungefähr elf, zwölf war und sich sein Vater
mal wieder darüber beschwerte, dass er angeblich so viel
Unterhalt zahlen musste, habe ich gesagt: »Okay, jetzt pass
mal auf, ich zahl dir den Unterhalt, und du nimmst dafür das
Kind!« Dann wär ich frei gewesen. Aber das wollte er nicht,
das war ihm auch zu viel. Er wollte die Einschränkung auch
nicht haben, genauso wenig, wie ich sie wollte. Er hat sich

sowieso nicht um seinen Sohn gekümmert. Erst als der 15, 16 Jahre alt war, hat sein Vater ihn ab und zu mal getroffen.

Ich hab heute eigentlich keinen Kontakt mehr zu meinem Sohn. Ab und an schreiben wir über Facebook, ich habe mir dort nur wegen ihm ein Profil angelegt. Wir telefonieren einmal im Jahr, manchmal schicken wir uns auch über WhatsApp Nachrichten hin und her. Zuletzt gesehen habe ich ihn vor über einem Jahr, als ich mit meiner Frau zu Besuch bei ihm in Berlin war. Er trägt die Haare neuerdings lang; ich hab ihn am Anfang gar nicht erkannt. Er hat noch immer keinen Job und keine abgeschlossene Ausbildung. Er hat einfach immer wieder alles abgebrochen. Ich war mit ihm beim Jugendamt, als er jünger war, ich hab versucht, ihn in eine Ausbildung zu kriegen. Bloß wenn er über 18 ist, komm ich nicht mehr richtig an ihn ran. Ich kann ihm jetzt nur noch Dinge raten, versuchen, ihn zu motivieren. Mehr nicht. Wütend auf ihn bin ich deswegen nicht, aber es macht mich traurig, wenn ich mir sein Leben anschaue. Ich fühle mich mitverantwortlich für seine Situation; er hat es auch mit mir nicht leicht gehabt. Aber der Therapeut, den ich vor einiger Zeit für ein Jahr besucht habe, hat zu mir gesagt: »Wissen Sie, Ihr Sohn ist erwachsen, er ist ein starker, junger Mensch, Sie sind jetzt nicht mehr für ihn verantwortlich.« Diese Worte haben mich erleichtert, für den Moment zumindest. Mein Sohn hat jeden Tag die Möglichkeit, sein Leben zu verändern. Ich habe diesen Einfluss auf ihn gar nicht mehr. Trotzdem denke ich oft, dass ich als Mutter versagt habe. Was hätte ich besser machen können?, frage ich mich dann. Bloß habe ich verstanden: Der Punkt, an dem ich etwas besser hätte machen müssen, ist ein emotionaler – und an dieser Stelle hätte ich nicht anders handeln können. Ich habe es so gut gemacht, wie ich konnte. Ich hätte einfach kein Kind bekommen sollen.

Ich denke nicht mehr jeden Tag an meinen Sohn. Die Schuldgefühle sind immer noch da, in manchen Momenten *sehr stark. Aber ich kann trotzdem Glück empfinden. Ich lebe eine erfüllte Partnerschaft, ich bin so weit gesund. Gestern war ich mit meiner Frau am See. Solche Momente sind für mich entspannt, da kann ich völlig loslassen. Und dann denke ich auch nicht mehr an meinem Sohn.*

Zweieinhalb Stunden Gespräch sind jetzt vorbei. Ich drücke den Stop-Knopf auf meinem Aufnahmegerät und packe langsam zusammen. Petra sieht erleichtert aus. Als ihre Haustür hinter mir zufällt und ich in die schwüle Abendluft trete, muss ich an die anderen beiden Frauen denken, Sofie und Paula. Erst jetzt, wo ich ihre Geschichten mit der von Petra vergleiche und versuche, einen roten Faden zu finden, ein Kontinuum, das die drei Berichte miteinander verbindet, wird mir klar, wie vielschichtig die mütterliche Reue ist. Es gibt kein generelles Schema. Keine »Wenn-dann«-Kausalität, die sich auf die Frage anwenden ließe, warum Frauen so fühlen, wie meine drei Protagonistinnen es tun.

Zwei von ihnen hatten keine gute Bindung zur eigenen Mutter, die andere schon. Paula und Petra waren alleinerziehend, Sofie jedoch ist es nicht. Sie lebt die »klassische Familie«, Papa, Mama, zwei Kinder. Ihr fehlt es als Mutter vor allem an Ruhe, Petra fühlte sich durch ihr Kind von Anfang an ihrer Freiheit beraubt, Paula hingegen leidet vor allem an der Unsicherheit, die das Muttersein für sie mit sich brachte. Zwei der drei Frauen schilderten eine traumatische Geburt, Sofie fühlt die Reue ausgerechnet für ihr Wunschkind. Zwei der Mütter wurden in der ehemaligen DDR geboren und sozialisiert, die dritte nicht. Nur eine einzige Konstante ist es, die sich durch die Geschichten aller drei Frauen zieht: Überforderung. Alle drei Frauen fühlen sich überfordert mit den Pflichten des Mutterseins. Aber auch mit der Rolle, die die Gesellschaft ihnen überstülpt.

4
Eine Kuh wird geschlachtet –
Die Debatte #regrettingmotherhood

Ein Vater schrieb auf Facebook: »Alle jammern immer nur rum.«[1] Eine Userin kommentierte: »Ich hasse deutsche Frauen, weil die nicht Kinder bekommen wollen.« Ein User namens Shrimpsmann twitterte: »#regrettingmootherhood = Egotrip.«[2] *Die Welt* betitelte die Diskussion als rückständig und als kompletten Unsinn.[3] Und das Magazin *The European* bezeichnete die Twitter-Kampagne #regrettingmotherhood unter der Überschrift »Werdet endlich erwachsen!« als »Selbstmitleid in Perfektion«.[4]

Es ging hoch her, von der *Rheinischen Post*[5] bis zur *Mittelbayrischen Zeitung*,[6] von *Spiegel Online*[7] bis *focus.de*[8] wurde kommentiert und diskutiert. »#regrettingmotherhood wird gerade zu einem Social-Media-Phänomen, das weltweit widerhallt, auch bei uns. So etwas würde nicht passieren, wenn die Debatte nicht auch bei uns einen Nerv träfe«, sagte heute-journal-Moderator Claus Kleber.[9] Schließlich klang das Medienecho auch hinüber bis ins Ausland: Selbst in Schweden, in der Schweiz oder Österreich wurde über die bereuenden Mütter berichtet.[10]

Was war da los?

Machen wir uns zunächst nichts vor: Medien treiben Diskussionen voran, um die Aufmerksamkeit ihrer Leser zu gewinnen. Sie spitzen zu, provozieren und treten nicht selten miteinander in Dialog. Twitter und Facebook wirken dabei längst als zusätzliche Anheizer im Feuer des Meinungsaustausches. Pöbeleien in Internetforen sind heute

Normalität, Scheinargumente der Standard. Trotzdem traf das Thema regretting motherhood tatsächlich in Deutschland einen Nerv. Nirgendwo kochte die Debatte so hoch wie hierzulande. Es ist bezeichnend, dass die bereuenden Mütter aus Israel, die es über die Zwischenstation eines Zeitungsartikels in das öffentliche Blickfeld geschafft hatten, in Deutschland sehr viel größeres Aufsehen erregten als in Israel selbst. In Deutschland – dem Land, in dem die mächtigste Frau im Staat lange Zeit ausgerechnet den Spitznamen »Mutti Merkel« trug.

Die Bloggerin Lucie Marshall überschrieb ihren Beitrag zur Diskussion mit den Worten »Eine heilige Kuh wird geschlachtet«.[11] Und sie hatte recht: Das Geschrei war derart laut, als würde tatsächlich jemand zur Schlachtbank geführt. Einige der User bei Facebook sprachen den bereuenden Müttern zwar ihre Sympathie aus und zollten ihnen sogar Respekt für ihre Offenheit. Doch andere verurteilten sie (»Krank. Diese Frauen sollten sich schämen!«).

Man hätte erwarten können, dass vor allem Frauen untereinander die öffentliche Diskussion als Chance der Solidarität begreifen. Doch das Gegenteil war der Fall: Viele nutzen die Aufmerksamkeit, um sich selbst als Mutter zu profilieren (»Ich weiß, was es heißt, Mutter zu sein, und ich bereue keine einzige Sekunde. Auch wenn es hart und schwierig ist und schwieriger werden kann. Denn wo ein Wille ist, ist auch ein Weg.«). Auf einmal waren die bereuenden Mütter auch noch Zeugnis eines vermeintlich zeitgenössischen Egoismus (»Ich finde es sehr traurig, wie egoistisch und gefühlsarm offenbar viele Frauen heute sind.«), schuld an Deutschlands Rentenproblematik waren sie auch (»Wer soll euch später mal pflegen? Wer eure Rente bezahlen?«).

Mit anderen Worten: Falls das Phänomen der bereuenden Mütter überhaupt als solches anerkannt und nicht wie eine Art Reflex direkt als irrelevant abgekanzelt wurde, war das Bedürfnis offensichtlich immens, das Problem möglichst weit von sich wegzuschieben.

Die Presse schaffte es auch nicht unbedingt besser. Die Journalistin Birgit Kelle – Mutter von vier Kindern, CDU- und Kirchenmitglied und als konservative Medienrepräsentantin bekannt – schrieb für das Debattenmagazin *The European* einen Kommentar zur #regrettingmotherhood-Aufregung.[12] In ihrem Text zieht Kelle mit vielen der Facebook-Kommentatoren gleich: Zunächst verunglimpft sie Donaths Studie als nicht relevant aufgrund der kleinen Probandenanzahl (»23 Mütter und weltweit wird nun diskutiert, passt es doch so gut in die heutige Vorstellung von Familie«). Dann wertet sie die wissenschaftliche Publikation der Israelin als feministisches Pamphlet ab (»An anderer Stelle behauptet sie [Orna Donath], das Glück der Mutterschaft sei nur ein kulturelles und historisches Konstrukt. Da passt der Deckel wieder auf den feministischen Topf«). Schließlich zieht Kelle die Gefühle der 23 bereuenden Mütter ins Lächerliche, indem sie die Frauen als naiv beschreibt (»Nun sollte es sich inzwischen als Binsenweisheit herumgesprochen haben, dass das Leben sich verändert, wenn man Kinder bekommt«). Am Ende resümiert sie: »Nein, ich habe nicht wirklich Verständnis für diese #regrettingmotherhood-Debatte. [...] Ich bereue nichts.«

Man hätte sich an dieser Stelle einen Hauch von Verständnis gewünscht oder zumindest den Versuch. Denn wem ist am Ende eigentlich damit geholfen, wenn Frauen sich selbst in zwei Lager einteilen, in »richtig« gegen »falsch« beziehungsweise in »gute« versus »schlechte« Mütter? Niemandem ist geholfen. Doch statt ihre Zeilen wenigstens mit einer Löffelspitze Empathie zu garnieren, gießt Keller gleich einen ganzen Eimer Häme und Ironie über ihren Text, der zwischen den Zeilen nichts anderes sagt als: Seht her, ich habe es als Mutter von vier Kindern auch geschafft! Was ist bei euch nur falsch gelaufen?

Natürlich differieren Meinungen in einem öffentlichen Diskurs; eine Debatte ist schon per Definition keine Kuschelecke, in der sich alle lieb haben und rührend in den Armen halten. Sie soll es auch nicht sein. Doch abgesehen davon, dass man Kelles Text als verpasste Chance der Solidaritätsbekundung betrachten kann, drängt sich bei der ganzen Diskussion rund um #regrettingmotherhood die Frage auf, warum die Debatte in solcher Aufregung geführt wurde.

Warum diese Ablehnung?

Menschen mögen Normen. Weil letztere Regeln vorgeben, die uns erlauben, nicht in jeder klitzekleinen Situation erneut darüber nachdenken zu müssen, welches Verhalten »richtig« oder »falsch« ist. Normen bilden den unausgesprochenen Konsens unseres Zusammenlebens, sie sind der soziale Kitt, den es benötigt, damit Millionen von Menschen Tag für Tag friedlich nebeneinander ihr Dasein organisieren und miteinander kommunizieren können. Letztlich erfahren wir durch die Einhaltung von Normen Sicherheit. Nämlich die Sicherheit der Masse. Solange wir dazugehören, müssen wir nichts befürchten. Schwierig wird es, wenn jemand entgegen der Norm denkt oder fühlt. Wir mögen es nicht, wenn einzelne an unserem Weltbild rütteln. An Dingen, die wir als gegeben voraussetzen, und an Grundsätzen, die wir nicht anzuzweifeln wagen. Die Masse ist träge. Jede gesellschaftliche Erneuerung provoziert deswegen zunächst Gegenstimmen. Genauso wie jeder, der mit seinen Ideen oder seinen Gefühlen im großen Stil aus der Reihe tanzt.

Die Aufklärerin Olympe de Gouges übersetzte 1791 die neuen, ausschließlich für Männer geltenden Menschen-

und Bürgerrechte der Französischen Revolution in eine entsprechende Erklärung für Frauen. Ihr Worte bezahlte sie mit dem Leben: 1793 wurde sie durch die Guillotine öffentlich hingerichtet. Die Frauenrechtlerin Luise Büchner, Schriftstellerin und Schwester des Autors Georg Büchner, musste für ihr Engagement in der ersten Frauenbewegung Schmähbriefe ertragen. Und der österreichische Travestiekünstler Conchita Wurst, der 2014 den Eurovision Song Contest gewann, erhielt Morddrohungen, weil er mit seinem Bart im Glitzerkleid die männlichen und weiblichen Rollenzuschreibungen öffentlich durcheinanderwirbelte.

Die drei Figuren sind Querdenker. Mit ihren Worten stellten und stellen sie gültige Gedankenmuster infrage – genau so, wie es die bereuenden Mütter unbewusst tun. Die brechen mit ihren Gefühlen aus der gültigen Norm aus, denn sie widersprechen in ihren Äußerungen dem Bild, das wir von einer vermeintlich guten Mutter haben. Emotionen wie Schwäche oder gar Reue stehen dieser Figur nicht zu; sie sind gemäß den *Feeling Rules*,[13] wie Arlie Russell Hochschild die uns begleitenden normativen Gefühlsregeln nannte, falsch und unangemessen.

Deswegen irritieren die Aussagen der bereuenden Mütter zunächst so sehr. Die Mutterrolle in Deutschland wird noch immer glorifiziert, gar mystifiziert. Anders kann das Bild der Mutter als stets starke, aufopfernde, niemals zweifelnde, aber immer glückliche Person nicht erklärt werden. »Keine Rolle wird mit Fremdzuschreibungen und deren Selbstaneignung so überladen wie die der Mutter«, schrieb die Autorin Nina Pauer in ihrem Debattenbeitrag in der *Zeit*.[14] Die Norm gebietet das Tabu – und macht damit die Provokation erst möglich.

An der Stelle aber, an der Menschen sich angegriffen fühlen, sind Beleidigungen nicht fern. So schrieb ein männlicher Journalist der *Welt*: »Die Diskussion um regrettingmotherhood kennt das wahre Leben nicht. »Rückständige« haben dort die absolute Mehrheit.«[15] Es verhält sich allerdings genau andersherum: Die Frauen, die sich über ihre Reue im Bezug auf die eigene Mutterrolle äußerten, werden wohl besser als jeder Mann wissen, wie das »wahre Leben« einer Mutter aussieht. Und das war noch nie einfach. Schon im 18. Jahrhundert teilten Frauen ihren Unmut über die ihnen zugeschriebene Mutterrolle mit, wie die Historikerin Claudia Opitz-Belakhal untersucht hat. In Privatbriefen und Selbstzeugnissen aus der damaligen Zeit klagen die Mütter des aufkommenden Bürgertums über die Lasten ihrer Rolle und die Schwierigkeiten in der Erziehung der Kleinkinder. »[Die Briefe und Selbstzeugnisse] weisen auf die schwierige, von Scham und Schuldgefühlen geprägte Identifikation der gebildeten bürgerlichen Frauen mit den Forderungen ihrer männlichen Zeitgenossen hin«, schreibt Opitz-Belakhal.[16]

Dass Mütter Unbehagen äußern und längst nicht immer so glücklich sind, wie gemeinhin angenommen, ist also kein neuer Trend. Rückständig ist es hingegen, solche Äußerungen genau wie die der bereuenden Mütter nicht gelten zu lassen, um stattdessen das Heiligenbild der guten, deutschen Mutter hochzuhalten, die angeblich keine Schwäche und keine Unzufriedenheit kennt. Es ist der Unwille, sich von diesem Bild zu lösen, der den Chor an Negativstimmen in der Debatte so schrill erklingen ließ. »[...] Es wurde, etwa mit dem Hinweis darauf, dass es wichtigere Dinge gebe und dass keiner dieses Gejammer (welches?) mehr hören wolle, auf der Stelle versucht, die heilige deutsche Mutter in Schutz zu nehmen, auf sie aufzupassen und sie wieder schick zu machen«, kommentierte Antonia Baum in der *Frankfurter Allgemeinen Sonntagszeitung*.[17]

Zusätzlich spielt ein tiefer liegender Punkt eine wichtige Rolle: Die Aussagen der 23 bereuenden Mütter tasten nichts Geringeres an als das Leben selbst. Eine Geburt genauso wie die Bindung zur eigenen Mutter ist existentiell, für jeden von uns. Niemand überlegt sich gern, wie es sich wohl anfühlen würde, würde die eigene Mutter die Entscheidung bereuen, einen in die Welt gesetzt zu haben. Es tut weh, diesen Gedanken zu denken. Und es braucht schon eine Portion Mut, die Möglichkeit der mütterlichen Reue auch nur in Betracht zu ziehen.

Die Geburt eines Kindes wird außerdem gemeinhin als erfreuliches Ereignis gewertet. Kinder gelten als Segen. Für viele machen sie sogar den Sinn ihres Daseins aus. Die mütterliche Reue stellt deswegen nicht nur eine geltende Norm infrage, sie kann auch als Kritik gelesen werden, die uns an den intimsten Punkten unseres Seins trifft. Weil sie basale Sinnzusammenhänge hinterfragt genauso wie elementare Bindungen und Entscheidungen. Die Frage, ob eigene Kinder zum Leben dazugehören sollen oder nicht, zählt zu den größten und wichtigsten Entscheidungen, die ein Mensch in seinem Leben fällen kann (egal ob Frau oder Mann). Niemand aber möchte in seinem persönlichen Lebensstil kritisiert werden; zu viel steht auf dem Spiel. Nämlich womöglich das Eingeständnis, den falschen Weg gegangen zu sein.

Auch deswegen reagierten viele so empfindlich auf die bereuenden Mütter: Weil letztere uns einen Spiegel vorhalten, durch den wir unsere eigenen Entscheidungen abgleichen. Anstatt sich aber ins stille Kämmerlein des eigenen Kopfs zurückzuziehen und in die Reflexion zu gehen, was eventuell die eigenen Grundfesten zu sehr erschüttern könnte, ist es viel einfacher, auf Angriff zu setzen. Abgrenzung hat seit jeher die Funktion, sich nicht aus der eigenen Komfortzone herausbegeben zu müssen.

Und so konnte man in den sozialen Netzwerken viele Kommentare lesen, die am Ende immer auf dieselbe Aussage hinausliefen: Man selbst sei glücklich mit dem eigenen Nachwuchs und würde die Entscheidung für eigene Kinder in keiner Situation bereuen. Dieses Beteuern der bedingungslosen Hingabe zur eigenen Elternrolle mag in den meisten Fällen zutreffen – und ist im Kontext der Debatte doch viel mehr: Das öffentliche Beteuern wird zur Bestätigung der eigenen Lebensentscheidung, zur Rückversicherung. Vor sich selbst und dank der Reichweite der sozialen Netzwerke auch vor allen anderen.

Dass sich innerhalb der #regrettingmotherhood-Debatte viele Frauen in diese Art von Legitimationskampf begaben und die Diskussion eben nicht als Chance zur Solidarität verstanden, liegt auch daran, dass Kinder trotz der sich wandelnden Rollenbilder immer noch vorwiegend als »Frauensache« betrachtet werden – und Frauen sich diesem Diktat oftmals nur allzu gern unterwerfen. Lange Zeit waren sie es, die für das mentale und emotionale Wohlbefinden sowie für die fürsorgliche Betreuung des Nachwuchses allein verantwortlich waren.[18] Die Familiensphäre stellte die einzige Möglichkeit dar, gesellschaftliche Anerkennung zu erlangen, da den Frauen in der Regel alle anderen Bereiche verwehrt blieben. Erst ab 1896 wurde es für Mädchen möglich, das Abitur abzulegen, und es sollte noch weitere 22 Jahre dauern, bis Frauen in Deutschland endlich wählen durften. Heute ist das wahrlich anders: Mehr Mädchen als Jungen bestehen das Abitur, Frauen mischen in der Politik mit. Aber der Glaube, eine »gelungene« Kinderziehung sei vorwiegend Angelegenheit der Mutter, hat sich gehalten. Noch immer sind Kinder vor allem für Frauen eine Möglichkeit, gesellschaftliche Anerkennung zu erlangen. Besteht die Möglichkeit, diese Chance auf Anerkennung zu verlieren, wird hart gekämpft; die Frauen verteidigen »ihr« Revier. Und sei es gegen andere Mütter im Facebook- oder Twitter-Thread.

Zusätzlich kratzt die mütterliche Reue an einer der letzten Gewissheiten: der unaufkündbaren Mutterliebe. Unsere Welt dreht sich heute rasanter denn je und oft so schnell, dass wir kaum noch folgen können. Finanzkrise, Griechenlandkrise, Ukrainekrise, Syrienkrise, Flüchtlingskrise – wer kommt da noch hinterher? Es scheint nicht mehr allzu viel Sicherheit zu geben. Die wachsende Individualisierung und Globalisierung verstärkt gefühlte Unsicherheiten, genauso wie die sich wandelnden Rollenbilder. Doch an der Stelle, wo alte Gewissheiten bröckeln und sich Umbrüche ereignen, wartet immer auch die Angst. Im großen gesellschaftlichen Rahmen genauso wie im kleinen.

Die Verunsicherung sowohl bei Männern als auch bei Frauen ist groß. Seit der zweiten Frauenbewegung gegen Ende der sechziger Jahre ist es für beide Geschlechter viel schwieriger geworden, sich in teilweise schwammigeren Rollenbildern zu verorten. »Sobald sich die Rolle des Vaters innerhalb der Familie zu verschieben begann, der nun seine abgehobene Autoritätsstellung nicht länger mit Verweis auf die nur ihm übertragene Ernährerfunktion rechtfertigen konnte, (…) war auch dem traditionellen Abhängigkeitsverhältnis zwischen den Eltern jeder Boden entzogen«, schreibt der Sozialphilosoph Axel Honneth.[19] »Zugleich war allen Beteiligten zunächst aber vollkommen unklar, wie die sich neu eröffnenden Chancen eines gleichberechtigten Zusammenwirkens in der Familie mit entsprechenden Lebens- und Arbeitsformen gefüllt werden sollten (…).«[20]

Mittlerweile sind wir ein paar Schritte weiter, aber noch immer in einem Findungsprozess. Nicht nur Mütter, auch Väter haben Probleme, die neuen (Selbst-)Ansprüche mit der Wirklichkeit zu vereinbaren.[21] Es tut gut, sich in solchen Phasen auf vermeintlich sichere und einfache Gewissheiten zu stützen wie eben jene der unaufkündbaren und »instinktiven« Mutterliebe. 23 bereuende Mütter aus Israel wirken vor diesem Hintergrund wie ein Störfaktor, den nicht wenige zur Sicherung der alten Weisheiten am liebsten möglichst schnell zur Seite schieben wollen.

Und so verlagerte sich die #regrettingmotherhood-Diskussion in den Foren und Kommentaren oftmals auf die schon länger geführte Vereinbarkeitsdebatte, was einfacher sein mag, als sich mit dem verzerrten Bild der deutschen Übermutter auseinanderzusetzen; die Vereinbarkeitsdebatte tut niemandem weh. Sie führt im Rahmen der #regrettingmotherhood-Diskussion allerdings am Ziel vorbei.

Natürlich muss, wer über die Ursachen der mütterlichen Reue nachdenkt, die strukturellen Gegebenheiten für Mütter mitdenken. Dazu gehört auch die große Belastung, unter der sie stehen. Tatsächlich ist es vor allem für die große Menge an geringverdienenden und alleinerziehenden Müttern sehr schwer, Familie und Beruf zu vereinbaren. Aber dieser Punkt ist nur ein Teil der Diskussion rund um das Phänomen regretting motherhood. Nicht der Kern. Wer sich an dieser Stelle abermals allein auf die Vereinbarkeitsdiskussion stützt, drückt alle Mütter, die mit ihrer Rolle hadern, und solche, die die Mutterschaft bereuen, wieder in das alte Stigma zurück.

Diesen Gesamtzusammenhang haben viele jedoch nicht verstanden. Oder sie wollten ihn nicht verstehen. So schrieb ein männlicher Facebook-Nutzer, die bereuenden Mütter seien »ein Problem unserer Zeit, einer Gesellschaft, der es so gut geht, dass sie es sich leisten kann, die Grundprinzipien des Lebens infrage zu stellen«. Dieser Kommentar liest sich anklagend und bedauernd, doch provoziert er im Gegenzug die Frage: Was ist so schlimm daran, eine Norm zu kritisieren, die Frauen extrem unter Druck setzt und sie mit unrealistischen Erwartungen überzieht? Der Gedanke, alle Frauen müssten Mütter werden und alle Mütter stets glücklich den eigenen Nachwuchs durch die Gegend schaukeln, ist – anders als Gebären im rein biologischen Sinn – kein Grundprinzip. Sondern eine Anmaßung. Die sollte allerdings längst überholt sein. Genau aus diesem Grund will die regretting-motherhood-Debatte die Prinzipien dessen infrage stellen, was Frauen in diesem Land zugestanden wird beziehungsweise was sie sich selbst zugestehen.

Wenn Frauen sich ein Kind wünschen, diesen Wunsch umsetzen und damit glücklich sind oder sogar wenn sie ungeplant schwanger werden, sich aber dennoch glücklich in ihrer Mutterrolle fühlen, dann ist das wunderbar. Doch wenn sie es nicht sind, und dieser Fall wird eben viel zu oft kleingeredet und verkannt, sollen sie ihre Gefühle und Gedanken äußern können, ohne dafür gesellschaftlich sanktioniert zu werden, und gleichzeitig Unterstützung erwarten dürfen. Genau das wäre eine Prinzipiensache. Nämlich die größerer Freiheiten für Frauen und realistischerer Anforderungen an uns selbst.

Um es mit den Worten einer anderen Facebook-Userin zu sagen: »Was ist denn so schlimm [daran], wenn wir ambivalente Gefühle haben? Hören wir doch endlich mal auf, immer nur perfekt sein zu wollen und zu müssen.«

5
Eine Idee wird zur Norm –
Der deutsche Muttermythos

Eine Freundin von mir ist Mutter eines anderthalbjährigen Sohnes. Sie kümmert sich aufopferungsvoll um ihr Kind: Kocht ihm gedämpftes Biogemüse, schaukelt es auch nachts bei kleinsten Weinanfällen in den Schlaf, lacht, spricht und spielt mit ihrem Sohn so viel, wie die knappe Zeit als alleinerziehende Mutter es zulässt. Des Nachts bettet sie ihren müden Kopf neben das Gitterbettchen im Kinderzimmer, dort liegt sie auf einer Matratze auf dem Boden, um auch im Schlaf über ihren Jungen wachen zu können. Bei der kleinsten Regung ist sie zur Stelle. Schläft der Kleine, sie selbst aber noch nicht, trägt sie das Babyfon stets vorbildlich bei sich. Sie ist für ihr Kind zu allen Zeiten die sanftmütige Mutter, fröhliche Spielkameradin, starke Versorgerin und geduldige Erzieherin. Für ein Küsschen oder eine Umarmung hat sie immer Zeit. Ohne Frage: Meine Freundin ist eine der empathischsten Personen, die ich kenne.

Sie lebt mit ihrem Sohn in Hamburg, ich in Berlin. Bei einem meiner jüngsten Besuche sitzen wir auf dem Balkon, ein frühsommerlicher Abend. Wir trinken Rotwein und rauchen, was meiner Freundin bereits das Gefühl gibt, eine schlechte Mutter zu sein. Andere Mütter, die sie kennt, rauchen nicht. Zerknirscht blickt sie auf den glühenden Stängel zwischen ihren Fingern, das schlechte Gewissen lässt sich auch ohne Worte aus ihrem Gesicht ablesen. Doch es war ein harter Tag für sie; der Wecker klingelte um sechs Uhr, das angesetzte Gespräch mit dem Chef hätte besser laufen können. Der Sohn ist krank, seit Tagen schon. Also zuckt meine Freundin kurz mit den Schultern und entscheidet sich für die qualmende Versuchung, für einen Moment des kontrollierten Kontrollverlusts. Sie nimmt einen tiefen Zug an der Zigarette, schließt die Augen, genießt und seufzt. Ihre zerknautschten Stirnfalten entspannen sich. Dann atmet sie den Rauch wieder aus, langsam, als wolle sie den Genuss des Moments hinauszögern. Und als müsse sie sich selbst beweisen: Na bitte, es geht doch. Ich bin noch ein Mensch. Und Menschen rauchen eben manchmal.

Doch im nächsten Moment stellt meine Freundin fest: Sie trägt das Babyfon nicht bei sich. Vergessen ist die Zigarette, unwichtig unser Gespräch. Ruckartig springt sie auf. »Wo ist das verdammte Babyfon?«, fragt sie lauthals, ihre Stimme klingt erregt. »Wie kann ich das nur irgendwo liegen lassen?!«, schimpft sie, legt die Zigarette in den Aschenbecher, drückt sie noch nicht einmal aus, öffnet die Balkontür in Richtung Wohnzimmer und murmelt, mehr zu sich als zu mir: »Ich muss wohl eine Rabenmutter sein, wenn ich noch nicht mal an das Babyfon denke!« Dann verschwindet sie im Laufschritt Richtung Kinderzimmer. Ihre angerauchte Zigarette verglüht lautlos im Aschenbecher.

Vielleicht gehört meine Freundin zu jenem Kreis von Müttern, die sich mehr Sorgen machen als nötig. Dennoch repräsentiert sie jenes Bild, das sich besonders in Deutschland hartnäckig hält: das der perfekten Mutter, die immerzu alles richtig zu machen hat. Charakterisiert ist diese Figur durch ewige, bedingungslose Liebe zu ihrem Kind sowie durch eine ständige physische Präsenz. Ebenso mitbringen soll die perfekte Mutter das emotionale Rüstzeug, den eigenen Nachwuchs zu jeder Zeit ruhig und sicher durch Krisenzeiten zu navigieren. Eine totale Selbstaufgabe wird ebenfalls vorausgesetzt. Die gute Mutter liebt ihr Kind auf eine vermeintlich natürliche Weise, mehr als sie sich selbst liebt. Ergo raucht sie auch nicht. Noch nicht einmal, wenn sie die Lust nach einer kleinen menschlichen Schwäche packt. Schon gar nicht vergisst sie das Babyfon in einem anderen Raum. Dass meine Freundin sich in einem solchen Moment selbst als Rabenmutter bezeichnet, mag ihr noch nicht einmal aufgefallen sein. Und doch steht ihre Aussage exemplarisch dafür, wie sehr sie jenes Bild der perfekten Mutter verinnerlicht hat. Die Anforderungen, die sich an diese überzeichnete Skizze knüpfen, scheinen bei genauer Analyse absurd; keine Frau kann sie erfüllen. Das, was Mütter vor allem in Westdeutschland heute als den Normalfall betrachten, nämlich eine enge Beziehung mit dem eigenen Kind, die fast schon in einer Symbiose mündet und deren Eckpfeiler bedingungslose Hingabe und Zärtlichkeit heißen, hat es während des größten Teils unserer Kulturgeschichte nie gegeben. Und doch schwebt das beschriebene Bild über jeder deutschen Mutter wie ein böser Geist.

Unsere heutige Vorstellung einer guten Mutter beruht nur zum Teil auf einer biologischen Grundlage. Sie ist vor allem ein kulturhistorisches Konstrukt, geschaffen durch und gebunden an den jeweiligen Zeitgeist. Vor allem Frauen in Deutschland haben mit dem Bild der perfekten Übermutter zu kämpfen – ohne, dass es den meisten bewusst wäre. Der Ursprung dessen, was man als deutschen Muttermythos verstehen kann, liegt rund 250 Jahre zurück. Manche Forscher setzen die Entstehung schon zu Zeiten der Reformation an, doch sicher ist, dass sich ab der zweiten Hälfte des 18. Jahrhunderts eine moralische Aufwertung physischer Mutterschaft im großen Stil vollzieht; es entspinnt sich eine Verklärung des Gebärens. Die Genese des deutschen Muttermythos ist deswegen auch die Geschichte einer Verirrung.

Die damalige Zeit lässt sich, was die Erwartungen an Mütter betrifft, aus unserer heutigen Sicht kaum nachvollziehen: Im 18. Jahrhundert existierte noch keine Norm, die verlangte, dass Mütter ihren Nachwuchs rund um die Uhr aufopferungsvoll pflegen und vollkommen in ihrer Rolle aufgehen; in der Beziehung von biologischer Mutter und Kind lag wenig Moral. Frauen gebaren Kinder, doch den Job der Erziehung übernahmen andere: Ammen, Erzieherinnen, Lehrer, Gouvernanten. Am unteren Ende der Gesellschaft die dörfliche Gemeinschaft.

Berichte der Pariser Polizei aus dem Jahr 1780 zeigen: Von den 21 000 Kindern, die in jenem Jahr zur Welt kamen, wurden etwa 95 Prozent direkt nach der Geburt in die Obhut von Ammen entlassen.[1] Selbst den Nachwuchs in ein Waisenhaus zu geben war nicht ungewöhnlich. Mit der Geburt des Kindes war Muttersein für die Frauen von damals erledigt. Kinder wurden als Notwendigkeit angesehen, oft auch als ungewünschte Last. Die Sterblichkeitsrate unter den Kleinsten war hoch, und jene, die überlebten, arbeiteten schon mit sechs oder sieben Jahren oder begannen ihre Lehrzeit.

Was allerdings auch damals schon vorherrschte: ein Weltbild, in dem Mann und Frau in einer Hierarchie zueinander stehen, also die patriarchale Gesellschaft. Die Berechtigung dafür lieferte laut jenen, die sie propagierten, die christliche Theologie: Eva als zweitklassiger Mensch, der aus der Rippe Adams geformt worden war, Eva als die Verführerin, die die Erbsünde herbeigerufen und damit Schuld auf die gesamte Menschheit geladen hatte. »Im besten Falle kann sie [Eva] als ein schwaches und leichtfertiges Geschöpf gelten«, schreibt die französische Philosophin und Feministin Elisabeth Badinter in ihrem Buch »Die Mutterliebe«.[2] »Bald mit der Schlange selbst gleichgesetzt, also mit dem Dämon der Versuchung, wurde Eva zum Symbol des Bösen.«

Über Jahrhunderte hinweg trieb die Kirche dieses Image voran, nur im Zaum gehalten durch die Figur der Jungfrau Maria. Sie bildete das Gegenstück zu der vermeintlich schlechten Frau. Durch die unbefleckte Empfängnis gleichsam als asexuelle Person stilisiert, war die heilige Maria im eigentlichen Sinne gar keine Frau mehr. Sie war nur noch Mutter.

Auf diesem Fundament aufbauend, betritt Mitte des 18. Jahrhunderts ein Mann die Bühne der Öffentlichkeit, der die eingangs erwähnte Geschichte der Verirrung maßgeblich mitschreiben soll: Jean-Jacques Rousseau (1712–1778), Vordenker der Französischen Revolution und der europäischen Aufklärung. Er entwirft nicht nur eine neue Gesellschaftsordnung, gekoppelt an eine ebenfalls neue Staatsform. Er ist es auch, der die Trennung zwischen Frau und Mutter aufhebt – in Rousseaus Gedankenwelt vereinen sich beide Rollen unzertrennlich im weiblichen Geschlecht, wobei nur noch die Rolle der Mutter ihre moralische Berechtigung findet. Darüber hinaus erhebt er die Mutter zum Politikum; Rousseau erfindet eine reine und natürliche Mutterfigur als Säulenheilige seiner neuen Staatsform.

Er schafft aber für das weibliche Geschlecht nicht nur die Dichotomie Mutter vs. Frau = Gut vs. Böse. Er treibt auch einen Keil zwischen Frau und Mann. »Bei Rousseau war Weiblichkeit ein ansteckendes Virus, der die Männer infizierte«, schreibt die Literaturwissenschaftlerin Barbara Vinken in ihrem Buch »Die deutsche Mutter. Der lange Schatten eines Mythos«.[3] »Kein Mittel aber immunisierte dieses Virus Weiblichkeit so vollkommen und beförderte dadurch Männlichkeit wie die Mutter. Nur indem Frauen zu Müttern wurden, konnten Männer von Weiblichkeit unbedroht wieder ganz Männer sein.«[4]

Die höheren Werte Freiheit, Gleichheit und Brüderlichkeit mögen im Rousseau'schen Denken für Männer gelten, für Frauen aber gelten sie nicht. Deutlich wird das in Rousseaus Werk »Émile oder über die Erziehung« aus dem Jahr 1762: Während die literarische Figur des Jungen Émile frei von Konventionen und kulturellen Eindrücken vor allem durch Selbstwirksamkeit und Selbsterfahrung zum Erwachsenen reifen darf, soll sein weibliches Pendant Sofie sich den gesellschaftlichen Konventionen beugen. Und vor allem soll sie Émile gefallen, den sie am Ende heiraten wird. So schreibt Rousseau:

In der Vereinigung beider Geschlechter ist jedes für den gemeinsamen Zweck gleich tätig, aber freilich nicht in derselben Weise. Aus dieser Verschiedenheit ergibt sich der erste bestimmbare Unterschied beider Geschlechter in moralischer Beziehung. Das eine soll tätig und stark sein, das andere empfangend und schwach; bei dem einen muss notwendig Wille und Kraft herrschen, bei dem anderen zarte Nachgiebigkeit. Wenn man diesen Grundsatz anerkennt, so muss man auch weiter daraus folgern, dass das Weib besonders dazu geschaffen ist, dem Mann zu gefallen. (...) Sein Verdienst beruht auf seiner Macht, er gefällt allein durch seine Kraft. Freilich gibt sich hierin noch nicht das Gesetz der Liebe zu erkennen, wohl aber das Gesetz der Natur, das älter ist als die Liebe selbst.[5]

Émile darf frei sein, Sophie darf es nicht. So plädiert Rousseau für die Freiheit als Wert an sich – und schränkt doch die Frau in ihrer Wesens- und Handlungsfreiheit massiv ein, indem er sie in das Korsett der stillenden Mutter zwängt. Rousseau ist es, der mit seinem Émile »den eigentlichen Anstoß zur modernen Familie [gibt], das heißt zu der Familie, die auf der Mutterliebe beruht«, wie Badinter schreibt.[6] »Alle, die nach dem Émile über die Kindheit nachdenken, werden [...] zwei Jahrhunderte lang auf die

Rousseau'schen Gedanken zurückgreifen und deren Implikationen immer weiter entfalten.«

Ein Mann, der die Idee der liebevollen Mutterfrau weiter vorantreiben soll, ist der Schweizer Pädagoge Johann Heinrich Pestalozzi (1746–1827). Er wird als einflussreichster Pädagoge im deutschsprachigen Raum angesehen und gilt als Vorreiter der Reformpädagogik. Pestalozzi überträgt der bürgerlichen Mutter eine besondere Bedeutung in der Erziehung des Kleinkindes, denn auf die frühe Förderung zuhause kommt es in der Entwicklung des Kindes besonders an, so Pestalozzis Überzeugung.[7] Er knüpft das Kindeswohl an die Mutter – und die Mutterschaft an das weibliche Geschlecht der Frau.

Für Pestalozzi ist Muttersein eine natürliche Konsequenz von Frausein (auch wenn manche Frau Pestalozzis Ansicht nach zum Ausleben des Mutterinstinktes erst erzogen werden muss). Der Wirkungsort der Mutter ist das traute Heim, die Welt soll der Frau verschlossen bleiben. Frauen, die ihr »verfallen«, verachtet Pestalozzi. Für ihn ist die Welt ein Ort voller Gefahren und Verführung. Die Familie zuhause zeichnet er als sicheren, vertrauten Gegenpol, mit der Mutter im Zentrum als oberste Hüterin des heimischen Zufluchtsortes. Nach seiner Erziehungslehre, die den sittlichen Mensch zum Ziel hat, kann eine Frau lediglich entweder die eine *oder* die andere Rolle einnehmen. Dass eine Frau für ihr Kind sorgen, gleichzeitig aber eigenen Interessen nachgehen oder gar ein geistiges Schaffen ehrgeizig verfolgen kann, scheint für Pestalozzi unvorstellbar. Die Familie zuhause, die heimische Stube und mit ihr die Figur der Mutter sollen von nun an Vorbild sein.

Inbegriff der neuen Idee ist Königin Luise von Preußen.[8] Sie wird 1776 in ein Europa des Umbruchs hineingeboren. Die Französische Revolution soll bald schon zu einem kulturellen und politischen Erdbeben führen, unter dem ganz

Europa wankt. Auch Luises Geschichte wird davon beeinflusst. Schon zu Lebzeiten avanciert sie zum Leitbild jener neuen Frauenfigur, zur Königin der Herzen mit Vorbildcharakter für alle Frauen und Mädchen in ganz Preußen. Auch für jene aus den unteren Schichten. In der deutschen Kleinstaatenwelt leben vier von fünf Deutschen in der zweiten Hälfte des 18. Jahrhunderts noch in bäuerlichen Verhältnissen,[9] gleichzeitig entsteht zur selben Zeit eine gebildete bürgerliche Schicht aus Beamten, Pfarrern, Professoren, Juristen, Lehrern, Ärzten und Buchhändlern. Höhere Schulen, Universitäten und Akademien entstehen. In Luise wird der von Pestalozzi erdachte Idealtypus der perfekten Mutter real.

Luise tritt in erster Linie als herzenswarme Frau mit bürgerlichen Qualitäten auf, nicht als Königin. Sie besticht durch Bescheidenheit, Anmut, Güte, Schönheit – und durch Fruchtbarkeit: Sie gebärt dem König zehn Kinder, von denen zwei, König Friedrich Wilhelm IV. und Kaiser Wilhelm I., später unmittelbar am Wiederaufstieg Preußens beziehungsweise an der Gründung des Deutschen Kaiserreiches beteiligt sein werden. Königin Luise ist im wortwörtlichen Sinne die erste Mutter der Nation.

Sie repräsentiert aber auch noch auf einer anderen Ebene eine neue Idee, die bis heute nachhallt: Luise und ihren Mann, König Friedrich Wilhelm III., verbindet keine Zweckehe, sondern eine Liebesheirat. Damit stellt das Paar sich gegen die feudalen Eheschließungen, die das Volk bislang vom Hofe kennt und die nicht der Liebe, sondern der Macht geschuldet waren. Zusätzlich kümmert sich die Königin selbst um ihre Kinder, als diese noch klein sind. Am preußischen Hof führen die Königsleute nun ein enges Familienleben, was unüblich ist für die damalige Zeit. Zumindest nach außen versinnbildlicht die Königin somit die klassische Aufteilung der Wirkungsbereiche von Frau und

Mann: Während letzterer öffentlich agiert, etwa in der Politik für das nationale Wohl und damit für eine höhere Sache kämpft, nimmt die Frau die Rolle der sittlichen Mutter ein, die dem geliebten Ehegatten »den Rücken freihält«, indem sie zuhause einen wohl geführten, von Wärme und Geborgenheit geprägten Rückzugsort schafft. Gleichzeitig nimmt Luise jedoch sehr wohl Anteil an der Politik. Ihrem Mann steht sie als Ratgeberin zur Seite, 1807 betritt sie selbst die politische Bühne, zumindest kurz. In Tilsit trifft sie als Abgesandte Preußens den mächtigsten Mann Europas zu einem Gespräch: Napoleon Bonaparte, Kaiser der aufstrebenden Großmacht Frankreichs. Den Niedergang ihres Landes kann Luise mit diesem Treffen allerdings nicht verhindern, er wird durch den Frieden von Tilsit Fakt.

1810 stirbt Luise an einer Lungenentzündung, mit gerade einmal 34 Jahren. Der frühe Tod hebt sie in den Stand einer nationalen Märtyrerin. An gebrochenem Herzen sei sie gestorben, aus Trauer über die Niederlage Preußens gegen Napoleon, so wird die Legende sich über das 19. Jahrhundert hinaus fortspinnen. In Erinnerung bleibt sie als schöne Königin und Vorzeigemutter der Nation.

Verbreiten können sich Luises Legende genauso wie die neuen aufklärerischen Ideen und die Begeisterung für die Liebesheirat auch deswegen so gut, weil es jetzt eine nie da gewesene Welle an Publikationen gibt: Empfindsame Romane, Zeitschriften und Zeitungen, Enzyklopädien, Lexika, aber auch Tagebücher und Autobiographien werden geschrieben. Frauen sind die Hauptadressaten. Manche von ihnen, wie etwa Sophie La Roche, publizieren auch selbst. Doch sie bilden die Ausnahme.

Die Industrielle Revolution vergrößert die Schere zwischen Mann und Frau weiter. Nicht nur im geistigen, sondern auch im praktischen Sinn: Sie schafft die klassische Rollenaufteilung, wie wir sie heute noch kennen, zumindest in der damaligen Schicht des neuen Bürgertums. Die unteren Schichten können sich diese Teilung wahrlich nicht leisten; die Löhne in den Fabriken sind so niedrig, dass auch die Frauen arbeiten müssen. Die Haus- und Familienarbeit stemmen sie »nebenbei«.

Im Bürgertum jedoch fallen Arbeitsplatz und privater Raum zuhause erstmals auseinander – was auch eine Trennung von Produktionsstätte und Familienleben bedeutet. Eingeleitet durch den politischen, industriellen und sozialen Wandel ab Mitte des 18. Jahrhunderts, entwickelt sich die moderne Kernfamilie um Mann, Frau und Kinder. Das ist damals ein völlig neues Konzept; in der vorindustriellen Zeit hatte noch das Prinzip des »Ganzen Hauses« gegolten: Mann, Frau, Kinder, Großeltern, ledige Verwandte, Knechte und Mägde hatten als Wirtschaftsverbund zusammengelebt. Alle Mitglieder des Ganzen Hauses arbeiteten und sicherten so das gemeinsame Überleben.

Dem gegenüber entwickelt sich die moderne bürgerliche Familie als Gefühlsgemeinschaft, in der die Mutter an Heim und Herd zur Haupterziehungsperson wird. Sie etabliert sich als Figur im Laufe des 19. Jahrhunderts zwar zögerlich, aber dennoch mehr und mehr.[10] Frauen dürfen zu dieser Zeit kein Abitur machen, nicht studieren, nicht wählen gehen, keine Geschäftsbeziehungen eingehen. Mit der Heirat verlieren sie das Recht am eigenen Besitztum; der Ehemann trifft alle Entscheidungen. Nicht nur für sich, auch für die Ehegattin. Das damalige Frauenbild verengt sich immer weiter zum Muttersein.

Aus der Lehre wird Praxis.

Und aus der Praxis eine Norm.

Als Ausgleich für die weitestgehende Verbannung aus dem öffentlichen Raum erhalten die Frauen jedoch mit der neuen Arbeitsteilung eine eigene Sphäre zuhause, die sie selbstverantwortlich betreuen sollen. Die Aufgabe der vermeintlich »guten« Mutter besteht zu dieser Zeit darin, ihr Kind physisch ausreichend zu versorgen, ihm anständige Manieren, Disziplin und Gehorsam beizubringen. Dafür erhält sie soziale Anerkennung und Respekt. Es vollzieht sich eine »Aufwertung ihrer Person«, wie die Zürcher Psychologin Gaby Gschwend in ihrem Buch »Mütter ohne Liebe« schreibt.[11]

Im 19. Jahrhundert hat sich Rousseaus Ideal einer Frau also in breiter Masse verwirklicht: Die bürgerliche gute Gattin, Hausfrau und Mutter bekommt im Durchschnitt fünf bis sechs Kinder, sie ist liebreizend, gefügig und sittsam.[12] Der Mann versorgt die Familie und bestimmt den Status der Frau durch seinen Beruf. Sie wiederum kümmert sich um ein freundliches Familienklima und hält den Haushalt zusammen, indem sie die Bediensteten anweist. »Untermauert wird diese Rollenzuschreibung durch den Glauben an verschiedene Geschlechtscharaktere: So wird der Mann als mehr aktiv und rational, die Frau hingegen als mehr passiv und emotional bezeichnet«, schreibt der Publizist, Soziologe und Pädagoge Martin Textor über das Rollenverständnis der damaligen Zeit.[13] Anatomie und Physiologie liefern vermeintlich »natürliche« Beweise für die proklamierte Unterlegenheit des weiblichen Geschlechts und werden so zu Komplizen dieser Haltung. Für die Frau entsteht dadurch ein Vakuum, denn mit der medizinischen Begründung ihrer angeblich geistigen Andersartigkeit geht jeder Spielraum für eine freie Entwicklung verloren. Auffüllen soll die Frau diese Leere stattdessen durch ihre bürgerliche Tugendhaftigkeit und Moral, die sie zuhause innerhalb der Familie ausleben kann.

Abseits des trauten Heims formiert sich indes eine neue Welt: Wachsende Klassenunterschiede bilden sich aus, die Gesellschaft wird komplexer. Die ersten Großstädte entste-

hen, genau wie ab Mitte des Jahrhunderts die ersten Ge-
werkschaften und politischen Vereine.[14] Die Säkularisie-
rung des modernen Rechtsstaates schreitet voran. Ganz
Europa wankt im 19. Jahrhundert aufgrund der politischen
Umbrüche und Aufstände; 1814 räumt Napoleon seinen
Thron, überall werden zu diesem Zeitpunkt schon Befrei-
ungskriege geführt. Vielerorts forcieren sich Nationalideen,
auch in Deutschland. Der Ruf nach einem geeinten deutschen Staat klingt immer lauter durch die Volksreihen. Er
mündet schließlich in der Frankfurter Paulskirche: Die
erste Nationalversammlung tritt zusammen. Es soll noch
einige Zeit dauern, doch 1871 schließlich entsteht das
Deutsche Kaiserreich.

In der zweiten Hälfte des 19. Jahrhunderts wächst die
Unzufriedenheit unter den Frauen. 1865 gründet sich der
Allgemeine Deutsche Frauenverein, bald darauf entstehen
Zweigvereine in anderen Städten. Die erste Frauenbewegung organisiert sich. Um die Jahrhundertwende drängen
die Frauen immer stärker auf ihr Wahlrecht, außerdem wollen auch sie endlich studieren dürfen. Die Frauenrechtlerin
Hedwig Kettler gründet 1893 das erste Mädchengymnasi-
um in Karlsruhe, sechs Jahre später schließlich bestehen die
ersten vier Mädchen ihr Abitur.[15]

1918 wird die Weimarer Republik gegründet. Dieses Jahr
ist nicht nur für das deutsche Volk insgesamt von großer
Bedeutung – sondern speziell für die deutschen Frauen: Sie
erhalten endlich das Wahlrecht. Und sie nutzen es: 78 Prozent beteiligen sich ein Jahr später an der Wahl zur Nationalversammlung, fast zehn Prozent der Abgeordneten sind
weiblich. Ein Rekordergebnis.[16] In den darauf folgenden
Jahren können die Frauen gleich mehrere Erfolge für sich
verbuchen: Ab 1920 dürfen sie habilitieren, zwei Jahre später treten die ersten Rechtsanwältinnen und Richterinnen
ihren Job an. Mitte der zwanziger Jahre sind fast 11 Millio-

nen Frauen erwerbstätig – ausgerechnet der zurückliegende Krieg ermöglichte den Frauen im Anschluss eine größere Freiheit: Viele hatten in den Kriegsjahren bisher Männern vorbehaltene Berufe ausüben müssen, um so die Familie durchzubringen. Daraus schöpften die Frauen ein neues Selbstbewusstsein. Nach dem Krieg arbeitet fast jede dritte verheiratete Frau und verdient Geld. Die, die nicht verheiratet ist und in der Stadt lebt, trägt Bubikopf und kurze Kleider. Sie besucht Kinoveranstaltungen und geht tanzen. Es sind die Goldenen Zwanziger. Zwar kann nur ein Bruchteil der Frauen zur damaligen Zeit das neue Bild leben, aber immerhin: Es existiert – wenn auch nur kurzzeitig.

Denn im Dritten Reich müssen die Frauen wieder in ihr Schattendasein zurücktreten: Die Aufwertung der Mutterfigur erreicht unter den Nationalsozialisten ihren Höhepunkt; Gebären für den Führer, im Sinne der arischen Rasse und des eigenen Volkes. Wird die Mutter bei Rousseau als unabdingbar für das Wohl des Staates beschrieben und bei Pestalozzi mit dem Attribut der Reinheit und Natürlichkeit versehen, kulminieren beide Eigenschaften unter den Nationalsozialisten zu einer ganzheitlichen Überhöhung.

Die deutsche Mutter wird zur »heiligsten Kraft« und zur »Offenbarung des Göttlichen« stilisiert, gleichzeitig aber als wichtiger Baustein für die völkische Ideologie der Nationalsozialisten betrachtet und für deren Propaganda benutzt. »Die Muttertagsfeiern und Mutterkreuzverleihungen dienten nicht nur der Manipulation von Frauen, sondern sie waren Teil der Zelebration des Nationalsozialismus als politischer Religion«, schreibt Irmgard Weyrather in ihrem Buch »Muttertag und Mutterkreuz«.[17]

Die Soziologin spricht von einer »doppelten Reduktion« der deutschen Frau: Erstens wird sie wieder, wie schon so oft zuvor, auf die Rolle der Mutter reduziert. So heißt es in einem NS-»Mutterbuch«: »Die natürliche Vollfrau, die ihren Mann liebt, wünscht im Innersten ihres Seins als Ausdruck ihrer Liebe die Empfängnis.«[18] Die zweite Reduktion erfolgt laut Weyrather durch die »Rassenzugehörigkeit«. Denn nur eine Frau, die nach der »Rassenideologie« deutsch ist, gilt als Mensch. So wird die Frau als Mutter unter den Nationalsozialisten immer und ausschließlich in direkten Bezug zur staatlichen Ideologie gesetzt. Genau wie die Männer soll sie mithelfen, die »Volkszerstörung« abzuwenden, soll sich am Kampf beteiligen. Nur eben mit anderen Mitteln, als die Männer es tun, nämlich durch die Fähigkeit, Leben zu schenken – »rassenideologisch reines«, »arisches« Leben. Folglich bleibt auch der Begriff Mutter sprachlich nicht von der NS-Kriegsrhetorik verschont: Den »volltauglichen Frauen« an der »Geburtenfront« werden – in Analogie zu den Kriegsorden für die Männer – schließlich ab vier Kindern Mutterkreuze verliehen.[19]

Das Regime der Nationalsozialisten schafft seinem Mutterkult entsprechend einen ganzen Korb voller Maßnahmen, aus dem die deutschen Mütter sich bedienen sollen, um fleißig Nachwuchs zu gebären: Ehestandsdarlehen für junge deutsche und »erbgesunde« Familien werden gewährt, Steuererleichterungen eingeführt, Auffangheime für stramme Nationalsozialistinnen mit unehelichem Nachwuchs gegründet, sogar Kindergeld gibt es ab dem dritten Kind. Eine massive Einschränkung im Gebrauch von Verhütungsmitteln und die Todesstrafe auf aktive Abtreibung gehören ebenfalls mit zum Repertoire.[20] Gleichzeitig wird genau geprüft, wer gemäß der nationalsozialistischen Volksideologie eine würdige Mutter ist und wer nicht: Wenn etwa ein SS-Mann heiraten will, muss seine zukünftige Frau die Teilnahme an einem »Mütterschulungslehrgang« nachweisen, nur so erhält das Paar die für die Heirat nötige Genehmigung vom Rassen- und Siedlungshauptamt. Inhalt eines solchen Lehrgangs: kochen, nähen, Säuglings- und Krankenpflege.

Das Mutterkreuz gilt im Grunde als Mahnung und Ansporn zugleich, bloß nicht aus dem Vorbildkatalog der guten deutschen Mutter auszubrechen. Nur wer diesen Katalog erfüllt, ist des Kreuzes würdig. Die zuständigen Behörden unterscheiden zwischen wertvollen und minderwertigen Frauen: Als wertvoll und damit der Auszeichnung des Mutterkreuzes für würdig befunden werden jene Mütter, die einen erbgesunden Zustand der Sippe ausweisen können (und nicht nur den der eigenen Person). Aber auch andere Stigmatisierungen wie »asoziales Verhalten« oder »ein Sohn im KZ« reichen aus, damit die zuständigen Behörden einer Mutter das Kreuz verweigern.[21]

Das Echo der Frauen auf die Mutterkreuze ist nicht zu überhören: Obwohl es die »Auszeichnung« vor dem Zweiten Weltkrieg nicht gegeben hat und sie damit noch neu ist, giert der Großteil der Mütter nach dem Kreuz. Der soziale Druck im Umfeld ist immens, Mütter mit mindestens vier Kindern, denen das Kreuz verwehrt wird, geraten schnell in einen Rechtfertigungsdruck vorm Ehemann und der restlichen Familie.

Wie sehr, das zeigen persönliche Bittbriefe von Frauen, die für die Verleihung des Kreuzes abgelehnt wurden. So schreibt eine Mutter an den damaligen Gauleiter Kaufmann von Hamburg:

Im Dezember 1940 stellte ich den Antrag auf das goldene Kreuz, habe dies ganze halbe Jahr mich auf den heutigen Tag gefreut, auch mein Mann, meine alten Eltern und Schwiegermutter, die auch Besitzerin des goldenen Kreuzes ist. Aber nun möchte ich Sie, werter Herr Reichsstatthalter Kaufmann, fragen, bin ich vergessen worden? (...) Meine Schwiegermutter meinte, das wäre eine große Schande für mich, auch mein

Mann machte mir heute heftige Szenen, nun fühle ich mich doch wieder Mutter mit dem 9. Kind und mein Mann ist sehr grob zu mir, (...) ich bin sehr traurig, meine großen Kinder sind alle in Pommern, habe nur die zwei Kleinsten hier, und nun noch diese Sorge, ich weiß nicht, was ich machen soll, (...) raten Sie mir und helfen Sie mir, denn mein Mann ist 58 Jahre und ein alter Kämpfer, wenn auch nicht organisiert, aber er steht fest zum Führer und nun dieser Schlag, er sagte mir, das überwindet er nicht (...).[22]

Hitler und seine Helfer können sich zufrieden auf die Schulter klopfen: Die nationalsozialistische Mutterpropaganda ist den Müttern tief in die Seele gekrochen.

Nach dem Ende des Zweiten Weltkriegs ist die Welt eine andere. Doch noch immer soll die deutsche Frau vor allem eines sein: Mutter. Zwar sind es die Frauen, die in den ersten Jahren nach 1945 als Schweißerinnen oder Maurerinnen das Land wieder aufbauen, weil Millionen Männer im Krieg gefallen sind oder in Gefangenschaft sitzen. Die Politik der Gründungsjahre schickt sie per Gesetz trotzdem wieder zurück an den Herd. Nachdem der Anteil erwerbstätiger Frauen im 20. Jahrhundert kontinuierlich gestiegen war und Frauen im Ersten und Zweiten Weltkrieg massiv in der Rüstungsindustrie gearbeitet hatten, wird ihnen jetzt erneut der Platz im trauten Heim zugewiesen; die Männer der Politik machen die Gesetze für sich: Paragraph 1360 des Bürgerlichen Gesetzbuches etwa schreibt vor, dass »die Ehefrau ihre Verpflichtung, durch Arbeit zum Unterhalt der Familie beizutragen, in der Regel durch die Führung des Haushaltes« erfülle, »der Ehemann [dagegen] durch Erwerbstätigkeit«.[23] Die Paragraphen 1628 und 1629 diktieren, dass in Erziehungsfragen der Vater das letzte Wort gegenüber der Mutter haben soll. Er allein wird zum gesetzlichen Vertreter eines minderjährigen Kindes erklärt.[24] Somit ist die patriarchale Strukturierung der Gesellschaft auch gesetzlich gesichert.

In den fünfziger Jahren regiert das aufkommende Wirtschaftswunder die noch junge Republik. Nach den Entbehrungen und der Unsicherheit der Kriegsjahre kann der Bürger sich nun wieder etwas leisten, dank harter Arbeit und wirtschaftlichen Aufschwungs: Zwischen 1950 und 1960 steigt die Zahl der Erwerbstätigen in Deutschland von 4,5 Millionen auf 26,5 Millionen an, die Arbeitslosenquote sinkt im selben Zeitraum von 11 auf 1,3 Prozent.[25] Nach den Kriegserfahrungen herrscht eine tiefe Sehnsucht nach Ruhe und Sicherheit in der Bevölkerung, damit einhergehend vollzieht sich ein Rückzug ins Private; ein Fernseher zieht fast in jedes deutsche Wohnzimmer ein.

Die bürgerliche Mittelschicht mit der klassischen Kernfamilie aus Vater, Mutter, Kind bildet die Norm. Experten bezeichnen die fünfziger Jahre als Hochphase der bürgerlichen Familie. In einem Werbefilm aus dieser Zeit heißt es: »Eine Frau hat zwei Lebensfragen: Was soll ich anziehen – und was soll ich kochen?«[26] Das Magazin *Brigitte* titelt 1959: »So kriegt man einen Mann«.[27]

Vor diesem Hintergrund vollzieht sich in den sechziger Jahren ein Wandel. 1958 war der Gleichberechtigungsartikel in Kraft getreten (»Männer und Frauen sind gleichberechtigt«), der das Letztentscheidungsrecht des Ehemannes in allen Eheangelegenheiten ersatzlos streicht. 1960/61 wird die Antibabypille eingeführt, gegen Ende des Jahrzehnts kommen die Hippies, die protestierenden Studenten und mit ihnen die zweite Frauenbewegung: Frauen fordern mehr Teilhabe am öffentlichen Raum und geben sich mit der reinen Rolle als Mutter und Hausfrau nicht mehr zufrieden. Sie sprechen öffentlich über ihr Recht auf Abtreibung und die eigene Sexualität, wollen zudem stärker am

Erwerbsleben teilnehmen. Mit Erfolg: Die so tief gegrabene Kluft zwischen Männern und Frauen verkleinert sich, zumindest im rechtlichen Sinne. Durch die Eherechtsreform von 1976/77 wird die Position der Frauen gestärkt: Die Hausfrauenehe wird mit der Gesetzesreform zum Relikt alter Tage, zudem darf nun auch der Nachname der Frau als Familienname eines frisch verheirateten Paares gewählt werden.

In den darauffolgenden Jahren etabliert sich ein »Drei-Phasen-Modell«[28] für Frauen: Sie sollen zwar eine gute Schulausbildung mit einem Abschluss anstreben. Man billigt ihnen auch zu, in ihrem Beruf zu arbeiten. Allerdings nur bis zur Geburt des ersten Kindes. Danach kehrt die Frau zu ihrer klassischen Rolle als Vollzeitmutter an den heimischen Herd zurück. Erst wenn die gröbste Erziehung des Nachwuchses vollendet ist, soll die Frau den Wiedereinstieg in ihren alten Beruf wagen. Immerhin ist es ihr ab 1977 erlaubt, auch ohne Erlaubnis des Ehegatten arbeiten zu gehen.

Gleichzeitig läuft ab Mitte des 20. Jahrhunderts eine »Psychologisierung der Mutter-Kind-Beziehung« ab, wie Gaby Gschwend es nennt.[29] Die Wissenschaft proklamiert die Bedeutung der Bindung zwischen Mutter und Kind. Experten aus Psychologie, Biologie und Medizin beschäftigen sich immer stärker mit der Psyche des Kindes, dessen Persönlichkeitsentwicklung und der Beziehung zur Mutter. Der Primatenforscher Harry Harlow kann Ende der fünfziger Jahre mit seinen Affenexperimenten nachweisen, dass Primatenjunge fellbezogene, weiche Drahtpuppen bevorzugen und eher deren Nähe suchen als die von Drahtattrappen ohne Fell, die sie dafür aber mit Nahrung versorgen.[30] Man wertet die Beobachtungen als Beweis dafür, wie wichtig eine fürsorgliche und beschützende Mutterfigur für die Affenbabys ist. Die amerikanische Psychologin Mary Ainsworth und der Brite John Bowlby begründen etwa um dieselbe Zeit die Bindungstheorie, die sich in den folgenden Jahrzehnten festigen wird.[31] In Deutschland startet das Psychologen- und Forscherehepaar Karin und Klaus Grossmann umfangreiche Studien.[32] Die speziellen Bedürfnisse von Kleinkindern werden von nun an mitgedacht und ins Zentrum der Überlegungen gestellt. »Wie geht richtige Erziehung?« wird zu einer drängenden Frage. Die Mutter ist jetzt nicht mehr nur für eine gute Erziehung und eine gesunde physische Entwicklung des Kindes durch eine angemessene Versorgung zuständig, sie soll das Kind zusätzlich auch emotional mit allem nähren, was es braucht, und den Nachwuchs zudem kognitiv fördern. Damit wird sie unverzichtbar für das Kind, es entsteht ein Exklusivitätsanspruch. Genau an dieser Stelle aber beginnt das Problem für die Mutter: Sie wird als Frau und Person mit eigenen Bedürfnissen an den Rand gedrängt, gleichzeitig werden ihre Aufgaben im Rahmen der Kindererziehung immer anspruchsvoller und erdrückender – die Mutter verschwindet hinter ihrem Kind.

Elisabeth Badinter beschreibt die Psychologisierung der Mutter-Kind-Beziehung als eine »naturalistische Offensive«, als Konsequenz der Wirtschaftkrise von 1973.[33] Diese stürzt die Weltwirtschaft in die tiefste Krise seit der großen Depression in den zwanziger Jahren. Auch die Bundesrepublik hat mit den Konsequenzen wie Energieengpässen, einem zeitweiligen Sonntagsfahrverbot, Arbeitslosigkeit und Kurzarbeit zu kämpfen.

Alle Industrienationen sind von der wirtschaftlich schwierigen Situation betroffen. Sie verhilft laut Badinter einem wiederentdeckten Naturalismus zu neuem Auftrieb: Frauen besinnen sich auf ihren Status als klassische Familienmutter, denn sie sind oft die Ersten, die die Veränderungen auf dem Arbeitsmarkt spüren. Begriffe wie »Mutterinstinkt« oder »Wesen der Mutter« stehen auf einmal hoch im Kurs, Hausgeburten werden häufiger, das Stillen erfährt eine Renaissance – Badinter fühlt sich gar an Rousseau erinnert. Sie fasst die in ihren Augen »reaktionären Strömungen« so zusammen:

In weniger als zehn Jahren (zwischen dem Ende der siebziger und dem Beginn der achtziger Jahre) vollführte die feministische Theorie eine Wende um 180 Grad. (...) Die zweite Welle des Feminismus entdeckte (...), dass die Weiblichkeit nicht nur eine Essenz, sondern auch eine Tugend ist, deren Kern die Mutterschaft bilde. (...) Im Gegensatz zu [Simone de] Beauvoir, die in der Mutterschaft nur eine Begleiterscheinung im Leben der Frauen sah und sie als Ursache von deren jahrtausendelanger Unterdrückung betrachtete, begriff eine neue Generation von Feministinnen die Mutterschaft als die zentrale Erfahrung der Weiblichkeit, auf deren Grundlage eine neue, menschlichere und gerechtere Welt entstehen könne. Dazu bedürfe es jedoch einer Rückkehr zur Mutter Natur, die viel zu lange ignoriert worden sei.[34]

1972 veröffentlicht der Club of Rome die Studie »Grenzen des Wachstums«, sie befeuert eine neue kritische Haltung gegenüber der Industrialisierung und der maßlosen Ausbeutung der natürlichen Rohstoffe. Der Bericht prognostiziert verheerende Aussichten für die globale Entwicklung bis hin zum Kollaps.

Die Studie bedeutet eine Erschütterung für Wirtschaft, Politik und Gesellschaft, die bis ins Private hineinreicht. Sie stößt eine Trendwende insbesondere in den westlichen Nationen an – ein perfekter Nährboden für all jene, die in der Hinwendung zur Natur die heilsbringende Lösung sehen. Doch nicht ohne Schattenseite: »Vor allen Dingen verfügt die naturalistische Philosophie über die Macht, Schuldgefühle zu erzeugen, und ist so in der Lage, die Sitten zu verändern«, resümiert Badinter.[35]

Und heute? Sprechen Experten von einer größeren Pluralität, zumindest theoretisch: Verschiedene Lebensentwürfe verwirklichen sich nebeneinander, viele Paare halten eine Heirat nicht mehr für nötig (zumindest im urbanen, akademischen Milieu). Scheidungen gehören längst zum Alltag dazu, genauso wie Patchworkfamilien. Zwar hat die Familie nach wie vor einen hohen Stellenwert, wie eine Studie im Auftrag der Konrad-Adenauer-Stiftung von 2014[36] zeigt: 5000 Menschen im Alter von 20 bis 39 wurden befragt, 85 Prozent gaben an, dass eigene Kinder wichtig oder sehr wichtig seien. Doch die Art und Weise, wie diese Kinder aufwachsen, hat sich gewandelt: Das Spektrum bei Müttern reicht von der klassisch verheirateten Mutter über die geschiedene/vom Lebenspartner getrennte Mutter mit geteiltem Sorgerecht bis hin zur alleinerziehenden Mutter in voller Verantwortung. »Die moderne Familie hat sich eben innerhalb der letzten fünfzig Jahre von einem rollenförmig organisierten, patriarchalischen Sozialverband in eine partnerschaftliche Sozialbeziehung verwandelt«, schreibt der Sozialphilosoph Axel Honneth in seinem Buch »Das Recht der Freiheit«.[37]

Einerseits hat sich also viel geändert, andererseits wieder nicht: Im Gegensatz zu den beschriebenen Entwicklungen »ist beim aktuellen Kindheitsbild wenig Variation und kaum Pluralität erkennbar«, wie die erwähnte Studie der Konrad-Adenauer-Stiftung konstatiert. »Kinder und Kindheit werden, das ist ein weiterer Bestandteil der ›großen Erzählung‹, in besonderer Weise überhöht, verklärt und romantisiert. Kinder werden vielfach verzärtelt. Robustheit, Egoismus, Eigenständigkeit und Leistungsfähigkeit werden ihnen weithin abgesprochen«, heißt es in der Studie.[38] In europäischen Großstädten boomt das Erziehungsprinzip des sogenannten *Attachment Parenting*, das eine besonders enge Bindung und ständige Nähe zwischen Mutter und Nachwuchs fordert.[39] Den Säugling stets im Tragetuch, das Kleinkind immer im Familienbett, das Babyfon zu allen Zeiten in Reichweite: So sehen die Prinzipien des Attachment Parenting aus. Kinder werden heute zudem früh in Entscheidungen mit einbezogen und in einer Art Dauerschleife stets um ihre Wünsche und Meinungen befragt. Mutter und Vater verhandeln die »kleinen« Angelegenheiten des Alltags nicht mehr allein; die Kommunikation läuft im Dreieck, mit dem Kind als Zentrum des neuen Gestirns.

Zum Problem wird diese Haltung nicht so sehr für die Kinder, wohl aber für die Mütter. Die nämlich unterliegen, und das ist das Paradoxon der gegenwärtigen Situation in Deutschland, noch immer dem »Mythos Mutterliebe«: Zwar wollen Frauen heute stärker denn je ihrem Job nachgehen, und das wird auch von ihnen erwartet.[40] Doch hat sich wegen dieses Anspruchs die innere und äußere Erwartungshaltung an die vermeintlich perfekte Mutter nicht verringert. Noch immer schwebt das Bild der aufopferungsvollen weiblichen Fürsorgeperson durch den Raum, die am besten weiß, was gut ist fürs Kind. Das denken auch viele Chefs; ein Kind wird auf Arbeitgeberseite gern als berufliches Problem wahrgenommen, als »Entwertung« der weiblichen Arbeitskraft.

Das Monatsmagazin *Chrismon* hat 2012 gemeinsam mit dem Institut Emnid knapp 1000 Probanden gefragt, welche Betreuung ihrer Meinung nach für ein Kleinkind zwischen einem und drei Jahren tagsüber am besten sei.[41] Im Westen favorisierten 68 Prozent der Befragten die Mutter als ideale Betreuung, lediglich 11 Prozent zogen die Kita in Betracht. Und die Väter? Scheinen nur noch zufällige Begleiterscheinung statt gleichberechtigter Elternteil zu sein: Nur ein einziges Prozent der Befragten traute ihnen in der Umfrage zu, die bessere Erziehungsperson zu sein. Im Osten erklärte man die Väter gleich als gar nicht mehr anwesend: Dort denken 41 Prozent der Befragten, dass eine Kita-Betreuung optimal ist für ein Kleinkind, nur 37 Prozent ziehen die Mutter vor – die Väter jedoch werden nicht einmal mehr erwähnt.

Der Karrierefrau haftet gleichzeitig kein positives Image an, trotz berühmter Vorbilder wie etwa der Yahoo-Vorstandsvorsitzenden Marissa Ann Mayer (drei Kinder) oder der Berliner Verkehrsbetriebs-Chefin Sigrid Nikutta (vier Kinder). Nach wie vor ist die Figur der Karrierefrau in den weiterhin männlichen Berufsfeldern mit Attributen wie Egoismus, Kälte oder Unweiblichkeit behaftet. Noch immer wird eine Mutter, die für ihre berufliche Karriere kämpft, von ihrem Umfeld oft kritisch beäugt.

Wir mögen es nicht gerne hören, denn die Tatsache widerspricht unserer ach so aufgeklärten Vorstellung von uns selbst: Doch der »Luisen«-Mythos und mit ihm das überzeichnete Bild der perfekten Mutter ist noch lange nicht tot. Ihn verkörpert heute etwa Herzogin Kate, Ehefrau von Prinz William von England. Im Mai 2015 steht die 33-Jährige lächelnd mit frisierter Föhnwelle und Blümchenkleid zum Fototermin bereit, ihr Neugeborenes im Arm, dafür aber noch nicht einmal den Hauch einer Erschöpfung in ihrem perfekt geschminkten Gesicht – die Geburt ihres zweiten Kindes liegt zu diesem Zeitpunkt gerade erst sieben Stunden zurück. Tausende Menschen jubeln dem einst bürgerlichen Mädchen zu, als sie und ihr Gatte mit der kleinen Tochter das Krankenhaus verlassen, um vor den Fotografen zu posieren. Die Mutter lächelt, die Kameras klicken, die Bilder gehen um die Welt. Ansonsten tut Herzogin Kate das, was von ihr erwartet wird: nett lächeln, immer adrett aussehen, Gattin und Mutter sein.

Die Tatsache, dass sie Kunstgeschichte an einer britischen Elite-Universität studiert hat, interessiert schon lange niemanden mehr. Stattdessen punktet die Herzogin mit ihrem Sinn für Mode, einem bürgernahen Image sowie den zwei Kindern, die sie bis dato schon geboren hat. Frauen weltweit beneiden die Herzogin um ihr glänzendes Haar, die gute Figur und den niedlichen Nachwuchs. Sie ist die Barbie des Bürgertums: schön, schlank, sittsam – und dazu auch noch fruchtbar. In einem Online-Video des deutschen Boulevard-Magazins *Bunte*, das Anfang Juli 2015 über die Taufe der königlichen Tochter berichtet, heißt es: »Herzogin Kate ist pflichtbewusst und zuverlässig, weiß um ihre Rolle als künftige Königin. Aber vor allem ist sie: Mutter.«[42]

Und wir sollten uns eingestehen: Der Luisen-Mythos sitzt auch heute, knapp 200 Jahre nach dem Tod der preußischen Vorzeigekönigin und Übermutter, noch immer in unseren Köpfen fest. Mit ihm die mütterlichen Schuldgefühle.

6
Eine Vorstellung wird zur Krux –
Die Mär vom Elternglück

Das Baby kommt = die Mutter ist glücklich. Dieser Satz klingt schön und symmetrisch, er liest sich wie eine einfache Gleichung, bei der alle Faktoren am rechten Platz sitzen. Ganz ohne Variablen.

In der Mathematik und Physik ist letztere per Definition ein Platzhalter für eine Unbekannte, sie steht für das Veränderliche in mathematischen Formulierungen. Menschliche Beziehungen und Gefühle sind von Veränderungen geprägt; Liebe ist keine Konstante, auch keine Garantie. Egal, wie sicher sich zwei Menschen in einer Entscheidung sind oder wie sehr ein bestehendes Gefühl einen Menschen im Moment der Entscheidung in eine bestimmte Richtung lenkt: Vollkommene Sicherheit gibt es nie. Egal auch, wie sehr sich eine Frau beispielsweise ein Kind wünscht: Erst, wenn das quäkende Kleinchen im eigenen Leben eingezogen ist, wird sie wissen, ob es sie wirklich so glücklich macht wie angenommen.

Wo wäre die Variable folglich besser angebracht als in der komplexen Frage, ob ein Kind einen Menschen glücklich macht oder nicht? Und doch: Die Annahme, Kinder machten aus Erwachsenen automatisch zufriedenere Menschen, scheint unumstößliche Gewissheit. Sie ist der Mainstream. Und der lässt keinen Platz für Variablen, für Zweifel oder Unbestimmtheiten.

Zukünftigen Eltern mit einem ausgeprägten Kinderwunsch lässt sich die Vision vom alles überstrahlenden Babyglück schlecht vorwerfen; vielleicht gehört jene Annahme zum Wagnis Schwangerschaft dazu, vielleicht macht sie das Abenteuer Kind für viele erst möglich. Dennoch ist die Geschichte vom unbedingten Elternglück eine Mär, die viel zu wenig hinterfragt wird. Die Verknüpfungen Frau = Mutter und Kind = Glück bilden deswegen Gleichungen, die nur vermeintlich aufgehen. In der Realität werden sie viel zu oft zu Ungleichungen.

Man kann das an folgender Anekdote verdeutlichen: Die Kolumnistin Ann Sanders von der Zeitung *Chicago Sun-Times* fragte in den siebziger Jahren ihre Leser, ob sie sich mit ihrem jetzigen Wissen wieder für ein Kind entscheiden würden.[1] Rund 10 000 Eltern reagierten auf die Frage, 70 Prozent beantworteten sie negativ; offenbar hatte sich bei diesen Eltern doch eine Variable in die Glücksgleichung eingeschlichen, die sich so leicht nicht mehr aufdröseln ließ.

Fürs Protokoll sei an dieser Stelle gesagt: Kinder machen viele Menschen tatsächlich sehr glücklich, das will niemand bestreiten. Aber es *muss* eben nicht zwangsläufig so sein. Diejenigen, die sich aus Berufsgründen mit der Materie beschäftigen, wissen das. Sie wissen beispielsweise, dass nicht alle Mütter automatisch vor Glück in Tränen ausbrechen, wenn sie ihr Kind im Arm halten – sondern dass es bei den meisten Frauen kurz nach der Geburt einen zeitlichen Prozess braucht, bis sie Mutterliebe fühlen. Sie wissen auch, dass die Beziehung vieler Paare im ersten Jahr nach der Geburt des gemeinsamen Kindes ins Schlingern gerät. Oder dass die Anzahl der erkrankten Mütter in Deutschland in den vergangenen zehn Jahren um 37 Prozent angestiegen ist.[2] So meldet es das Deutsche Müttergenesungswerk.

Frauen mit Kindern klagen über Angstzustände, Schlafstörungen und Panikattacken, über Rückenschmerzen, Depressionen oder Konzentrationsschwierigkeiten. Zusätzlich

benannten die Frauen, die das Deutsche Müttergenesungswerk im Rahmen einer verordneten Kur befragte, Partner-
schaftsschwierigkeiten, mangelnde Anerkennung und soziale Isolation als Belastungsfaktoren (die Liste ließe sich
noch weiterführen). Das Müttergenesungswerk spricht gar
vom »Gesundheitsrisiko Mutter«.[3] »Wir beobachten, dass
die Frauen lieber erkranken und sich vor lauter Familie und
Muttersein sehr vernachlässigen«, sagt die Geschäftsführerin Anne Schilling. »Sie kommen erst, wenn sie nicht mehr
können.« Die Zahl der Mütter, die unter einer psychischen
Störung wie etwa einer akuten Erschöpfung bis hin zum
Burn-out litten, lag laut ärztlicher Erstuntersuchung beim
Antritt ihres Kuraufenthaltes im Jahr 2013 bei 86 Prozent.[4]
»Es ist eine absurd hohe Zahl«, sagt Schilling. Und sie hat
recht. 86 Prozent, oder anders ausgedrückt: fast alle der
49 000 Mütter, die 2013 eine Kurmaßnahme in Anspruch
nahmen.

Was soll man an dieser Stelle erwidern? Dass die Frauen
doch bitte einfach aufhören sollen zu jammern? Dass Mütter die Kinder früher auch großgezogen haben? Dass das
Leben kein Ponyhof ist und eine erwachsene Frau sich doch
gefälligst vor der Geburt eines Babys darüber klar werden
sollte, was es heißt, ein Kind großzuziehen? So einfach lässt
sich die beschriebene Ungleichung leider nicht auflösen.
»Die Belastungen von Müttern sind gesellschaftlich bedingt
und kein individuelles Versagen«, formuliert es das Müttergenesungswerk in seiner Presseerklärung von 2014.

Es gibt eine eigene Forschungssparte, die sich mit der Frage
beschäftigt, welchen Einfluss Kinder auf das Wohlbefinden
von Eltern haben und welche äußeren, also gesellschaftlichen Faktoren das Elternglück positiv oder negativ beeinflussen. Die Ergebnisse dieser sogenannten Zufriedenheits-

forschung sind nicht unbedingt eindeutig, deswegen aber nicht uninteressant. Was sie jedoch mit Sicherheit sind: unbequem. Denn sie rütteln am Dogma des rosaroten Elternglücks.

Studien aus den achtziger und neunziger Jahren gehen davon aus, dass Kinder einen negativen Einfluss auf die Zufriedenheit von Eltern haben. Erst neuere Untersuchungen weisen zumindest in eine neutralere Richtung. So auch eine Studie aus dem Jahr 2013, für die Forscher Daten von fast drei Millionen Menschen aus 161 verschiedenen Ländern ausgewertet hatten.[5] Die Wissenschaftler interessierten sich für die Frage: Sind Eltern wirklich glücklicher als kinderlose Menschen? Oder eben doch nicht? Zu einem eindeutigen Schluss kommen die Forscher in ihrem Bericht nicht, ihr Urteil fällt gewissermaßen noch milde aus. So geben die Forscher lediglich an, dass Eltern eine höhere Wahrscheinlichkeit als Kinderlose aufweisen, verheiratet, gesund, wohlhabend, gebildet und religiös zu sein; alles Faktoren, die für viele Menschen mit einem glücklichen Leben assoziiert werden.

Eine Schweizer Studie von 2012 mit dem schönen Titel »Liefert der Storch das Glück?« wird da schon konkreter.[6] Wissenschaftler der Universität Zürich konzentrierten sich in ihrer Frage auf Frauen aus Deutschland, die Studie basiert auf dem Deutschen Haushaltspanel von 1984–2009. Die Forscher verglichen zwei Gruppen von Frauen im Alter von 20 bis 60 Jahren miteinander, die in sozioökonomischen Faktoren weitestgehend übereinstimmten, sich allerdings in einem wichtigen Punkt unterschieden: Die eine Gruppe gebar im Zeitrahmen der Studie ein oder mehrere Kinder, die andere Gruppe von Frauen blieb kinderlos. Die Forscher griffen auf Erhebungen zurück, die bis zu zehn Jahre vor der anstehenden Geburt bei ihren Probandinnen zurückreichten und bis zu 20 Jahre nach dem einschneidenden Ereignis. In jedem Jahr dokumentieren die Daten das Wohlbefinden der Frauen in beiden Gruppen. Die Ergebnisse lassen erkennen: Angehende Mütter sind schon im Jahr vor der Geburt glücklicher als Frauen, die kein Kind gebären werden. In dem Jahr nach der Geburt ist die Glücksdiskrepanz zwischen beiden Gruppen am höchsten, danach nähern sie sich in ihren Glückswerten wieder an, obwohl die Mütter ein konstant höheres Glückslevel aufweisen als die kinderlosen Frauen.

Die Forscher fragten auch, wie sehr das Mutterglück vom Alter der Frauen bei der Geburt des ersten Kindes sowie von der Anzahl der Kinder abhängt. Je älter die Mütter bei der Geburt des ersten Kindes waren, desto positiver wirkte sich diese auf die eigene Lebenszufriedenheit aus. In den vier Jahren nach der Geburt des ersten Kindes zeigten Mütter mit mehreren Kindern höhere Glückswerte als solche mit nur einem Kind. Danach ließen sich keine Unterschiede mehr feststellen.

So schlecht klingen diese Ergebnisse eigentlich nicht. Kevin Staub von der Universität Melbourne, einer der Autoren der Schweizer Studie, sagt aber: »In Querschnittsdaten sind Frauen ohne Kinder im Durchschnitt zufriedener als Frauen mit Kindern, dieser Zusammenhang wurde in vielen Ländern und Zeitperioden dokumentiert.«

Wenn Kinder also ein glücklicheres Leben versprechen, dann nur bis zu einem gewissen Grad und mit Einschränkungen. Diese Interpretation der Schweizer Daten deckt sich mit den Ergebnissen einer Studie des Wissenschaftszentrums Berlin für Sozialforschung von 2013, für die der Einfluss von Einkommen und Erwerbsstatus auf die Lebenszufriedenheit von Eltern in Deutschland untersucht wurde.[7] In der Querschnittsanalyse von knapp 4900 Frauen und Männern zwischen 25 und 37 Jahren zeigte sich, dass Eltern zwar eine verringerte Zufriedenheit mit ihrer Frei-

zeit, ihren sozialen Kontakten und ihrer Partnerschaft aufweisen, jedoch mit ihrem Leben allgemein zufriedener sind
als kinderlose Personen. Aber auch hier bedarf es verschie-
dener Einschränkungen: Erstens zeigten Eltern nur in den
ersten Jahren eine erhöhte Lebenszufriedenheit; nach dem
vierten Lebensjahr des jüngsten Kindes fällt das ehemals ge-
stiegene Glück wieder ab. Zweitens sind überhaupt nur bestimmte Gruppen davon betroffen – und zwar die, die sowieso schon zu den Privilegierten zählen: Gut bis sehr gut
verdienende Eltern sind glücklicher als Kinderlose, genauso
wie Mütter, die ihrem Beruf gar nicht oder nur teilweise
nachgehen. Leben Menschen jedoch in Armut oder sind
von Armut bedroht, erhöhen auch Kinder die Lebenszufriedenheit nicht. Arbeiten Mütter in Vollzeit, sind sie nicht
zufriedener als kinderlose vollzeitbeschäftigte Frauen, so die
Berliner Studie.

Und jetzt?

Natürlich sollen diese Zahlen nicht die Gefühle Tausen-
der Eltern ausheben, die am Ende des Tages zufrieden in
die Kissen sinken, wenn die Kindermeute mit rosigen Backen im Gitterbettchen gemütlich vor sich hin schnarcht.
Trotzdem können die besagten Studien als ein Indiz dafür
gelesen werden, was es mit jener Zahl auf sich hat, die seit
dem Sommer 2015 Jahr als eine Art Schreckgespenst durch
die deutsche Öffentlichkeit mäandert: 8,28.[8] So viele beziehungsweise so wenige Kinder wurden in den Jahren zwischen 2009 und 2013 pro 1000 Einwohner in Deutschland
geboren. Zwar zählte das Statistische Bundesamt 33 000
mehr Geburten für 2014 als im Jahr davor, was einem Zu-
wachs von 4,8 Prozent entspricht;[9] manch einer will in diesen Zahlen gar eine Trendwende oder einen neuen Baby-
boom erkennen. Doch wer realistisch und damit nüchtern
bleibt, muss zugeben: Die Zahl 8,28 ist die niedrigste Kin-

derrate weltweit; kein anderes Land zeigt eine derart gerin-
ge Geburtenzahl.[10] Daran können auch 33 000 mehr Babys
nichts ändern.

Seit das Hamburgische Weltwirtschaftsinstitut die Zahl
im Juni des vergangenen Jahres vorlegte, rotieren die Experten wieder. Politiker blicken ernst in die Kameras, Soziolo-
gen landauf, landab suchen nach Antworten. Mütter von
drei, vier oder gar mehr Kindern werden nach ihrer persönlichen Meinung befragt genauso wie kinderlose Frauen. Auf
einmal ist sie da, die große Variable. Die Unbekannte, nach
der nun alle ratlos suchen. Die Demographen, Wirtschafts-
wissenschaftler und Politiker dieses Landes ducken sich bereits unter ihr. Deutschland braucht Kinder, so diktieren sie
mit sorgenvoller Miene in die Kameras dieses Landes. Für
die Rente, gegen den Fachkräftemangel. Für die Pflege, gegen den demographischen Schwund.

Was also läuft schief in Deutschland? Sind Mütter hierzulande unglücklicher als anderswo, beispielsweise in Frankreich, dem Land der weiblichen Emanzipation? Oder als in
Schweden, dem Land, das immer gern genannt wird, wenn
mal wieder ein Beispiel für gelungene Familienpolitik nötig
ist? Und kann, wer sich die gesellschaftlichen Bedingungen
genauer anschaut, Erklärungen für das Phänomen der bereuenden Mütter finden?

»Ich kann nicht sagen, ob die Mütter hier unglücklicher
sind«, antwortet die Geschäftsführerin des Müttergenesungswerkes Anne Schilling auf die Frage, »aber sie haben
es vielleicht schwerer. Weil das traditionelle Mutterbild
zwar modernisiert wurde. Modernisiert heißt in unserer
Kultur jedoch nicht, dass wir Dinge ersetzt hätten – sondern dass wir einfach noch was draufgepackt haben.«

Da ist er also wieder, der alte Mythos Mutter.

Dabei lesen sich die Fakten zunächst gar nicht schlecht:

Der deutsche Staat gewährt Eltern 14 Monate Basiseltern-
geld in einer Höhe von mindestens 300 und maximal 1800
Euro,[11] wenn beide Partner sich die Elternzeit teilen (bleibt
lediglich ein Partner zuhause, gibt es nur zwölf Monate Elterngeld). Dazu kommt das Kindergeld: für das erste und
zweite Kind monatlich 190 Euro, für das dritte Kind 196
Euro, für das vierte und jedes weitere Kind 221 Euro.[12] Für
all jene, die ihr Kind nach den 14 Monaten Elternzeit lieber
selbst zuhause betreuen wollen, als es in einer Kita oder von
einer Tagesmutter versorgen zu lassen, wird momentan
noch die »Herdprämie«, also das sogenannte Betreuungsgeld, ausgezahlt. Im Monat sind das 150 Euro, maximal 22
Monate lang und steuerfrei.[13] Hinzu kommen noch der
Kinderfreibetrag und das Ehegattensplitting. Es scheint zunächst, als stehe Deutschland im internationalen Vergleich
gut da: Vor allem das Eltern- und Kindergeld sind überdurchschnittlich hoch.

Doch hinter den einzelnen Maßnahmen, die sich so
schön lesen, verbirgt sich eine ganze Reihe von Fallstricken.
So wird das Kindergeld beispielsweise auf das Arbeitslosengeld II angerechnet, zudem machen die ehebezogenen Leistungen rund ein Drittel der gesamten familienbezogenen
Maßnahmen in Deutschland aus.[14] Das Ehegattensplitting
mag einem Paar Geld sparen, doch es führt auch dazu, dass
Frauen im Zweifel eher zuhause bleiben und nicht in Vollzeit arbeiten, wenn sich das finanziell mehr lohnt. Hinzu
kommt: Geld allein zeugt keine Kinder – und schafft auch
nicht automatisch glückliche Mütter.

Die stetig sinkende Geburtenrate in Deutschland ist kein
neues Phänomen, sondern vollzieht sich seit den siebziger
Jahren auf einem niedrigen Level. Experten wissen, dass ein
Zusammenspiel aus drei verschiedenen Faktoren nötig ist,
damit Familien sich unter den heutigen Bedingungen wohl
fühlen: Zeit, eine strukturelle Unterstützung wie etwa eine

ausreichende Betreuung (auch für Kinder, die jünger sind als ein Jahr) und Geld. Doch gerade bei den ersten beiden Punkten hinkt Deutschland hinterher. Anne Schilling, die Geschäftsführerin des Müttergenesungswerkes, sagt es so: »Mütter wollen vor allem Unterstützung. Doch die kriegen sie nicht.« Man könnte es auch anders formulieren: Die deutsche Familienpolitik ist zwar Schritte gegangen – aber in die falsche Richtung. Sie hat sich in einer Sackgasse verlaufen.

Annika Joeres würde ihre Söhne wegen all dieser Faktoren nicht gern in Deutschland aufziehen. Sie sagt sogar: Wenn sie nicht nach Nizza ausgewandert wäre, hätte sie vielleicht keine zwei Kinder bekommen. Die Journalistin aus Deutschland und ihr Mann hatten sich vor vier Jahren nicht explizit wegen der Familienplanung für Frankreich als neue Heimat entschieden, sondern weil die 37-Jährige gern im Nachbarland jenseits des Rheins arbeiten wollte und ihr Mann dort als Physiker ebenfalls einen Job fand. Mit ihrem ersten Sohn, der heute drei Jahre alt ist, änderte sich die Sichtweise des Paares jedoch. Als Eltern stellten sie auf einmal fest, dass Frankreich gerade aus Familiensicht eine gute Wahl war. »Die Franzosen sind einfach viel entspannter, was die Kindererziehung betrifft«, sagt Joeres.

Dem nationalen Kinderwunsch kommt das offenbar zugute: In Frankreich bleiben nur rund 10 bis 12 Prozent der Frauen kinderlos.[15] Auch unter Akademikerinnen, die in Deutschland besonders häufig auf Nachwuchs verzichten, sind drei oder vier Kinder keine Ausnahme, sondern die Regel. Frankreich verzeichnet neben Irland die höchste Geburtenrate Europas[16] – dabei wird Elterngeld bei den rheinischen Nachbarn beispielsweise nicht ausgezahlt, das Kindergeld erst ab dem zweiten Kind.[17] Dafür bauen die Franzosen auf andere Säulen der Familienpolitik: etwa auf eine gesetzlich festgeschriebene 35-Stunden-Woche für alle Arbeitnehmer, längere Öffnungszeiten der Kitas, die sich mit den Zeiten von vollerwerbsfähigen Eltern eher vereinbaren lassen, auf studierte Erzieherinnen, deren Einkommen in der Höhe eines Lehrer-Gehaltes liegen.[18] Eltern können sich bei der Vermittlung von Tagesmüttern vom Staat helfen lassen und kostenlose Unterstützung von Psychologen oder Erziehern in Anspruch nehmen.[19] Zusätzlich begünstigt der französische Staat Familien mit vielen Kindern, etwa durch das sogenannte Familiensplitting: Das Einkommen der Familie wird nicht allein auf beide Eltern geschichtet, so wie es in Deutschland der Fall ist, sondern durch die Kopfzahl der Familienmitglieder geteilt, was sich besonders für Familien mit vielen Kindern lohnt.[20]

Trotz dieser und einer ganzen Anzahl weiterer Maßnahmen steht allerdings auch Frankreich vor immensen Herausforderungen: Hunderttausende Betreuungsplätze fehlen,[21] auch hier arbeiten viele Frauen in Teilzeit. Im Jahr 2009 nahmen lächerliche 2,5 Prozent der Väter Erziehungsurlaub.[22] Auch im Land der Emanzipation ist Kindererziehung also noch weitestgehend Frauensache.

Annika Joeres hält die französischen Mütter trotzdem für viel entspannter als die deutschen. »Sie können Verantwortung besser abgeben.« Und, fügt sie hinzu: »In Frankreich werden Kinder nicht so auf den Sockel gestellt wie in Deutschland.« Keine Frau fühle sich etwa als Rabenmutter, weil sie Vollzeit arbeiten gehe. Im Gegenteil: Kinderkrippen und Kitas, Vorschulen und Ganztagsschulen gehören zu Frankreich wie der Eiffelturm und Simone de Beauvoir. Kinder werden früh in die Gesellschaft integriert und an die Institutionen gewöhnt. Wenn der Nachwuchs beispielsweise abends noch eine halbe Stunde länger in der Kita bleiben könne, würde sich niemand beeilen, um ihn früher abzuholen, sagt Joeres. Sie hat ihren ältesten Sohn bereits mit vier Monaten in die Krippe gebracht – in Frankreich völlig normal. Wenn sie heute am späten Nachmittag gegen 17.30 Uhr nach getaner Arbeit ihren Großen und den Kleinen, sechs Monate alt, aus der Kita nach Hause kutschiert, sät, harkt und jätet sie danach lieber in einem der Gemeinschaftsbeete der Familie, als sich zu grämen oder ihre Jungen in einen Frühförderungskurs zu stecken. Die Söhne spielen sowieso lieber gemeinsam im Sandkasten oder gärtnern mit, sagt die Mutter. Fertig ist die Kinderbetreuung.

Der Begriff Rabenmutter ist den Franzosen fremd, ebenso wie der Übermythos Mutter. Die Kinder nerven mal? Der Tag war schon wieder viel zu anstrengend? Am liebsten würde man die Kinder samt Haushalt stehenlassen, um einfach nur seine Ruhe zu haben? Das seien doch normale Gedanken, findet Annika Joeres, über die sie sich mit ihren französischen Freundinnen selbstverständlich auch austausche. Joeres hat über ihre Erfahrungen ein Buch geschrieben, es heißt »Vive la famille: Was wir von den Franzosen übers Familienglück lernen können«.[23] Und das wäre vor allem: mehr Gelassenheit.

Genau daran scheint es den deutschen Müttern zu mangeln. Das sagt zumindest eine Studie des psychologischen Meinungsforschungsinstituts Rheingold von 2010:[24] Psychologen hatten über 1000 Frauen in teilweise mehrstündigen Gesprächen interviewt, darunter Mütter mit Kleinkindern bis zu 12 Monaten, Schwangere und junge Frauen mit und ohne Kinderwunsch. »Zwar tragen 78 Prozent der befragten Frauen Gelassenheit als große Vision beim Thema Kinderkriegen und Kinderhaben vor sich her, doch nur 44 Prozent fühlen sich beim Thema Kinderkriegen wirklich entspannt. Tief in ihnen brodeln elementare Verlustängste und eine tiefe Unzufriedenheit«, so heißt es in der Zusammenfassung der Studie.[25] Die deutschen Mütter tun sich offenbar schwer mit dem Rollenwechsel von Frau zu Mutter. »Es gibt eine große Schwierigkeit bei den Frauen, wenn sie Mütter werden«, sagt Anne Schilling, die Geschäftsführerin des Müttergenesungswerkes: »Ihr persönliches Selbstbild passt eigentlich nicht mehr mit der Rolle zusammen, die sie später haben.«

Einen solchen Rollenwechsel müssen französische Frauen in einem viel geringeren Maße durchleben als ihre deutschen Nachbarinnen; den Französinnen wird eher zugestanden, auch als Mutter weiterhin Frau sein zu dürfen. »Das sieht man schon rein äußerlich«, sagt Annika Joeres. »Viele Mütter in Deutschland geben ihr altes Leben ja komplett auf.« Eine bestimmte Situation ist der Journalistin bis heute im Gedächtnis geblieben: Einmal bekommen sie und ihr Mann Besuch von einer befreundeten Familie aus Deutschland, gemeinsam mit einer dritten Familie aus Frankreich planen sie einen Ausflug. Annika Joeres kann sich nicht mehr genau erinnern, wohin es ging, aber sie weiß noch, welches Gepäck die Freunde bei sich trugen. Die deutsche Familie: einen Rucksack, vollgepackt mit Feuchttüchern, Wechselkleidung, Tupper-Dosen mit verschiedenen Snacks, dazu Spielzeug, Tee für die Kleinen. »Alles hatten die dabei!«, sagt Joeres. Die französische Familie: einen kleinen Beutel, darin eine Geldbörse und ein Handy. Mehr nicht.

Joeres wirkt immer noch erstaunt, wenn sie die Anekdote erzählt. Aber sie erkennt darin eine tiefere Symbolik: deutsche Männer und vor allem Frauen, die ihre Elternschaft wie einen schweren Rucksack mit sich herumtragen. Wohingegen die Franzosen das »Projekt Kind« viel selbstverständlicher angehen, mit einer größeren Leichtigkeit. Joeres weiß, dass sie sich mit ihrer Einschätzung weit vorwagt, aber sie glaubt, dass französische Mütter tatsächlich glücklicher sind. »Weil sie weniger Stress haben. Und Stress ist einfach ein Glücksminderer.«

Etwa 2300 Kilometer in nordöstlicher Richtung jongliert Sandra Markusson mal wieder den Alltag. Es war nicht leicht, die dreifache Mutter in den vergangenen Wochen ans Telefon zu bekommen; erst fing sich ihr jüngstes Kind eine Mittelohrentzündung ein, dann erwischte es die beiden älteren Töchter, und das auch noch kurz vor dem Mittsommerfest, an dem die Taufe der jüngsten Tochter anstand. Die halbe Verwandtschaft war zu diesem Tag extra nach Stockholm angereist, auch die Großeltern aus Deutschland.

Sandra Markusson stammt aus Köln. Aber die 31-Jährige lebt schon seit mehr als zehn Jahren in Schweden; der Liebe wegen war sie für ihren Freund damals nach Stockholm gezogen. Er ist neun Jahre älter als sie, stand schon fest im Job, als beide sich kennenlernten. Markusson hatte gerade das Abitur in der Tasche, also wagte sie nach einem Jahr Fernbeziehung den Sprung zu ihm in ein neues Land. Bereut hat sie diese Entscheidung bis heute nicht. Obwohl sie als Frau einen unüblichen Weg gegangen ist, was die eigene Lebensplanung betrifft: Die erste Tochter bekommt Sandra Markusson gleich nach der Hochzeit, mit 21 Jahren. Geplant. Für die junge Frau steht fest: Sie will studieren und einen guten Job, aber gleichzeitig auch früh Kinder haben. Sie will beides parallel schaffen, auch wenn Freunde und Familie sie fragen: »Warum zäumst du das Pferd falsch herum auf?« Aber Sandra Markusson bleibt unbeirrt. Ein Jahr nach der Geburt ihrer ersten Tochter beginnt sie ihr Studium: Politikwissenschaften, Rhetorik und Staatswissenschaften an der Verteidigungsschule Stockholm. Zwei Jahre später kommt die zweite Tochter zur Welt, und Sandra Markusson erhält ein Jobangebot als Management Consultant, obwohl sie ihr Studium noch nicht beendet hat und zwei kleine Kinder zuhause sitzen. Markusson nimmt das Angebot trotzdem an. Vier Jahre später legt sie ihr Examen ab, im November 2014 wird ihre jüngste Tochter geboren. Zu diesem Zeitpunkt steht die junge Mutter längst fest im Job.

Ohne die Unterstützung durch ihren Mann und ohne staatliche Hilfe wäre das selbst gewählte Modell der jungen Frau nur sehr schwer umsetzbar gewesen, dessen ist sich Markusson bewusst.

Schweden gilt als Vorbild, wenn es um eine gelungene Familienpolitik und die Förderung von Frauen geht. Während in Deutschland noch immer das »modifizierte Ernährermodell« die vorherrschende Praxis darstellt – der Mann arbeitet Vollzeit, die Frau in Teilzeit –, hat sich in Schweden längst das egalitäre »adult worker modell« durchgesetzt: Mann und Frau bringen zu gleichen Teilen das Geld nach Hause.[26] Bereits vor 15 Jahren waren 86 Prozent der Mütter von Kindern im Vorschulalter und nahezu 100 Prozent der Mütter von Schulkindern in Schweden erwerbstätig. In Vollzeit arbeiten heute circa 40 Prozent aller Mütter.[27] In Deutschland hingegen war es auch im Jahr 2010 nur ein Viertel aller Frauen mit Kindern.[28] Auch in Schweden gibt es das Elterngeld, doch wird es dort 16 Monate gezahlt. Diejenigen Paare, die die Elternzeit zu gleichen Teilen unter sich aufteilen, bekommen einen Bonus obendrauf.[29] Ist die Elternzeit offiziell abgelaufen, haben Paare in Schweden das Recht, ihre Arbeitszeit um ein Viertel zu verringern, bis das Kind acht Jahre alt ist.[30]

Das sind nur einige Beispiele für die familienfreundliche Politik des Landes; Schweden hat früh auf die Gleichberechtigung beider Geschlechter gesetzt – mit Erfolg: Circa 80 Prozent der Väter beanspruchen Elternzeit, rund 10 Prozent bleiben sogar sechs Monate zuhause.[31] So auch Sandra Markussons Mann: Bei allen drei Töchtern hat er die Mutter nach einem Jahr zuhause abgelöst und sich ein halbes Jahr Elternzeit genommen. So konnte seine Frau erst ihr Studium beginnen, in den Job einsteigen, beruflich aufsteigen und schließlich ihr Studium beenden – bis sie im vergangenen Jahr ihren neuen Job antreten konnte, als die jüngste Tochter gerade erst neun Monate alt war. Vollzeit, versteht sich. Sandra Markusson hat immer in Vollzeit gearbeitet. In Deutschland wäre das längst keine Selbstverständlichkeit: Hier nehmen nur rund 30 Prozent der Väter für den Nachwuchs eine Auszeit vom Job, und davon entscheiden sich die allermeisten, rund 80 Prozent, für die geringste mögliche Dauer von zwei Monaten. Und so heißt das gängige Modell in Deutschland noch immer 12+2: Die Frau bleibt zwölf Monate zuhause, der Mann zwei.[32]

Immerhin versucht die deutsche Familienpolitik mittlerweile, einen ähnlichen Weg zu gehen wie die Skandinavier, um so aus der selbst gepflasterten Sackgasse wieder herauszufinden. Seit Juli 2015 gibt es das ElterngeldPlus und den Partnerschaftsbonus: Paare, die schon während der Elternzeit einige Stunden arbeiten wollen, können nun länger Elterngeld beziehen, und zwar doppelt so lange bei maximal halber Höhe der ausgezahlten Summe. Wenn beide, Mutter und Vater, sich entscheiden, gleichzeitig für vier Monate nur jeweils 25 bis 30 Stunden in der Woche zu arbeiten, wird außerdem ein finanzieller Bonus gezahlt. So sollen auch deutsche Eltern flexibler werden.[33]

Angesprochen auf das Problem der Gleichberechtigung, gibt Sandra Markusson zwar zu, dass die Aufgaben der Kindererziehung auch in ihrer Wahlheimat noch immer mehr bei der Mutter als beim Vater lägen. Gleichzeitig sagt sie: »Mütter in Schweden haben auch Stress, natürlich. Aber nicht, weil sie einem perfekten Mutterideal hinterherhetzen, sondern einfach, weil sie viel zu tun haben.« Die Ansprüche an Mütter seien in Schweden geringer, findet die junge Deutsche. »Der Haushalt ist nicht immer perfekt, der Garten auch nicht, und die Kinder sehen auch nicht immer perfekt aus.«

Einmal haben Sandra Markusson und ihr Mann überlegt, ob sie mit der ganzen Familie nicht nach Deutschland übersiedeln sollen. Für die Kinder wäre das sicher gut gewesen, sagt die Mutter; sie ist ein Fan des deutschen Bildungssystems. Trotzdem blieb die Familie am Ende in Schweden. Wegen Sandra Markusson. »Ich hätte in Deutschland zuhause bleiben müssen bei meinen Töchtern, weil die Arbeitszeiten für eine Vollzeitstelle mit Kindern nicht sehr kompatibel sind.« Doch das sah die junge Frau gar nicht ein. »Dafür habe ich doch nicht studiert!«, sagt sie, »damit ich dann jahrelang zuhause bleiben muss!« Egoistisch sei das überhaupt nicht, findet Markusson. Von ihren schwedischen Freundinnen, alle Akademikerinnen, würden alle Mütter arbeiten gehen. Auch die, die noch sehr kleine Kinder hätten. »Da ist unter der Woche auf den Spielplätzen nichts los, keiner da«, sagt Markusson und lacht ins Telefon. »Die sind alle in der Kita beziehungsweise im Büro.«

Es klingt lustig, wie sie diesen Satz sagt. Aber witzig ist er nicht. Niemand zuhause in Deutschland habe anfangs geglaubt, dass sie Studium, Job und drei Kinder parallel schaffen würde, sagt Sandra Markusson. Vielleicht, weil man in Deutschland anders denkt. Weil man strenger ist mit Müttern, ihr Verhalten also genauer unter die Lupe nimmt und sie lieber beim Kind sieht als als im Job. Und vielleicht auch, weil Markussons Weg noch immer so unüblich ist, dass schlicht die Vorstellungskraft fehlt. Aber der Erfolg gibt ihr recht. Sie ist stolz auf ihr Studium, auf die zehnjährige Tochter, auf die zwei Jüngeren, ihren Mann – und auf den guten Job, den sie sich erarbeitet hat. Markussons Fazit fällt kurz, aber eindeutig aus: »In Deutschland hätte ich das so nicht geschafft.«

All das liest sich nicht schön. Im Gegenteil: Es kann einer jungen Frau Angst machen. »Wir haben in Deutschland noch immer einen Kulturkampf um die Frage, ob die klassische Kernfamilie nicht doch das Beste und das Richtigste ist«, sagt Karin Jurczyk, Leiterin der Abteilung Familie und Familienpolitik beim Deutschen Jugendinstitut München. »Wir haben nach wie vor diese absurde Debatte um die Frage, brauchen Kleinkinder nicht doch ausschließlich die Mutter.« Hinzu komme eine inkonsistente Familienpolitik mit einem widersprüchlichen Bündel an Maßnahmen, so die Expertin. »Das sind die beiden Knackpunkte, warum es in Deutschland so extrem schwierig ist«, sagt Jurczyk.

Und die Diskussion geht weiter: Im Juli 2015 erklärte Deutschlands oberster Gerichtshof, das Bundesverfassungsgericht in Karlsruhe, die »Herdprämie« für verfassungswidrig,[34] weil die Zuständigkeit nicht beim Bund, sondern bei den Ländern liege. Kritiker hatten außerdem im Vorfeld bemängelt, das Betreuungsgeld verstoße gegen den Grundsatz der Gleichbehandlung von Mann und Frau, den das Grundgesetz jedoch ausdrücklich vorschreibt.[35] Bayerns Landesregierung unter Ministerpräsident Horst Seehofer will trotzdem weiterhin am Betreuungsgeld festhalten, die Bundesfamilienministerin Manuela Schwesig sieht jedoch keine Zukunft für die Herdprämie. Was mit den rund 900 Millionen Euro geschehen soll, die im Bundeshaushalt jährlich als finanzielle Hilfe für Familien angesetzt waren, darüber gibt es bislang keine Einigung.

Dabei ist der Weg aus Deutschlands familienpolitischer Sackgasse kein unbeleuchteter Trampelpfad im Dunkeln; andere Länder machen vor, wie es geht. Und deutsche Eltern sagen, was sie wollen: Im Juli 2015 befragte das Meinungsforschungsinstitut Infratest Dimap knapp 1000 Bürger, wofür die 900 Millionen Euro an frei werdendem Betreuungsgeld ihrer Meinung nach am sinnvollsten eingesetzt werden sollten. Das Ergebnis der Umfrage ist eindeutig: Zwei Drittel wollen das Geld für den Kita-Ausbau nutzen.[36]

Familienministerin Schwesig hat überdies noch ganz andere Ideen, wie sich die Situation für Eltern, und damit vor allem für Mütter, angenehmer gestalten ließe: Anfang 2014 brachte sie die Idee einer verringerten Vollzeitarbeit in die Debatte ein. Schwesig will nicht mehr, dass 40 Stunden+ das Soll für Arbeitnehmer sind. Sie fordert eine 32-Stunden-Woche, sogar noch staatlich unterstützt.[37] Das klingt nach einem schönen Vorschlag. Bloß Gehör fand er in politischen Kollegenkreisen und vor allem in der Chefetage nicht: Regierungssprecher Steffen Seibert verniedlichte Schwesigs Vorschlag als »persönlichen Debattenbeitrag«.[38] Damit war nach kurzer Schnappatmung im konservativen und vor allem im wirtschaftlichen Sektor wieder Ruhe. Und alle berufstätigen Mütter, die zwischen Jobpräsentation und schreiendem Kleinkind, Überstunden und Wäschebergen kurz innegehalten hatten in der Hoffnung, Familienarbeit könne vielleicht in naher Zukunft leichter werden, schraubten sich wieder auf ihr altes Tempo hoch, um in ihrem Hamsterrad nicht kläglich zwischen die Speichen zu geraten.

Eine inkonsistente Familienpolitik, stetiger Druck und steigender Stress; dazu ein tief verankerter Muttermythos, mangelnde Unterstützung und übersteigerter Perfektionismus: So sieht die Situation in Deutschland aus.

Natürlich spielen auch individuelle Faktoren wie die eigene Biographie, die Geburt des Kindes und das Verhältnis zum Partner eine wichtige Rolle in der Frage, wie eine Frau ihre Mutterrolle bewertet.[39] Dennoch lässt sich sagen: Gesellschaftliche Umstände schaffen Normen, die einen Anpassungsdruck nach sich ziehen. Und jahrelange Überforderung generiert emotionalen Stress. Selbstbestimmte junge Frauen, die es mit der Geburt eines Kindes plötzlich nicht mehr sind und die das Gefühl haben, ihr altes Leben aufgeben zu müssen; Mütter, die sich ständig bewertet fühlen und dem Bild der vermeintlich perfekten Mutter permanent hinterherhetzen; eine Politik, die an alten Strukturen festhält und nicht für die nötige Unterstützung in ausreichendem Maße sorgt; zudem eine Gesellschaft, die Mütter in ihrer gesamten Bandbreite nicht anerkennt – ist es unter diesen Umständen wirklich so verwunderlich, wenn die vermeintlichen Gleichungen Frau = Mutter und Kind = Glück sich nicht für jede Frau erfüllen? Und manch eine Mutter es bereut, all dem täglich begegnen zu müssen?

7
Mutterliebe wird zur Verklärung –
Die vermeintliche Natürlichkeit

Maximal 40 Millimeter, sechs Beine, zwei Fühler. Dazu ein auffällig oranges Muster, gefährlich aussehende Mundwerkzeuge, ein schwarzer Panzer. Lateinischer Name: *Nicrophorus americanus*, übersetzt: Totenkopfkäfer.[1] Nie gehört? Sollten Sie aber. Denn manchmal braucht es nur ein kleines Tier, um ein großes Klischee zu widerlegen. In diesem Fall vollbringt den Job das Totenkopfkäferweibchen mit seinem scheinbar radikalen Brutpflegeverhalten: Es geht damit los, dass das Muttertier sich nicht irgendeinen Platz sucht, um seine Larveneier abzulegen. Nein, es tut dies neben einem Tierkadaver, beispielsweise dem einer toten Maus. Die hat der Käfer vorher in der Erde verbuddelt. Einmal begraben, kümmert sich das Weibchen sorgsam um das tote Tier: Es hält den Kadaver mit einem Serum frisch, denn es braucht ihn noch, um seine Nachkommen damit zu versorgen. Was aber, wenn die Nagerleiche nicht groß genug ist, um alle Larven satt zu kriegen? Kein Problem, das Totenkopfkäferweibchen reagiert schnell und scheinbar skrupellos: Es dezimiert die überschüssige Zahl seiner Nachkommen. Indem es sie auffrisst.

Das finden Sie eklig, unnatürlich und abartig? So verhält sich doch kein Muttertier?

Tja, tut es eben doch.

146

In den sozialen Netzwerken von Facebook und Twitter wurde den bereuenden Müttern als Teil der erhitzten Debatte an einigen Stellen der Vorwurf entgegengeschleudert, ihre Gefühle seien »unnatürlich«, folglich unnormal und abartig. Menschenmütter verhalten sich anders als Totenkopfkäferweibchen, schon klar. Darum geht es an dieser Stelle nicht. Es geht darum, mit dem obigen Beispiel aus der Zoologie einmal die wirkliche Bedeutung des Wortes »natürlich« zu hinterfragen. Denn das Adjektiv ist ein weit dehnbarer Begriff, der historisch, soziologisch, sogar politisch geprägt ist und somit viel mehr mit unseren eigenen Vorstellungen zu tun hat als mit der Vielfalt, die die biologische Wirklichkeit darbietet. In der Diskussion rund um das Phänomen regretting motherhood erhält das Attribut »natürlich« deswegen eine negative Konnotation. Es fungiert als Kampfbegriff und Stigma gleichermaßen; jede Frau, die nicht der »natürlichen« Norm nach empfindet, wird als Mängelwesen deklariert. In der Natur aber findet sich immer auch ein Gegenbeispiel zu dem, was wir heute als natürlich erachten oder als Norm definieren. Die israelische Soziologin Eva Illouz schreibt: »Normal ist nichts als der Name, den wir dem geben, was Normen stillschweigend diktieren.«[2]

Welches mütterliche Verhalten wirklich einem natürlichen Verhalten entspricht, ist deswegen auch eine Frage der subjektiven und normativen Bewertung. Gebären und die Versorgung von Nachwuchs stellen ohne Frage zutiefst biologische Vorgänge dar, die fest in der Evolutionsgeschichte verankert sind. Trotzdem ist die Frage interessant, inwieweit Mutterschaft ein kulturhistorisches und soziologisches Konstrukt abbildet.[3] Man muss dieser Frage noch nicht einmal als These zustimmen; schon ein genauerer Blick in die Natur lässt die scheinbar so feststehenden Kategorien »natürlich« und »unnatürlich« brüchig werden.

Genau dort nämlich wird die Vielfalt mütterlichen Verhaltens deutlich.

Das Totenkopfkäferweibchen ist nur ein Beispiel dafür und bei weitem nicht das einzige aus der Natur. Ein weiteres ist das Seepferdchen, offiziell auf den lustigen Namen *Hippocampus* getauft: maximal 35 Zentimeter groß, pferdeförmiger Kopf, wurmartiger Wickelschwanz.[4] Es schwimmt gern durch die wohl temperierten Gewässer Australiens und Neuseelands, aber auch durchs Mittelmeer oder durch die Karibik. Das Seepferchen ist der Anarchist unter den Meerestieren, der Punk, der sich schon in seinem Aussehen einen Dreck um die gängige Norm schert, zählt das putzige Tierchen doch offiziell zu den Fischen, obwohl es einem Fisch etwa so sehr ähnelt wie eine Elefant einem Nashorn. Auch sonst macht das kleine Wesen scheinbar, was es will. Es schwimmt nicht durchs Wasser, sondern treibt vor sich hin, wirkt dabei eher wie ein verirrter Wurm als ein Fisch, spätestens beim Thema Fortpflanzung und Brutpflege versagen dann alle gängigen Kategorien. Nicht das Seepferdchen-Männchen begattet das Weibchen, sondern andersherum: Das Weibchen spritzt dem Männchen die eigenen Eier in den Brustbeutel, erst dort werden sie mit dem männlichen Sperma befruchtet. Nicht das Weibchen brütet die Eier aus, sondern andersherum: Das Männchen trägt die Eier bis zum Schlüpfen des Nachwuchses in seinem Brustbeutel umher. Und danach? Kümmert sich das Weibchen immer noch nicht, sondern treibt mit den Wellen weiter lustig vor sich hin – vielleicht sollte der moderne Feminismus das Seepferdchen als sein Maskottchen auswählen und auf pinke T-Shirts drucken.

Aber auch an Land findet sich abseits des erwähnten Totenkopfkäfers unter den Tieren mütterliches Verhalten, das so gar nicht zu unser Vorstellung dessen passen will, was wir im Zusammenhang mit dem Wort »Mutter« als natürlich

erachten: Kuckuck-Weibchen schieben den eigenen Nachwuchs ab, indem sie ihre Eier anderen Vögeln zur Aufzucht
ins Nest schmuggeln. Brutparasitismus nennen Biologen
dieses Verhalten. Es klingt unschön – aber ist es deswegen
unnatürlich und krank? Oder die nepalesischen Languren-
Affen: Weibliche Affentiere tolerieren es, dass 50 Prozent
ihres Nachwuchses von fremden Männchen getötet werden, die zuvor frisch zum Rudel dazugekommen waren.
Anschließend kopulieren die Weibchen mit den Mördern
ihrer Kinder. Freiwillig.[5]

Man könnte diese Liste an Tierbeispielen noch weiterführen, sie alle aber verdeutlichen, wie eng unsere Vorstellung des Begriffs »natürlich« gesteckt ist, und mehr noch:
dass die Natur Muttertiere offenbar mit mehr als nur für-
sorglichen, »weichen« Fähigkeiten ausgestattet hat. Belege
dafür finden sich, das weiß die Forschung mittlerweile, außer bei den genannten Beispielen noch bei Spinnen, Mäusen, Erdhörnchen, Präriehunden, Wölfen, Bären, Löwen,
Tigern, Flusspferden und freilebenden Hunden,[6] wie die
amerikanische Anthropologin Sarah Blaffer Hrdy in ihrem
umfangreichen Buch »Mutter Natur – die weibliche Seite
der Evolution« schreibt. »Wie bei anderen Säugetieren
hängt das emotionale Engagement einer Menschenmutter
für ihren Säugling in starkem Maße von den ökologisch
und historisch bestimmten Verhältnissen ab«, führt Hrdy
weiter aus. »Niemand weiß genau, wie die zu Grunde lie-
genden Mechanismen funktionieren, aber man kann ver-
nünftigerweise annehmen, dass dabei Hemmschwellen eine
Rolle spielen, die bestimmen, wie und ab wann man auf die
Bedürfnisse eines Säuglings reagiert. Diese Hemmschwellen werden möglicherweise während der Schwangerschaft
[…] festgelegt und veranlassen eine Mutter mehr oder min-
der dazu, sich auf die kindlichen Reize einzulassen, während sie eine Entscheidung darüber trifft, wie sehr sie sich

für ihren Säugling einsetzt.«[7] Zusammengefasst bedeutet dieses Zitat nichts anderes als: Auch Mütter wägen Kosten und Nutzen der Aufzucht von Nachkommen gegeneinander ab.

Mit diesen Erkenntnissen im Hinterkopf erscheinen Mutterliebe und der so oft als natürlich proklamierte mütterliche Instinkt plötzlich in einem anderen Licht. Was meint der Begriff Mutterliebe im Zusammenhang mit der menschlichen Mutter-Kind-Liebe eigentlich? Gibt es so etwas wie einen natürlichen Mutterinstinkt überhaupt?

Die wissenschaftliche Antwort auf diese Fragen lautet: Mutterliebe ist eine multifaktorielle Angelegenheit. Oder, vereinfacht ausgedrückt: Es ist kompliziert. Je nachdem, wen man fragt, fallen die Antworten, was Mutterliebe bedeutet und wo sie anfängt, sehr unterschiedlich aus. Anthropologie, Psychologie und Soziologie beschäftigen sich schon länger mit der Mutterliebe, Neurobiologie und Genetik interessieren sich seit dem Ende des vergangenen Jahrhunderts für sie. »Es gibt sicher natürliche Prädispositionen. Also eine angeborene Bereitschaft, Kinder zu versorgen, sie zu stimulieren, zu beruhigen. Das ist aber kein Instinkt, der zwangsläufig abläuft«, sagt die Psychologie-Professorin Heidi Keller, die zur Mutter-Kind-Bindung rund um den Globus forscht. »Bereitschaft können Sie auch schon bei Dreijährigen beobachten. Es ergibt sich durch Schwangerschaft und Geburt die Möglichkeit einer besonderen Verbindung zwischen Mutter und Kind. Aber ob sich das dann in Mutterliebe ausdrückt und ob die Bereitschaften tatsächlich aktiv werden, hängt von vielen verschiedenen Faktoren ab.«

Die Biologie weiß mittlerweile von einem bestimmten Hormon, welches das Glück von Schwangeren und jungen Müttern befeuert: Oxytocin. Das Neuropeptid wird etwa während der Geburt ausgeschüttet; es setzt die Gebärende »unter Drogen« und lässt die massiven Schmerzen erträglicher erscheinen.[8] Auch beim Stillen des Säuglings oder bei Hautkontakt mit dem Baby wird Oxytocin im Hirnstamm ausgeschüttet.[9] Das Hormon verändert aber nicht nur das Wohlbefinden der Mutter – sondern laut neueren Studien offenbar sogar deren Gehirn. Dort verursacht es, dass immer mehr Oxytocin bildende Synapsen wachsen, und vermehrt sich damit quasi selbst. Außerdem bilden sich die Gliazellen bei stillenden Müttern fast vollständig zurück, wie eine Studie der Universität in Bordeaux herausfand.[10] Diese Veränderungen stoppen erst, wenn die Mutter aufhört, ihr Baby zu stillen. Eine weitere Rolle spielt Prolactin. Das Hormon fördert die Milchbindung bei der Mutter und führt so dazu, dass sie ihr Baby stillen kann.[11]

Auf genetischer Ebene hat man schon vor 20 Jahren ein bestimmtes Gen entdeckt, das in direkten Zusammenhang mit mütterlichem Verhalten gesetzt wird: das *fosB*-Gen. Forscher der Harvard Medical School hatten sogenannte »Knockout-Mäuse« gezüchtet, also Mäuse, bei denen das genannte Gen ausgeschaltet war.[12] Obwohl die Tiere normal trächtig wurden und diese Schwangerschaften auch normal verliefen, starben die Jungen der *fosB*-Mutanten-Mäuse wenige Tage nach der Geburt. Zunächst konnten die Wissenschaftler sich diese Beobachtung nicht erklären; ihre gezüchteten Mäuse schienen völlig normal zu sein. Erst nachdem die Forscher die genetisch veränderten Mäuse mit Wildtypen in bestimmten Situationen verglichen hatten, stellten sie fest: Den Mutanten-Mäusen fehlte nicht nur das *fosB*-Gen. Sondern auch die Fähigkeit zu einem sorgsamen Pflegeverhalten für ihre Nachkommen. Im Gegensatz zu normalen Mäusen bauten sie für ihren Nachwuchs kein Nest und wärmten die Jungen nicht, sondern verzogen sich in eine Ecke des Käfigs und ignorierten die

Brut vollständig, was schließlich zu deren Tod führte. Das Verhalten der mutierten Mäuse änderte sich auch mit fortlaufender Zeit nicht oder wenn eine Wildtypmaus mit im Käfig saß, die sich ganz normal um ihre Jungen kümmerte. Die Wissenschaftler schlossen aus den Beobachtungen, dass die mutierten Mäuse elterliches Verhalten nicht durch Erfahrung erlernen können, sondern dass *fosB* maßgeblich dafür verantwortlich ist.

Die Genetik allein aber entscheidet nicht darüber, wie eine Mutter sich ihrem Kind zuwendet. Genauso wenig wie die Physiologie; wir sind viel mehr als eine chemische Buchstabenabfolge auf einem bestimmten Chromosomenabschnitt und Hormonausschüttungen im Gehirn. Eltern definieren sich nicht per se durch reine Blutsverwandtschaft. Eine solche Annahme wäre nicht nur platt und naiv, sie würde auch alle Adoptiv- und Pflegeeltern mit einem einzigen Satz zu einer Fehlbesetzung erklären. In Kanada oder Argentinien hat man diese Binsenweisheit deswegen in juristische Realität übersetzt: Dort können sich drei Erwachsene, beispielsweise ein lesbisches Paar und der biologische Vater, als rechtmäßige Eltern eines Kindes auf der Geburtsurkunde eintragen lassen.[13]

»Lebensumstände und Traditionen haben danach einen erheblichen Einfluss darauf, wie Mütter mit ihren Kindern umgehen«, schreibt etwa die österreichische Psychologin Lieselotte Ahnert in ihrem Buch »Wie viel Mutter braucht das Kind«.[14] Sie entkoppelt die vermeintliche Mutterliebe sogar vom weiblichen Geschlecht: »Stillen kann er nicht, aber alles andere können Väter ähnlich gut«, sagt sie. Und damit steht die Expertin nicht allein: »Um auf mütterliche Weise zu lieben, um pfleglich, sorgsam, behütend und förderlich zu sein, braucht man nicht die biologische Mutter und noch nicht einmal weiblich zu sein«, so formuliert es Gaby Gschwend in ihrem Buch »Mütter ohne Liebe«.[15]

Und tatsächlich: Die Forschung bestätigt die These, dass Mütter allein aufgrund ihrer biologischen Fähigkeit zur Geburt nicht zwangsläufig die besseren Betreuungspersonen sind – sondern dass auch Väter liebevolle »Mütter« sein können. So haben Studien gezeigt, dass Männer in der Schwangerschaftszeit ihrer Partnerin sogar ähnliche körperliche Veränderungen durchlaufen, etwa unter Verdauungsstörungen, Appetitveränderungen, Stimmungsschwankungen, Müdigkeit oder Kopfschmerzen leiden.[16] In der Medizin ist dieses Phänomen als Couvade-Syndrom bekannt, etwa jeder fünfte Vater soll davon betroffen sein, so die Schätzungen.[17] Genauso wie bei den werdenden Müttern konnten bei den betroffenen Vätern sogar Hormonveränderungen nachgewiesen werden: Im Jahr 2000 untersuchten Forscher aus Kanada Eltern, denen die Geburt des ersten gemeinsamen Kindes bevorstand. Mutter und Vater wurden mehrmals in der Schwangerschaft und nach der Geburt gefragt, wie es ihnen gehe, gleichzeitig maßen die Wissenschaftler die Blutwerte der Paare. Sie testeten beide Elternteile auf ihren Testosteron-/Estradiol-Spiegel (männliches/weibliches Geschlechtshormon), auf Cortisol (ein Stresshormon) und auf Prolactin. Tatsächlich konnten die Wissenschaftler bei einigen der werdenden Vätern kurz vor der Geburt eine erhöhte Konzentration an Cortisol im Blut nachweisen. Und sogar der Prolactin-Spiegel war erhöht. Nach der Geburt des Kindes zeigten die Testväter einen geringeren Testosteronspiegel als Männer ohne Kinder.[18]

Diese Befunde mögen noch zu den erträglichen Veränderungen bei werdenden Vätern zählen. Weniger angenehm, dafür aber umso überraschender: Nicht nur Mütter, sondern auch Väter können Symptome postpataler Depression zeigen.[19] Lange wurden die Männer in diesem Gebiet der

Forschung nicht beachtet, doch langsam beginnen Wissenschaftler zu verstehen, dass auch Väter in den ersten Wochen und Monaten nach der Geburt des ersten Kindes unter Gefühlen wie Hoffnungslosigkeit, Leere, Reizbarkeit und Trauer leiden können. Etwa vier bis zehn Prozent aller Väter erwischen solche depressiven Verstimmungen.[20] Konsequenzen hat das, genau wie bei Müttern, nicht nur für sie selbst, sondern auch für die Kinder. Vor allem Söhne scheinen anfällig zu sein für die Langzeitfolgen durch die depressiven Väter; so machen sich Söhne solcher Männer schon im Kleinkindalter mehr Sorgen als andere Gleichaltrige oder neigen eher zu hyperaktivem Verhalten.[21]

Mutterliebe bildet ein hoch sensibles, dynamisches Gebilde; sie ist nicht automatisch da, nur weil die Evolutionsgeschichte uns mit einer angeborenen Bereitschaft zur Fürsorge ausgestattet hat. Sie *kann* da sein, aber *muss* es nicht zwangsläufig. Denn jene angeborene Fürsorgebereitschaft kann durch traumatische Erfahrungen in der Kindheit wie Vernachlässigung oder körperlichen und seelischen Missbrauch beeinträchtigt werden.

Tatsächlich deckt sich die theoretische Annahme vom »vererbten Mutterglück« mit den Erfahrungen der bereuenden Mütter, die zu Anfang dieses Buches erzählt wurden: Zumindest zwei der Frauen berichten, als Kind selbst keine gute Bemutterung erfahren zu haben; keine Feinfühligkeit, wenig bis keine Empathie, nur ein geringes Maß an Anerkennung. Mutterliebe ist ein Prozess, ein Wachsen, das eigentlich schon mit der Entscheidung für das Kind beginnt. Ob eine Frau sich ein Kind dringlich wünscht, ob sie einen unterstützenden Partner an ihrer Seite weiß, ob sie eher vertrauensvoll und mit freudiger Erwartung in Richtung Geburt blickt oder mit viel Angst, ob ihre Schwangerschaft einem frei gewählten, wohl reflektierten Wunsch entspringt oder eher einem Druck des Umfelds und der bestehenden Norm – all diese Faktoren beeinflussen das Gefühl Mutterliebe. Und doch kann nach der Geburt wieder alles ganz anders sein als vorher ausgemalt.

Laut der Bindungsforschung entwickelt sich zwischen dem Säugling und der engsten Bezugsperson, meist der Mutter, in den ersten Wochen und Monaten etwas, das Bindungsforscher »primäre Bindung« nennen.[22] Sie ist geprägt von sinnlichen Reizen und entwickelt sich stark über Körperlichkeit und einfache Interaktion: durch das Halten und Drücken des Babys, über den Geruch, die Mimik, durch Streicheln und Füttern, Wiegen und Baden. Es entsteht eine elementare Bindung. Sie ist eine wichtige Voraussetzung für die zweite Phase, die »sekundäre Bindung«, die sich in den ersten Lebensjahren des Kindes entwickelt. In dieser Zeit lernt die Mutter, ihr Kind als eigenständigen Charakter anzunehmen, es in seinen Bedürfnissen, sozialen Konflikten und allgemein in der Entwicklung zu begleiten. Aber auch, es in einer wachsenden Unabhängigkeit zu unterstützen, seine Neugierde zu fördern und eine Ablösung in späteren Jahren zuzulassen. Es entwickelt sich eine »seelische und soziale Mütterlichkeit, die liebevolle Einfühlung und ein fürsorgevolles Verhältnis dem Kind gegenüber umfasst. Sie wird möglich, wenn man die Existenz des Kindes, dieses speziellen Kindes, bejaht (…)«, so formuliert es Gaby Gschwend in ihrem Buch.[23]

Wenn also alles gut läuft, entspinnt sich zwischen Mutter und Kind ein tiefes, untrennbares Bündnis, aus dem die Mutter trotz eines enormen Investitionseinsatzes Zufriedenheit zieht – und durch welches das Kind eine sichere Bindung erfährt, die es ihm ermöglicht, sich als selbstbewusste Person zu entwickeln und mit dem Drang der Neugierde die Welt zu erkunden. Wie kommuniziere ich in dieser großen, neuen Welt? Welche Normen gelten in der

Gemeinschaft, in der ich lebe? Wo muss ich mich anpassen, und wo darf ich anecken? Wie gehe ich mit meinen eigenen Gefühlen um? Und wie mit anderen Menschen? All diese Dinge erlernt ein Kind im Laufe seiner Entwicklung zunächst durch die engste Bezugsperson. Sie gewährt ihm Schutz und eine Form von Urvertrauen, das sich im Kind in Selbstvertrauen umwandelt.

So liest sich der Idealfall aus dem Lehrbuch der Entwicklungspsychologie. In der Fachsprache der Bindungsforschung nennt er sich »sicher gebunden«. Ob eine solche Bindung zustande kommt, ist vor allem davon abhängig, wie verfügbar die engste Betreuungsperson – nennen wir sie an dieser Stelle noch einmal Mutter – für das Kind ist. Nicht nur physisch, sondern vor allem emotional. Ist Mama da, wenn ich Hilfe brauche? Schützt sie mich, wenn ich Angst habe? Tröstet sie mich, wenn ich traurig bin? Drückt sie mich, wenn ich Geborgenheit suche? Kurz: Sieht und versteht sie meine Signale? Hört und akzeptiert sie meine Gefühle? Und kann ich mich darauf verlassen, dass sie auch in emotionaler Not mit genügend Einfühlsamkeit und Empathie für mich verfügbar ist? Von der (unbewussten) Beantwortung dieser Fragen hängt die Qualität der Mutter-Kind-Bindung ab. Kann das Kind auf seine Mutter vertrauen, auch und gerade in Situationen emotionaler Not, kann sich ein sicheres Fundament in ihm entfalten.

Aber nicht jede Mutter-Kind-Bindung entwickelt sich so, wie die Theorie im Lehrbuch es vorschreibt. Viel zu oft kommt das wirkliche Leben dazwischen. Gitta Wiltzer könnte wahrscheinlich ein eigenes Buch darüber schreiben. Die 43-Jährige weiß, welche Ereignisse im Leben einer Mutter den liebevollen Umgang mit dem eigenen Kind bremsen können; sie sieht es jede Woche vor sich. Wiltzer leitet die Initiative Junge Mütter in Bad Belzig, ein Präventionsprojekt für belastete Mütter, die sich schwer damit tun, eine liebevolle Beziehung zu ihrem Kind aufzubauen. Depressionen, Hartz IV, ein alkohol- oder drogensüchtiger Partner, der manchmal auch gewalttätig ist, so heißen einige der Stolpersteine, die den Weg der Mütter aus Wiltzers Therapie zu ihren Kindern erschweren. Für diese Frauen ist Mutterliebe keine Selbstverständlichkeit. Sondern Arbeit, die im Kopf beginnt und erst dann zum Herzen und schließlich zum Kind durchsickert.

Knapp eine Autostunde von Berlin entfernt sitzt Wiltzer, eine forsche Frau in mädchenhaftem Hängekleidchen und praktischen Sandalen, deswegen jeden Mittwoch mit mehreren Frauen zusammen. Momentan ist die jüngste Teilnehmerin 17, die älteste 38 Jahre alt. Wiltzer, gelernte Erzieherin, hat ein Talent dafür, einem mit ihrer unprätentiösen, aber herzlichen Art gleich bei der ersten Begegnung ein gutes Gefühl zu geben. »Na komm ma' rin!«, berlinert sie zur Begrüßung los, neugieriger Blick durch die Brille, fester Händedruck. Die Mütter in der Gruppe nennen sie manchmal »Schatz«. Jeden versorgt Gitta mit einer Umarmung, sie findet immer den richtigen Ton. »Ick bin hier echt wie 'ne Mutter für die!«, sagt sie. Von ihr bekommen die jungen Frauen das, was viele selbst nie erlebt haben: Verlässlichkeit, Unterstützung, Empathie.

Zur heutigen Gruppensitzung sind nur fünf Frauen da, später kommt noch Hanna,[24] 17, dazu, im sechsten Monat schwanger. Eigentlich wollte sie die Abtreibung, ihr Freund aber drohte ihr mit Trennung, also entschied sie sich, das Kind doch auszutragen. »Und jetzt freu ich mich ja auch«, sagt sie leise und blickt schüchtern zu Boden. Zwei andere Mütter sitzen auf dem Sofa, schaukeln ihr Neugeborenes im Arm. Der neunmonatige Paul brabbelt und robbt auf der Kuscheldecke umher. Seine Mutter Kathrin hat bereits drei Kinder, das vierte ist unterwegs – dabei ist Kathrin selbst erst 23 Jahre alt. Sie soll mit den anderen Müttern durch die Gruppe ihre Feinfühligkeit trainieren. Also lernen, die Signale ihres Babys zu registrieren, zu deuten und dann angemessen darauf zu reagieren. Das soll letztlich nicht nur die Bedürfnisse des Babys fördern, sondern auch ihr selbst helfen, die Bindung zu Paul zu verbessern.

12 Uhr, Mittagszeit: Pellkartoffeln mit Quark und Fisch heißt das heutige Gericht. Die Kinder schlafen, die Stimmung ist aufgedreht. Zwei der Mütter reißen Zoten und überlegen geifernd, was man Gitta denn zum Geburtstag schenken könne; zwischen Kartoffeln und Kinderwagen schaffen es die beiden Frauen kaum, ihre Lachsalven zu kontrollieren. Gitta grinst bloß und ermahnt freundlich zu ein bisschen mehr Ruhe. Hanna sagt nichts und isst still; sie muss unter den anderen Frauen erst ihren Platz finden. Für den nächsten Mittwoch darf sie sich ein Gericht wünschen. »Grüner Salat«, sagt Hanna. »Super«, findet Gitta und teilt auf, wer welche Zutaten mitbringt. Sie plant das Mittagessen aber nicht nur aus pragmatischen Gründen; die Taktik soll die Frauen an die Gruppe binden. Die Abbruchquote bei den Jungen Müttern ist gering, »aber manche Frauen brauchen Monate, bis sie es erst einmal zu uns schaffen«, sagt Gitta.

Das Modell in Bad Belzig basiert auf der sogenannten STEEP-Methodik, einem Frühhilfeprogramm aus den USA. Die fünf Buchstaben stehen für »steps towards effective and enjoyable parenting«, was übersetzt so viel bedeutet wie »Schritte hin zu gelingender und Freude bereitender Elternschaft«. STEEP setzt auf unterschiedlichen Ebenen an: Die Gruppe bietet den Frauen soziale Unterstützung und beratende Gespräche, dazu kommt ein wöchentlicher Hausbesuch, bei dem eine spezifische Mutter-Kind-Interaktion wie Füttern, Wickeln oder Spielen gefilmt und später gemeinsam mit der Mutter analysiert wird. Zusätzlich sollen die

Frauen in den gemeinsamen Gesprächen ihre eigene Kindheit reflektieren.

Nach dem Mittagessen steht die Sofarunde an: Jede Woche besprechen die Mütter ein anderes Thema. Meistens geht es um Kinder, Gitta hat mit den Frauen aber auch schon über Sex in der Partnerschaft gesprochen oder über den Wahlomat im Internet. Heute geht es um »Alte Weisheiten«. »Schreien lassen stärkt die Lungen«, schreibt Gitta auf ein Flipboard. »Stimmt das denn wirklich?«, fragt sie in die Runde. »Ja, is' doch so«, sagt Kathrin trocken. »Nee«, antwortet Gitta, »Kinder schreien lassen, das soll man nicht machen. Lieber auf den Arm nehmen und drücken. Wenn eure Babys weinen, brauchen die euch.« Es geht weiter mit »Nicht an den Füßen killern, sonst stottern die Kinder« oder »Nie die Haare vor dem ersten Jahr schneiden, sonst werden die Kinder dumm«. Gemeinsam besprechen die Frauen, ob die Glaubenssätze wirklich stimmen können. Nach 20 Minuten lässt die Konzentration jedoch nach. »Was ich euch klarmachen wollte«, sagt Gitta abschließend, während es die ersten Mütter zur Raucherpause nach draußen zieht, »auf viele dieser alten Weisheiten kann man nicht bauen. Lasst euch nicht verunsichern und nicht in jeden Punkt reinreden.« Auch das gehört zu ihrem Job dazu: Mut machen und bestärken.

Gitta Wiltzer ist seit 2007 dabei, von Beginn an. Mehr als 50 Mütter hat sie durch das Projekt geschleust. Im Idealfall stoßen die Frauen noch während der Schwangerschaft dazu, spätestens ausscheiden müssen sie, wenn ihre Kinder zwei Jahre alt sind. Bis dahin soll die Bindung zwischen Mutter und Kind sich so weit gefestigt haben, dass die Frauen den Pfad Mutterschaft in Zukunft allein gehen können. »Zum Abschied schenk ick denen immer so ein Silberkettchen mit 'nem Herz dran«, erzählt Wiltzer, »und dann sag ick: ›Damit ihr nicht vergesst, auf euer Herz zu hören!‹«

Kurze Pause. »Anschließend heulen wir immer alle!« Jetzt muss sie lachen. Gitta, die Vollblutmama.

Ihre »Jungen Mütter« aus Bad Belzig sind ein Beispiel dafür, was alles möglich ist, selbst wenn die Startbedingungen für Mutter und Kind nicht die besten waren. Die Frauen aus Gitta Wiltzers Gruppe zeigen aber auch: Ein liebevolles, mütterliches Verhalten ist kein Garantieschein, der mit der Geburt eines Kindes in jedem Fall und von Anfang an mitgeliefert wird. »Ich habe viele Frauen erlebt, die darunter litten, dass bei ihnen die Mütterlichkeit nicht sofort intuitiv mit der Ankunft des Säuglings da war«, sagt die Psychologin Brigitte Ramsauer vom Universitätsklinikum Hamburg-Eppendorf. »Hieraus entstehen Ängste, Gefühle des Versagens, Schuld und Scham.«

Mutterliebe bedeutet Vielfalt. Auch, wenn manche Formen mütterlichen Verhaltens unserer wertenden Norm nicht gefallen. Die perfekte Mutter gibt es nicht. Mütter reagieren auf verschiedene Umstände mit unterschiedlichen Emotionen. Dabei spielt immer auch Anpassung an den äußeren Kontext eine Rolle. Das belegt etwa der kulturelle Wandel des Mutterbildes in den vergangenen Jahrhunderten: weg von der gleichgültigen und kalten Mutter, die sich wenig bis gar nicht kümmerte – hin zur treusorgenden Löwenmutter, die vor bedingungsloser Liebe zum Kind und nicht enden wollender Hingabe überschwappen soll. Ein vorsichtigerer Umgang mit Begrifflichkeiten wie »natürlich« oder »Mutterinstinkt« ist daher nötig; eine Frau, die ihre Mutterschaft bereut, ist deswegen nicht gleichzeitig »krank« oder hat auf persönlicher Ebene versagt. Es ist das »Konstrukt Mutterschaft« in unseren Köpfen, das uns so denken lässt. Mit der Realität aber hat es wenig gemein.

Manchmal übersteigen die enorm hohen Kosten den emotionalen Gewinn, den eine Frau für sich aus dem Muttersein zieht. Vielleicht, weil die damit verbundene Rolle schlicht nicht die ist, mit der sie sich wohl fühlt. Oder weil es ihr an Unterstützung mangelt und Mutterschaft in der Folge zu einem vor allem einengenden und belastenden Konstrukt wird. Vielleicht aber auch, weil die Gesellschaft negative Muttergefühle als nicht adäquat abtut und sie stattdessen mit einem mangelhaften Instinkt verwechselt. Dann kann im Extremfall bei den Betroffenen aus Scham Reue erwachsen.

8
Gleichheit wird zum Trugschluss – Mütter im Dilemma

Die Erfolgsgeschichte könnte sich ungefähr so lesen: Eine Frau der weißen Mittelschicht, 28 Jahre alt, lebt in einer westlichen Industrienation und hat Großes vor. Sie will Familie haben, aber gleichzeitig auch Karriere machen, zum Beispiel im Ingenieurbereich. Die junge Frau hat studiert und spricht drei Sprachen, sie verfügt über alle nötigen Ressourcen. Gestalten, entscheiden und mitwirken, nicht nur der Spielball sein, das ist ihr Wunsch. Sie ist bereit, hart dafür zu arbeiten, sie hat einen Plan – und den richtigen Mann, der sie unterstützt und ihre egalitären Vorstellungen von Partnerschaft und Familie teilt. Ihr Plan sieht vor: Erst einige Jahre in ein und derselben Firma arbeiten, den eigenen Lebenslauf noch mit einer Zusatzqualifikation aufhübschen. Vielleicht noch den Master in Business Administration machen, dann Schritt für Schritt die Karriereleiter hochklettern, hinauf bis in die Manager-Position. Sie ist clever, ehrgeizig und weitsichtig, weswegen sie sich schnell einen Mentor in der Firma sucht und sich sichtbar macht. Sie ist pragmatisch, gut organisiert und zielstrebig, weswegen sie ihr erstes Kind genau plant: In ihrem 34. Lebensjahr will sie es bekommen. Der Plan geht auf, die Frau wird kurz vor ihrem 34. Geburtstag schwanger. Ein Mädchen, Pauline. Nach der Geburt teilt die Mutter sich die 14-monatige Elternzeit mit ihrem Mann, fifty-fifty, denn sie will schnell in den Job zurückkehren. Eine private Tagesmutter für die kleine Tochter hat sie noch während der Schwangerschaft ausgesucht und verpflichtet, zusätzlich leisten ihr Mann und sie sich eine Haushaltshilfe, die zweimal pro Woche kommt. Für den äußersten Notfall steht außerdem eine Babysitterin parat, die zum Beispiel dann einspringt, wenn die Tagesmutter krank wird. Als die Tochter den ersten Geburtstag feiert, arbeitet die Mutter ebenso wie ihr Mann wieder Vollzeit. Ihr Leben erfordert viel Organisation, eigentlich ist es Stress pur. Trotzdem kann sie mit 35 Jahren von sich sagen: Nach den üblichen Kriterien hat sie es geschafft: Kind, Mann, Karriere.

In dieser Erzählung aber steckt noch eine zweite, eine verborgene Geschichte. Und die ist keine Erfolgsstory. Sie handelt von einer anderen, einer versteckten Frau: Sie ist 20 Jahre alt und hat keinen Schulabschluss; die Hauptschule hat sie abgebrochen, obwohl ihr das Lernen eigentlich nie schwerfiel. Sie mag den Geruch von Büchern, hat immer gern gelesen. Aber alles wurde so schwierig, damals, als ihr Sohn unterwegs war. Sie ist 17, als er zur Welt kommt. Ihr Partner hat das Wort Egalität noch nie gehört, und selbst wenn: Es würde ihn nicht interessieren. Er will, dass sie zuhause bleibt, und verbietet ihr, nach der Geburt des Sohnes den Schulabschluss nachzuholen. Sie hält sich an das Verbot; ihr Freund ist die einzige erwachsene Person in ihrem Leben, die ihr nahesteht. So kümmert sie sich um Freund und Sohn, wird wieder schwanger. Der Kleine, Tim, ist zwei Jahre alt, als sie ihre Tochter zur Welt bringt. Ein Jahr später verlässt der Vater die Familie.

Da steht die junge Frau nun, bald ist ihr 20. Geburtstag. Sie hat zwei Kinder, aber keinen Abschluss und keine Ausbildung. Sie ist allein. Immerhin geht der Große seit kurzem in den Kindergarten, für die Kleine allerdings fehlt noch ein ganztägiger Kitaplatz. Denn sie, die Mutter, muss Geld verdienen. Hartz IV reicht nicht, der Vater zahlt nicht. Sie hat überlegt, ob sie ihren Abschluss nachholen soll, aber wer kümmert sich um die Kinder, wenn sie lernen oder die Schulbank drücken muss? Also doch kein Schulabschluss, doch keine Ausbildung. Sie ist nicht dumm, weiß um ihre begrenzten Möglichkeiten. Sie hat keine große Wahl, also fängt sie an zu putzen. Drei Jobs, die sie irgendwie ausbalanciert. Zweimal die Woche putzt sie spätabends, eine Freundin guckt dann nach den Kindern. An zwei anderen Tagen arbeitet sie als Haushaltshilfe bei einer Familie, ein Bekannter hat ihr den Job vermittelt. Die Mutter dieser Familie ist 35 Jahre alt, arbeitet als Managerin im Ingenieurbereich, der Mann arbeitet wie seine Frau Vollzeit. Sie haben eine einjährige Tochter. Pauline. Die junge Frau arbeitet gern bei der Familie, sie wohnen in einem schönen Haus. Und sie mag die ältere Frau. Manchmal stellt sie sich vor, wie es wäre, wenn sie mit ihren beiden Kindern selbst in diesem Haus wohnen würde. Aber sie weiß, dass sie nie so leben wird. Sie hat es nicht geschafft.

Frauen sitzen heute in gehobenen Positionen, studieren MINT-Fächer, werden Astronautinnen und lassen sich ihre Eizellen einfrieren, um die biologische Uhr zurückzudrehen. Ohne Zweifel: Die Gleichberechtigung hat es weit gebracht. Mädchen gehören zu den Klassenbesten, die Zahl der Abiturientinnen in Deutschland übersteigt die der Abiturienten, seit 2015 ist die Frauenquote für rund hundert große Unternehmen beschlossene Sache.

Also alles gut, oder?

Nein, es ist längst nicht alles gut. Auch nicht, wenn viele Menschen das gern glauben wollen.[1] Da sind die nach wie vor großen Unterschiede zwischen den Geschlechtern: Die Hälfte der Weltbevölkerung besteht aus Frauen, sie stemmen ein Drittel aller bezahlten Arbeitsstunden, verdienen aber nur ein Zehntel des Welteinkommens und verfügen noch nicht mal über ein Hundertstel des Weltbesitzes.[2] In

Deutschland liegt der Stundenlohn von Frauen im Schnitt 22 Prozent unter dem von Männern,[3] Erstere erledigen allerdings das Gros der Familienarbeit und arbeiten im Schnitt eine Stunde mehr als Männer.[4] Frauen stellen nur 36 Prozent der deutschen Bundestagsabgeordneten.[5] Das Bundesfamilienministerium schreibt zum Thema Gleichstellung auf seiner Website: »Beiden Geschlechtern stehen heute weit mehr Chancen offen, als vor wenigen Jahren noch vorstellbar war. Trotzdem bestehen weiterhin gravierende Unterschiede und ungleiche Chancen zwischen Frauen und Männern, sei es bei der Berufswahl, bei der Gründung einer Familie oder beim Aus- und Wiedereinstieg in den Arbeitsmarkt.«[6]

Diese Feststellung ist traurig genug. Viel trauriger macht noch eine andere Tatsache: An Gleichberechtigung unter den Geschlechtern mangelt es nicht weniger als an Gleichberechtigung unter den Frauen selbst. Es ist, als hätte sich der Feminismus so sehr auf den Kampf gegen Sexismus und gegen die soziale, politische und ökonomische Ungerechtigkeit zwischen den Geschlechtern fokussiert, dass er die Schwachen in den eigenen Reihen vergessen hat.

Wer genau nachforscht, stellt schnell fest: Nur eine bestimmte weibliche Elite, nämlich jene weiße, gebildete und gut verdienende Mittelschicht, »hat es geschafft«. Sie verfügt über die nötigen Ressourcen, Familie und Beruf nebeneinander zu organisieren, sich zusätzlich Hilfe zu »erkaufen« und so nach den Regeln eines patriarchalen Kapitalismus zu funktionieren – auf Kosten anderer, sozial benachteiligter Frauen. Nämlich auf dem Rücken all der Haushaltshilfen, Kindermädchen, Tagesmütter und Putzfrauen, die den Karriereschwestern einen reibungslosen Ablauf ihres Familienunternehmens ermöglichen, während es ihnen selbst an struktureller Unterstützung fehlt und damit an einer Chance zum Aufstieg,

Deswegen sind die beiden skizzierten Geschichten zu Beginn dieses Kapitels wahr, wenngleich sie auch aus verschiedenen Fallbeispielen konstruiert wurden.

Die Ökonomin Alison Wolf vom Londoner Kings College spricht von einem »Elite-Feminismus«, der lediglich jene Frauen erreiche, die sowieso schon über beste Voraussetzungen verfügten, alle anderen jedoch außen vor lasse. »Sisterhood is dead«, schrieb sie im Januar 2015 in einem viel beachteten Artikel in *The Guardian*,[7] »Schwesternschaft ist tot«. Klasse übertrumpfe Geschlecht, so ihr vernichtendes Urteil: »Die [soziale] Ungleichheit unter Frauen wächst viel stärker als die unter Männern.«[8]

Dabei steht außer Frage: Die Frauenquote ist wichtig für eine höhere Anzahl weiblicher Personen in Führungspositionen, die als öffentliche Vorbilder dienen. Genauso wichtig wie die Diskussion um die Frage, wie sich für eine vollberufstätige Mutter Karriere und Familie ermöglichen lassen. Doch selbst, wenn heute mehr und mehr Frauen Karriere machen, gibt es eine Gruppe von Verliererinnen, die in der öffentlichen Debatte oft vergessen werden und die auch der Staat noch immer zu wenig berücksichtigt: Mütter, die nicht akademisch gebildet sind, schlechter verdienen und damit eine sozial schwächere Stellung innehaben. Eine Friseurin oder Metallbauerin profitiert nicht von der Frauenquote in einem DAX-Unternehmen, eine Supermarktkassiererin kann sich ihre Arbeitszeit nicht flexibel einteilen, eine Putzfrau oder Haushaltshilfe verfügt nicht über das nötige Geld, sich für die Kinderbetreuung Hilfe zu erkaufen oder privat für ihre Rente vorzusorgen. 65 Prozent der Niedriglöhner in Deutschland sind Frauen,[9] das heißt, sie verdienen im Schnitt weniger als 9,30 Euro pro Stunde.[10] Zwei Drittel der geringfügig Beschäftigten sind außerdem weiblich,[11] was bedeutet, dass sie nicht mehr als 400 Euro im Monat verdienen.[12] Um es anders auszudrücken: Diese

Frauen sind arm dran – und oftmals im wörtlichen Sinne arm. Zumindest, wenn kein Partner dazuverdient.

Längst hat sich, versteckt hinter der öffentlich vorherrschenden Diskussion rund um das Thema Kind und Karriere, ein neues Phänomen etabliert: weibliche »Lückenfüllerinnen« des Niedriglohnsektors, die Platzhalterinnen spielen, damit die bessergestellte Frauenklientel ungestört von Familien- und Heimarbeit für den eigenen Aufstieg kämpfen kann. Die modernen Dienstmädchen hingegen kochen, putzen, ordnen, sie trösten, pflegen und stützen. So entstehen ganze »Care-Ketten«, also »Versorger-Ketten«, oft global vernetzt.[13] Als Beispiel: Die deutsche Managerin geht arbeiten, lässt ihre Wohnung von einer Haushaltshilfe aus Polen verwalten, die wiederum eine billigere Kraft aus einem ärmeren ehemaligen Ostblockstaat bei sich zuhause beschäftigt, um den entstehenden Engpass zu beheben.[14] So entsteht ein ganzes Heer an bezahlten »Arbeitsmigrantinnen«, ein Netz, das gleichzeitig doppelter Boden ist und sich längst um den gesamten Globus spannt.

Antreiber und erster Profiteur dieser schiefen Logik: das globale Kapital. Der Sektor der drei großen »C's« – Caring, Cleaning and Cooking – hat sich zu einer Goldgrube entwickelt; er ist zum größten Arbeitsmarkt für Frauen weltweit geworden.[15]

Und der Markt der ausgelagerten Fürsorge floriert. Wie sehr, zeigt das Beispiel der Plattform Care.com,[16] über die sich für jedes Betreuungsproblem eine Lösung finden lässt. Für die kranke Oma, aber auch für Haustiere, Teenager, Kleinkinder oder Babys. 14 verschiedene Arten der Kinderbetreuung werden dem Kunden gleich auf der Startseite der Webseite angezeigt; wer Bedarf hat, kann auch »religious Child Care« oder »Fremdsprachen-Betreuung« buchen. Care.com operiert heute, acht Jahre nach der Gründung, in 16 Ländern und zählt 16,5 Millionen Mitglieder: Haushaltshilfen, Babysitter, Gassigeher, Großeltern-Versorger sowie interessierte Kunden.[17] Alle zwei Sekunden erhält das Portal laut eigenen Angaben eine neue Job-Bewerbung für den US-amerikanischen Markt, alle zwei Minuten findet sich ein »Match«, bucht also ein Kunde über die Webseite eine Hilfskraft. Auch der deutsche Ableger Betreut.de verzeichnet wachsende Zahlen und erkennt einen Trend nach oben. Genaueres will das Unternehmen nicht verraten, teilt aber mit, dass der größte Bedarf und daher auch das größte Angebot für den deutschen Markt in den Bereichen Kinderbetreuung und Haushaltshilfe liege.

Es ist paradox: Während die Schere zwischen den Geschlechtern kleiner wird, vergrößert sie sich unter den Frauen dieser Welt immer weiter. Auch unter Müttern. Die Journalistin, Autorin und Feministin Laurie Penny schreibt von einer »neoliberalen Gender-Zwangsjacke«, die abgeworfen werden müsse.[18] Und die britische Kulturwissenschaftlerin Angela McRobbie erzählte dem Magazin der *Süddeutschen Zeitung* in einem Interview: »Es hat eine Verschiebung stattgefunden: weniger Reproduktion, mehr Produktion. Im Gegensatz zu Männern müssen Frauen darüber hinaus noch sich selbst und allen anderen ständig beweisen, wie perfekt sie sind. (...) Ihre Selbstkontrolle ist strenger als jede Kontrolle von außen. Damit sind sie die perfekten Mitglieder einer neoliberalen Gesellschaft.«[19]

Gewinner dieser Entwicklung sind vor allem Firmen wie Care.com, Verlierer jene Mütter, die ihr Land und die eigenen Kinder auf Zeit zurücklassen, um in fremden Familien Tausende Kilometer entfernt Staub zu wischen, Brei zu kochen, Windeln zu wechseln und Tränen zu trocknen. Sie werden zu »Skype-Müttern«, wie die Soziologie-Professorin Helma Lutz es ausdrückt: Physisch zwar abwesend, halten die Frauen engen Kontakt zu ihren Kindern in der Heimat, skypen täglich, manchmal mehrmals, versuchen aus der

Ferne, die Familienangelegenheiten zu regeln. Was dadurch entsteht, ist eine permanent sorgenvolle Spannung zwischen den Skype-Müttern und ihrer Herkunftsfamilie. »Die Betroffenen versuchen, sich gegenseitig mit Nachrichten zu verschonen, die die andere Seite in Sorge und Aufregung versetzen könnten«, schreibt Lutz.[20] Was bleibt: Distanz. Denn auch noch so viele transnationale Telefonate, SMS und WhatsApp-Nachrichten können kein Kuscheln, Zuhören und körperliches Trösten ersetzen.

Neben den Skype-Müttern aber gibt es noch eine andere Gruppe an Verliererinnen: Deutschlands Alleinerziehende. Sie sind längst keine Ausnahme mehr: Vor allem in den großen Städten ist die klassische Kernfamilie um Papa, Mama, Kind auf dem Rückzug. In Berlin etwa kümmert sich bereits mehr als ein Drittel aller Eltern allein oder vorwiegend allein um den Nachwuchs.[21] Tendenz steigend. 2013 lebten laut Bundesagentur für Arbeit insgesamt 1,6 Millionen Alleinerziehende mit minderjährigen Kindern in Deutschland,[22] in neun von zehn Fällen waren es nicht Väter, sondern Mütter.[23] Und die haben es schwerer als andere Frauen. Auf ihnen lastet nicht nur die große Verantwortung des Alltags. Immer ansprechbar sein, immer stark sein müssen. Montag, Dienstag, Mittwoch, Donnerstag, Freitag, Samstag, Sonntag. Am Tag, in der Nacht. Zu jeder Zeit. Auf den Müttern lastet auch noch ein anderer Druck. Man könnte ihn als dreifache Diskriminierung beschreiben:

Da ist erstens die soziale Komponente. Mütter ohne Partner werden gesellschaftlich von vielen als wandelndes Versagen bewertet. Es umgibt sie das Image der stets gestressten, übermüdeten Frau, die irgendetwas falsch gemacht haben muss in ihrem Leben; sonst wäre sie doch nicht alleinerziehend, oder? Im Wettlauf der Mütter um den Preis der sozialen Anerkennung läuft sie keuchend hinterher. Sie muss sich noch öfter als berufstätige Mütter in Paarfamilien den Vorwurf der Rabenmutter anhören; wie will sie den Nachwuchs finanziell ausreichend versorgen und gleichzeitig genug Zeit mit den Kindern verbringen? So kämpft sie nicht nur gegen äußere Vorurteile, sondern viel zu oft auch noch gegen ihr eigenes schlechtes Gewissen. Lediglich eine Karriere kann sie in den Augen der Gesellschaft aufwerten, denn das ist es, was die gute, starke Frau von heute wollen und auch umsetzen soll. Ihren treuesten Begleiter wird die Alleinerziehende aber auch dann nicht los, wenn sie es im Job geschafft hat: Die »mütterliche Schuld« klebt ihr an den Fersen. Auf dem Weg ins Büro, auf dem Weg in die Kita; egal, welchen Weg sie wählt.

Da ist zweitens die finanzielle Komponente, die die Professorin für Familien- und Jugendhilferecht Anne Lenze in einer umfangreichen Studie im Auftrag der Bertelsmann-Stiftung untersucht hat.[24] Alleinerziehende Frauen sind überdurchschnittlich oft von Armut betroffen. Sie beziehen beispielsweise fünfmal so häufig Hartz IV wie Paarfamilien. Mittlerweile lebt jedes zweite Kind, das auf Grundsicherung angewiesen ist, bei nur einem Elternteil[25]. Wie das sein kann? Möglich macht es eine Politik, die noch immer die Kernfamilie als Referenz heranzieht und als Leitbild betrachtet. Das Ehegattensplitting stellt für verheiratete Paarfamilien eine große Entlastung dar – auf Alleinerziehende hat diese Regelung allerdings keine Wirkung. Sie werden steuerrechtlich fast wie Singles behandelt, dabei entsprechen ihre Ausgaben eben nicht denen eines Single-Haushalts, sondern denen einer Familie. Zwar wurde 2015 eine Erhöhung des bis dahin geltenden Steuerfreibetrages von 1308 Euro[26] für Alleinerziehende beschlossen: zunächst um 300 Euro, dann um 600 Euro, für jedes weitere Kind sind es noch einmal je 240 Euro.[27] Doch was im ersten Moment nach viel klingt, stellt sich schnell als Witz heraus. Das weiß selbst Familienministerin Manuela Schwesig: »Das [die neue Regelung] bringt im besten Fall einer Alleinerziehenden eine Steuerersparnis von 15 Euro im Monat, also 180 Euro im Jahr«, sagte sie einer Reporterin des WDR für die Dokumentation »Arm gemacht – Alleinerziehende in Deutschland«.[28]

Daneben entpuppen sich noch andere staatliche Maßnahmen, die eigentlich der Familienförderung dienen sollen, für finanzschwache Eltern ohne Partner als Mogelpackung: So wird das Kindergeld auf das Arbeitslosengeld II angerechnet, insgesamt machen die ehebezogenen Leistungen rund ein Drittel des familienpolitischen Pakets aus.[29] Schön für verheiratete Eltern. Traurig für unverheiratete Alleinerziehende. Denn sie hätten eine Förderung in den allermeisten Fällen besonders nötig.

Hinzu kommt ein Unterhaltsrecht, das zwar gesetzlich die finanzielle Unterstützung des Haupterziehenden durch den anderen Elternteil vorsieht. Jedoch greift dieses Recht oft nicht: Nur für jedes zweite Kind wird das Geld regelmäßig und vollständig gezahlt, schreibt Lenze.[30] Zwar übernimmt der Staat in solchen Fällen den ausstehenden Unterhalt mittels eines Vorschusses. Aber nur, bis das Kind zwölf Jahre alt ist, und auch bis dahin nicht länger als sechs Jahre.[31] Für die Mutter selbst sieht es noch düsterer aus: Sie hat zwar nach einer Trennung ein Recht auf Unterhalt für die eigene Person. Doch auch dieses Recht erlischt in der Regel, wenn ihr Kind älter als drei Jahre ist.[32] Wie die Mutter danach zu Rande kommt mit sich und den Ansprüchen des Nachwuchses: ihr Problem.

Sie wird somit für ihre Familien- und Erziehungsarbeit nicht entlohnt. Sondern spürt die negativen Folgen auch dann noch, wenn die Kinder längst aus dem Haus sind. Dann droht der alleinerziehenden Mutter die Altersarmut. Denn für die Höhe der späteren Rentenbeiträge zählt allein, wie viel und wie lange in die Rentenkasse eingezahlt wurde. Bei Ehepaaren findet nach einer Scheidung zwar ein soge- nannter Rentenversorgungsausgleich statt: Per Fami- liengericht werden die in einer Ehe erworbenen Renten- ansprüche auf beide Partner aufgeteilt.[33] Das gilt aber nur für Paare, die länger als drei Jahre verheiratet waren.[34] Eine andere Regelung, die vorwiegend Mütter entlasten soll, ist die sogenannte »Erziehungszeit«: Für die ersten drei Jahre Kindererziehung werden die Rentenbeiträge staatlich über- nommen.[35] Bloß: Ein Kind muss auch im Alter von vier, sieben, zehn oder 13 Jahren noch erzogen werden. Und das kostet: Zeit. Genau diese Zeit aber »fehlt« am Ende in der Rentenkasse. Denn ob eine alleinstehende Mutter über Jah- re weniger eingezahlt hat, weil sie wegen Kindern nur in Teilzeit gearbeitet hat, wird nach Ablauf der drei Jahre Er- ziehungszeit nicht berücksichtigt.

Und dann ist da noch, drittens, die Situation für Allein- erziehende auf dem Arbeitsmarkt zu nennen: Mütter ohne Partner finden schwieriger den Wiedereinstieg. Oft zögern Chefs, sie in eine Vollzeitstelle zu hieven. Lenze schreibt in ihrer Untersuchung, dass alleinerziehende Mütter, sofern sie staatliche Hilfe beziehen, bevorzugt in Ein-Euro-Jobs oder geringfügige Beschäftigung vermittelt werden.[36] Doch selbst wenn die Mütter in einer Vollzeitstelle angekommen sind, haben viele ein Betreuungsproblem: Schuld sind feh- lende Kitaplätze, Öffnungszeiten, die mit einer Vollzeitstel- le nicht kompatibel sind, und teure Privatangebote, die viele Alleinerziehende schlicht nicht bezahlen können.

Wer sich die Situation der Alleinerziehenden und der »Skype-Mütter« also näher anschaut, dem wird schnell klar: Die Idee, der Feminismus sei obsolet und Frauen sollten endlich zufrieden sein, ist ein Irrtum, der so weit neben der Wahrheit liegt, dass einem schon bei der gedanklichen Formulierung dieses Satzes der Kopf schmerzt. »Man hat uns angelogen«, schreibt Laurie Penny in ihrem jüngsten Buch. »Frauen meiner Generation wurde erklärt, wir könnten ›alles‹ haben, solange ›alles‹ Ehe, Babys, eine Karriere im Finanzwesen, ein Schrank voller schöner Schuhe und völlige Erschöpfung war und solange wir reich, weiß, hetero und artig waren.«[37]

Aber was ist mit all denen, die etwas anderes wollen? Oder die nicht in dieses Muster fallen?

9
Ein Trend wird zur Marke –
Die neuen Väter

Der Ort, an dem ein Mann das sein darf, was viele unter einem Mann verstehen, wo er also kickern und Carrerabahn fahren kann oder mit seinen Kumpels über Jürgen Klopp versus Pep Guardiola philosophieren darf, ist dieser Tage ein Laden im Berliner Norden. Aber nicht irgendein Laden. Keine Kneipe, auch kein Club. Ausgerechnet im Prenzlauer Berg, dort also, wo sich laut Klischee die Latte-Macchiato-Mamas, Tiger-Muttis und Bio-Mütter tummeln wie sonst nirgendwo in dieser Republik, befindet sich der »Papaladen«: Treffpunkt für Väter und ihre Kinder. Zwei große einladende Räume, Parterre, nach hinten abgehend das Mitarbeiter-Büro. Durch die bodentiefen Fenster kann man den Vätern an manchen Tagen von draußen dabei zusehen, wie sie mit dem Nachwuchs über die Matten tollen, auf dem Sofa kuscheln oder Bauklötze stapeln. Bloß heute: keiner da. Nur Marc Schulte. Er arbeitet im Papaladen, und zwar schon so lange, wie es den Väter-Treff gibt, also seit 2007. Schulte sieht ein bisschen müde aus, der graumelierte Dreitagebart deutet an, dass die letzte Rasur schon einige Zeit zurückliegt. Der 49-Jährige ist das, was man einen Sympathieträger nennt: offene Art, lockerer Umgang. Man kann gut mit ihm plaudern, kommt schnell ins Gespräch. Jetzt sagt der Sozialpädagoge: »Witzigerweise kommen neben den Vätern auch die Mütter sehr gern zu uns. Eine meinte mal, hier sei für Eltern der entspannteste Ort in ganz Prenzlauer Berg!«

Schulte muss es wissen. Er ist der Mann, dem die Väter vertrauen. Und die Mütter offenbar auch.

»Warum werden hier eigentlich wieder mal Männer/Väter/ Erzeuger nicht dazu befragt bzw. sind nicht Teil der Studie – ach ja, überholtes Rollendenken und so: Männer haben mit Kindern und Kindererziehung ja nix am Hut bzw. nix zu melden«, postete ein männlicher User ironisch auf Facebook, als sich die Debatte rund um regretting motherhood auf dem Höhepunkt befand. »Und was ist mit uns?«, beschwerte sich ein anderer, ebenfalls per Kommentar in dem sozialen Netzwerk.[1] Beide fühlten sich wohl vernachlässigt. Dabei wünschen die meisten Männer sich heutzutage Kinder in ihrem Leben und wollen zentral an deren Entwicklung teilhaben.[2] Vater sein bedeutet eben nicht mehr nur Geld verdienen, Fußball und Carrerabahn. Sondern auch Windeln wechseln, Babybrei kochen, im Idealfall Elternzeit nehmen und über die aktuelle Schuhgröße des Nachwuchses Bescheid wissen. Also kurz: echte Verantwortung in Erziehungsfragen übernehmen.

Lange Zeit bewegten die Väter sich außerhalb des Radars. Nicht nur des familiären, sondern auch des medialen. Bis in die 1970er-Jahre war die Familiensphäre weitestgehend Sache der Mütter. Der Mann schaffte das Geld ran, war am Wochenende zuhause, widmete sich ab und zu den Kindern – fertig. Wenn ein Vater lediglich mittelmäßiges Interesse an seinem Nachwuchs zeigte und sein Leben nach der Geburt des Kindes in weiten Teilen so weiterlebte wie zuvor, provozierte dieser Umstand höchstens ein gesellschaftliches Schulterzucken. Spätestens mit der Etablierung der Bindungsforschung, die Mutter und Kind als unzertrennliches Paar proklamierte, verschwanden die Männer schließlich ganz vom Radar; wer interessierte sich schon für die Väter?

Doch mit dem Rollenwandel und durch die Einführung des Elterngeldes 2007 änderte sich dieser Zustand. Überall ist mittlerweile von den »neuen Vätern« die Rede. In Talkshows, Zeitungen, Studien und Kiosk-Heften; es gibt Väter-Ratgeber, Väter-Magazine, Väter-Bücher. Der »neue Vater« ist zur Marke mutiert.

Erst kreiste die Diskussion nur um den verunsicherten »Schmerzensmann«, wie Nina Pauer von der Wochenzeitung *Die Zeit* den neuen Männertypus in einem Artikel bezeichnete. Mit ihrer These, die Vertreter des männlichen Geschlechts wüssten in ihrem »modernen Werthertum« vor lauter Verunsicherung und Selbstreflexion weder ein noch aus, löste die Autorin vor vier Jahren eine bundesweite Diskussion aus.[3]

Jetzt werden die Väter in Studien analysiert und zusätzlich medial unters Mikroskop gelegt und ausgeleuchtet. »Neue Väter, neue Probleme«, schrieb etwa *Die Zeit* in einem Text von 2014.[4] »Die neuen Väter müssen keine Softies sein«, urteilte *Die Welt* in einem Artikel.[5] Doch solche Männer, die sich tatsächlich mehr Zeit für ihre Kinder wünschen und bereit sind, Gleichberechtigung in der Partnerschaft nicht nur gedanklich zu formulieren, sondern auch in die Realität zu hieven, sind erstens noch immer in der Unterzahl. Zweitens fühlen sie sich ihren Frauen auf einmal sehr nahe: Plötzlich sprechen auch Väter von Überforderung. Sie sind überfrachtet von den eigenen Ansprüchen, der wenigen Zeit, den Auseinandersetzungen innerhalb der Partnerschaft rund ums Kind und von den äußeren Erwartungen.

Berühmtester Vertreter dieser Gattung Mann ist der norwegische Autor Karl Ove Knausgard. Von der Literaturszene Norwegens wie Deutschlands gleichermaßen gefeiert und in der Heimat längst ein Star, behandeln seine autobiographischen Romane nichts anderes als das ganz normale

Leben. In sechs Bänden beschäftigt Knausgard sich mit den großen Themen des Lebens: Geburt und Tod, Liebe und Arbeit, Glück und Verlust, durchzogen von den banalen Aufgaben und Kleinigkeiten des Alltags. In dem Band »Lieben« breitet Knausgard auf 763 Seiten sein Familienleben als egalitär denkender Vater aus, der sich zusammen mit seiner Frau Linda darauf geeinigt hat, die Elternarbeit aufzuteilen. Er beschreibt, wie er die Windeln seiner Tochter Vanja wechselt, sich über den Kurs in Babyrhythmik ärgert, neben der Erziehung kaum Zeit für seine Arbeit findet, geschweige denn für sich selbst. Wie er sich auf Kindergeburtstagen langweilt, genervt ist bis zum Anschlag, sich unattraktiv fühlt in der Elternrolle – solche Sätze kannte man bislang höchstens von einigen Müttern. Wenn überhaupt. Knausgard fürchtet sich in seinem Buch denn auch vor einer drohenden »Verweichlichung«. Schließlich sinniert er über die Themen Kindererziehung und Gleichberechtigung:

Wenn ich mit Kinderwagen durch die Stadt ging und die Tage damit verbrachte, mich um mein Kind zu kümmern, fügte ich meinem Lebens nichts hinzu, was es bereicherte, es wurde ihm im Gegenteil etwas genommen, ein Teil meiner selbst, der mit Männlichkeit zu tun hatte. Dies wurde mir nicht gedanklich klar (...) sondern durch meine Gefühle, die mich mit Verzweiflung erfüllten, wenn ich mich in dieser Weise in eine Form presste, die so klein und eng war, dass ich mich nicht mehr rühren konnte.[6]

Wer sich an dieser Stelle mit der Ausrede beruhigen will, Karl Ove Knausgard schreibe über Verhältnisse in Schweden, auf den wartet ein Buch zweier männlicher Kollegen aus Deutschland. Veröffentlicht wurde es 2014 von Marc Brost und Heinrich Wefing, Jahrgang 1971 und 1965. Beide sind berufstätige Journalisten und Väter der gehobenen Mittelschicht, beide haben sich das Wort Gleichberechtigung weit oben auf die persönliche Agenda geschrieben. Doch auch sie straucheln in der Rolle des modernen Vaters. Und zwar schon in der Orientierungsfrage: »Es wird ja häufig und zu Recht beklagt, dass es kaum funktionierende Rollenbilder für Frauen gibt, die versuchen wollen, Beruf, Kinder und Partnerschaft halbwegs erfolgreich miteinander zu verbinden. Oder wenigstens nicht dabei unterzugehen«, schreiben Brost und Wefing. »Viel seltener wird jedoch erwähnt, dass dasselbe mittlerweile auch für Männer gilt. Wo wäre der Mann, an dem wir uns orientieren könnten? Ein Typ, der gut in seinem Job ist, sich zärtlich um seine Kinder kümmert und seine Liebste mit Aufmerksamkeit verwöhnt, ohne über alledem selbst zu kurz zu kommen?«[7]

Es gibt ihn nicht, resümieren die Autoren. Was beide trotz aller Mühen von der neuen Vaterrolle und der angestrebten Gleichberechtigung halten, vermerken sie indes schon in dicken, schwarzen Lettern auf dem Cover des Buches: »Geht alles gar nicht. Warum wir Kinder, Liebe und Karriere nicht vereinbaren können.« Es ist ein Titel, der sich abgekämpft und ernüchtert liest, von jeglichem Optimismus beraubt. Brost und Wefing wollen gleichberechtigte Verhältnisse, sie sind willens, hart dafür zu arbeiten. Aber sie fühlen Frust ob der »Vereinbarkeitslüge«, wie sie die momentane gesellschaftliche Situation für Männer und Frauen beschreiben. »Manchmal, zugegeben, will man einfach nur schreien«,[8] äußern die beiden Väter ihre Ratlosigkeit an einer Stelle, »im Moment wissen wir alle nicht, wie es weitergehen soll«, heißt es eine Seite weiter.[9]

An manchen Stellen liest sich ihr Buch, als stünden beide in einem Krisengebiet. Ohne Plan, jemals wieder aus diesem herauszufinden. Dabei versuchen Brost und Wefing doch nur, gute Väter zu sein.

Aber ist die Realität wirklich so schlimm, wie die beiden schreiben?

Die harten Fakten zeichnen ein abweichendes Bild: Das Meinungsforschungsinstitut forsa hat 2013 eine Studie zur Gefühlslage von Vätern in Deutschland vorgelegt, für die knapp 1000 zufällig ausgewählte Väter im Alter von 20 bis 55 Jahren befragt wurden, deren Kinder noch mit ihnen im Haushalt lebten.[10] Puzzelt man einzelne Ergebnisse aus dieser Analyse zusammen, dann formt sich vor dem inneren Auge eine Figur, die weniger abgekämpft ist, sondern eher unschlüssig scheint, was sie eigentlich will: Der »moderne deutsche Vater« denkt beispielsweise eher, die Zeit, die er mit dem eigenen Nachwuchs unter der Woche verbringe, sei nicht ausreichend (gaben 41 Prozent der Befragten an). Deswegen nimmt er sich als Vater meist weniger Zeit für sich selbst (antworteten 56 Prozent). Gleichzeitig verzichtet er meist auf Elternzeit (nur 18 Prozent der Väter gaben an, ihr Recht auf Elternzeit genutzt zu haben, und die, die es taten, blieben in den meisten Fällen lediglich zwei Monate zuhause beim Nachwuchs[11]). Stattdessen arbeitet er Vollzeit (89 Prozent) und überlässt die Hausarbeit seiner Frau (nur vier beziehungsweise sieben Prozent erledigen Putzen, Waschen und Co. ganz oder zu einem großen Teil). Gleichzeitig findet er es zu weiten Teilen gut, dass er sich von Anfang an mit um die Babypflege gekümmert hat (71 Prozent), überfordert fühlt er sich nicht sehr häufig (nur 15 Prozent gaben an, sich manchmal überlastet zu fühlen). Je jünger der Vater, desto familienfreundlicher seine Aussagen in der Umfrage.

Es hat sich also tatsächlich ein Wandel zwischen den Generationen ereignet. »Die Männer sind in einem Findungsprozess«, bestätigt Väter-Experte Schulte den Eindruck. »Es mangelt noch an Vorbildern, aber einen Wertewandel kann man schon beobachten.« Mittlerweile passiere es ab und an, dass ein Vater seinen Kumpel mit in den Papaladen bringe, sagt Schulte. Das hätte es früher nicht gegeben, als die Männer lediglich vorbeikamen, weil ihre Frauen sie schickten. Damals galten Väter, die sich um ihre Kinder kümmerten, als Weicheier. Sie waren die Softies in Wollpullis, die übereifrigen Pädagogen oder die weltfremden Esoteriker. Heute gelten sie als modern, verantwortungsvoll, attraktiv. Einmal in der Woche bietet das Väterzentrum einen Frühstückstreff für Väter in Elternzeit an. »Das läuft super«, sagt Schulte, »da kommen im Moment etwa fünf bis acht Väter jede Woche. Wir hatten aber auch schon mal 20 Väter hier drin.« Die zwölf Vater-Kind-Reisen, die der Papaladen in diesem Jahr schon angeboten hat: alle ausgebucht. Dabei ist das Jahr noch nicht einmal zu Ende.

Es scheint etwas zu klicken in den Köpfen der jungen Männer. Wenn auch nicht in Lichtgeschwindigkeit, sondern eher im Schneckentempo: Das Statistische Bundesamt hat in diesem Sommer eine Studie vorgelegt, die untersuchte, wie die Deutschen ihre Zeit einteilen. Rund 11 000 Personen in 5000 Haushalten führten zu diesem Zweck 2012/2013 ein Zeittagebuch. Aus der Studie geht hervor, dass Väter sich heute zwar genauso wie Mütter mehr Zeit für ihre Kinder nehmen. Allerdings verbringen Eltern mit ihnen nur zehn Minuten mehr Zeit pro Woche im Vergleich zu 2001, als die Zeit der Deutschen zuletzt statistisch vermessen worden war. Mütter widmen den Kindern im Schnitt nach wie vor doppelt so viel Zeit wie Väter, nämlich eine Stunde und 45 Minuten im Vergleich zu 51 Minuten.[12]

Wieso aber bewegen die neuen Väter sich nicht schneller? Wenn das Kindeswohl ihnen doch so wichtig ist? Weil sie vor einer ganzen Reihe von Herausforderungen stehen. Marc Schulte weiß das aus eigener Erfahrung; er hat selbst drei Kinder. Die beiden Töchter, 12 und 15 Jahre alt, leben bei ihm und seiner zweiten Frau. Mit ihr hat er alle Modelle der gemeinsamen Verteilung von Arbeit und Familie durchexerziert: ganz klassisch, also er Vollzeit, sie zuhause. Dann andersherum, sie Vollzeit, er zuhause. Danach wechselten sie in den Teilzeitmodus; Vollzeitarbeit für beide Elternteile probierten sie schließlich auch noch aus. Der Versuch endete mit einem Burn-out für Schultes Frau. Momentan arbeitet er annähernd in Vollzeit, sie verbringt mehr Zeit zuhause und hat eine Ausbildung begonnen, um sich neu zu orientieren. »Wenn beide Eltern arbeiten, dann am besten in Teilzeit«, findet Schulte, ein Fan egalitärer Verhältnisse. »Aber ich muss schon sagen, dass unser jetziges Modell, auch wenn es konservativ ist, Entspannung in die Familie bringt.«

Mit diesem Eingeständnis ist er längst nicht allein: Die meisten jungen Paare fallen mit der Geburt des ersten Kindes in ein traditionelles Rollenmuster zurück, auch wenn sie sich ein anderes vorgenommen hatten. Teilweise, weil die Arbeitswelt in Deutschland noch immer ein patriarchales Weltbild stützt, zu dem Präsenzpflicht, Überstunden und eine 40-Stunden-Woche wie selbstverständlich dazugehören.

So wie in den 50er/60er-Jahren: feste Zeiten, nach Stechuhr arbeiten, Montag bis Freitag, acht Stunden pro Tag. Wer Karriere machen wollte, schuftete mehr. Die Leistungsgesellschaft mit dem Kapitalismus als »partner in crime« war noch nie kinderfreundlich. Und doch: Für die Männer versprach die alte Arbeitswelt einen Vorteil. Sie bildete ein einfach zu durchblickendes und vor allem einfach zu organisierendes System. Die Väter von einst spielten lediglich den Wochenend-Papa. Mehr wurde nicht von ihnen erwartet. Weder von ihren Frauen noch von der geltenden Norm. Doch heute, in einer digitalisierten und beschleunigten Welt, in der verschiedene Prozesse sich immer mehr miteinander verweben und alte Rollenbilder sich wandeln, passt die Arbeit nach Stechuhr für viele nicht mehr. Die neue Fürsorglichkeit der Väter hat nun ein immenses Problem: Sie lässt sich nicht in das bestehende System und in den engen Anzug des Kapitalismus zwängen, genauso wenig wie die Fürsorglichkeit der Mütter.

Auch Volker Baisch aus Hamburg hatte dieses Problem. Der 49-Jährige entschied sich vor 15 Jahren dafür, die Erziehungsarbeit mit seiner Frau gleichwertig aufzuteilen. Also zu einem Zeitpunkt, als die modernen Väter noch so exotisch waren wie heutzutage ein unbefristeter Arbeitsvertrag. Baisch wählte die Offensive, statt sich hinter veralteten Rollenbildern zu verstecken: Als der junge Vater sich bei der Geburt der ersten Tochter für ein ganzes Jahr Elternzeit entscheidet und der damalige Geschäftsführer ihm deswegen mit Rauswurf droht, geht Baisch trotzdem in Elternzeit. Und lässt damit den alten Job zurück. »Das hat mich kalt erwischt«, erinnert er sich heute. »Da traut sich mal einer, länger Elternzeit zu nehmen als üblich, und dann haut man ihm diese Entscheidung so um die Ohren, dass er schweißgebadet wieder aus dem Büro rausgeht!« In jenem Moment kann der junge Vater es nicht fassen. Aber Baisch ist ein politisch denkender Mensch. Er hat sich bei Ungerechtigkeiten immer eingemischt, und so handhabt er es auch diesmal. Baisch nutzt seine Wut, um zu einer Revolution im Kleinen zu blasen – und wird selbst zum Gründer: Er sucht sich andere Väter, die ebenfalls betroffen sind, bastelt eine Webseite mit Informationen und Beratungsangeboten. Aus dieser entwickelt sich einige Zeit später der Verein Väter e.V., der das virtuelle Angebot in die Realität hievt. Schließlich macht Baisch sich 2010 mit der Väter gGmbH selbständig. Heute ist er Unternehmer, der große Firmen, aber auch Politiker in der Frage berät, wie Deutschland väterfreundlicher werden kann.

»Die Mehrheit der Personaler hat die Bedeutung des Themas erkannt. Die wissen, dass sie sich kümmern müssen«, sagt Baisch. Das bestätigen auch die Zahlen: Der »Unternehmensmonitor Familienfreundlichkeit« ermittelte 2012, dass rund 81 Prozent der Unternehmen in Deutschland das Thema Familienfreundlichkeit für sich als wichtig oder sehr wichtig erachteten. Im Jahr 2003 waren es nur knapp 46 Prozent gewesen.[13] Fast alle der rund 1500 online befragten Unternehmen wollen Familien fördern, indem sie flexiblere Modelle zur Arbeitszeit und Arbeitsorganisation anbieten.[14] Das klingt zunächst fortschrittlich. Indes: Für die besondere Förderung von Vätern engagieren sich nur 18 Prozent der interviewten Unternehmen.[15] Und wer sich die einzelnen Maßnahmen der befragten Betriebe genauer anschaut, um sie mit den letzten Umfrageergebnissen von 2009 zu vergleichen, stellt fest, dass die Entwicklung in einigen Punkten sogar rückläufig ist, anstatt mit großen Schritten nach vorn zu galoppieren.

Baisch ist trotzdem fest davon überzeugt: »Eine Vereinbarkeitslüge gibt es nicht in Deutschland. Das Wort ist falsch.« Er sagt aber auch: »Es ist eine Riesenherausforderung für junge Eltern, Beruf und Familie gut zu organisieren. Die Paare müssen miteinander reden, auch wenn das sicher nicht leicht ist.« Baisch wünscht sich »eine ehrliche Auseinandersetzung, zwischen Männern und Frauen und Müttern und Vätern«. Dann sei eine Vereinbarkeit möglich.

Ganz so einfach ist es natürlich nicht; auch der konstruktivste Paar-Kompromiss in Sachen Gleichberechtigung kann ein mangelndes Angebot des Arbeitgebers nicht auffangen. Und doch schaut Baisch zuversichtlich in die Zukunft: »Das neue Arbeitsleben wird mehr Freiheiten und Möglichkeiten für junge Paare bieten. Ich kann mir vorstellen, dass in den nächsten fünf bis zehn Jahren eine Lösung für die Vereinbarkeitsproblematik auf dem Tisch liegt.«

Mehr Freiheit, dafür weniger Überforderung und weniger Stress. Das klingt wie ein heimeliges Versprechen, in das man sich sofort einrollen will. Wie die Erfüllung einer lang gehegten Sehnsucht, wie ein tiefes, langsames Ausatmen. Es klingt nach Loslassen – und nach Utopie. Denn tatsächlich ist die Arbeitswelt nur eine Ursache des Problems, mit dem sich die modernen Väter konfrontiert sehen. Ein anderes sind ausgerechnet die Mütter. Diese wünschen sich zwar zu weiten Teilen mehr Gleichberechtigung – verfangen sich dabei aber nicht selten in ihren eigenen Ansprüchen. Die Soziologie-Professorin Karin Flaake hat in einer Studie von 2014 zwölf deutsche Familien zu ihrem Mütter- und Väterbild befragt sowie deren familiäre Lebenssituation sehr detailliert analysiert.[16] Sie interviewte dafür die Eltern, aber auch deren Kinder, die zwischen 13 und 27 Jahre alt waren. In den Gesprächen, die Flaake mit den Probanden führte, äußerten einige Mütter, wie schwer es ihnen trotz des eigenen Anspruchs auf Egalität falle, ihren Männern genug Raum für eine innige Beziehung zu den Kindern einzuräumen. Als Mutter wünschten sie die Unterstützung des Vaters, doch bitte nur bis zu einem bestimmten Grad. Ihre Vormachtstellung im elterlichen Gefüge wollten die Mütter trotz beruflicher Belastung nicht abgeben; sie fürchteten den Bedeutungsverlust.

Der »gute« alte Muttermythos sitzt den Frauen wie ein Parasit im Kopf. Er hat sich festgekrallt und lässt nicht los. Und er diktiert: Nur eine unersetzbare Mutter als erste Ansprechperson des Kindes ist eine gute Mutter. So schreibt Flaake über eine der Probandinnen: »Frau Eberts Bindung an normative Bilder einer guten Mutter und die Selbstdefinition über eine entsprechende Bedeutsamkeit für die Kinder verhindern, dass sie die Übernahme der Familienarbeiten durch den Partner als Entlastung für eine berufszentrierte Lebensweise erfahren, die Beziehung zu ihren Kindern auf dieser Basis gelassen gestalten und ihre beruflichen Erfolge stärker zum Mittelpunkts ihres Lebens machen kann.«[17] Mit anderen Worten: Die Frauen stehen sich selbst im Weg.

Flaake hat herausgefunden, dass beide Geschlechter innerhalb einer Partnerschaft sehr stark an traditionellen Rollenbildern festhalten. Ohne, dass sie es überhaupt merken. »Mich hat überrascht, wie stark die Frauen innerlich daran gebunden waren, Selbstbestätigung aus der Mutterrolle ebenso wie aus der Hausfrauenrolle zu ziehen«, sagt Flaake. Die Männer auf der anderen Seite verbanden die Übernahme von viel Hausarbeit mit einer Verweichlichung und einer Entwertung ihrer Männlichkeit.

Von wirklich egalitären Verhältnissen kann bei dieser Bestandaufnahme niemand sprechen. Doch noch ein weiterer Punkt hat Flaake überrascht: Den Vätern, die sie befragte, fiel es schwer, eine emotional offene und körperlich zärtliche Beziehung zu ihren Söhnen aufzubauen. Bei Töchtern hatten die Väter weniger Probleme, bei den Söhnen aber verkrampften sie. »Dabei sind die Beispiele, wo es gelingt, sehr anrührend«, sagt Flaake, »weil auch die Söhne eine offenere und engere Beziehung zum Vater als sehr bereichernd empfinden.«

Doch die tief verwurzelten Geschlechterdynamiken spielen ineinander – und sich am Ende gegenseitig aus: Mütter zeigen meist eine erhöhte Bereitschaft, in der Kindererziehung und in der Hausarbeit mehr Verantwortung zu übernehmen, auch wenn sie arbeiten gehen. Sie setzen dieses Verhalten mit dem Label »gute Mutter« gleich. Die Männer auf der anderen Seite distanzieren sich schnell und ziehen sich zurück. Sie fordern ein Mehr an Verantwortung nicht ein. So bleiben beide letztlich genau an einer Stelle hängen: im traditionellen Rollenmodell. Und im eigenen Frust: Die Mütter können nicht loslassen und fühlen sich überfordert – obwohl die Väter ihre Hilfe oft anbieten und mehr

Verantwortung übernehmen wollen. So hat eine Studie der Commerzbank von 2015 beispielsweise herausgefunden, dass von 1000 befragten Vätern nach der Elternzeit 70 Prozent gerne länger Elternzeit genommen hätten.[18]

Marc Schulte nennt diese Situation einen »klassischen Double bind«, ein Dilemma. Im Papaladen hört er die Geschichte immer wieder. Wenn er mit den Vätern plaudert, aber auch, wenn er sie professionell berät. Denn der Laden ist Teil des Berliner Väterzentrums, das sich in doppelter Weise um Väter kümmert: Durch ein speziell auf sie abgestimmtes Freizeitangebot, aber auch durch Beratungen. Etwa bei Schwierigkeiten im Umgang mit dem eigenen Nachwuchs, vor allem aber bei Trennungen.[19] Knapp 166 000 Ehen wurden 2014 in Deutschland geschieden – davon betroffen waren auch rund 135 000 minderjährige Kinder.[20] Hinzu kommen noch jene Trennungskinder aus nichtehelichen Beziehungen. Sie werden nicht erfasst, Experten rechnen mit insgesamt rund 200 000 Trennungskindern.

In vielen Fällen kümmern sich die Väter nicht um den Nachwuchs. Doch jene, die es wollen, stellt das Ende der Partnerschaft vor ein Problem, das Mütter so nicht kennen: »Bei der Trennung eines Paares gehen eigentlich alle automatisch davon aus, dass das Kind besser bei der Mutter aufgehoben ist«, sagt Schulte. Er weiß, wie schwer es für Väter in solchen Fällen ist. Aber er geht dennoch hart mit ihnen ins Gericht: Viele Väter seien zu defensiv. »Die Männer trauen sich zu wenig zu. Sie scheuen die Auseinandersetzung mit ihrer Partnerin, wenn es um Erziehungsfragen geht, aber sie müssen sich dieser Konfrontation stellen.«

Schultes Slogan lautet deswegen: Mütter, lasst los – Väter, packt an!

186

Schlusswort

We need to ask how different sexes, classes and ethnic and religious groups differ in the sense of what one »ought to« or »has the right« to feel in a situation. How different is the burden of hidden work trying to obey latent laws? Finally, in whose interest are these feeling rules? Some managing of feeling promotes the social good. Some does not.

Arlie Russell Hochschild[1]

Ich starre und tippe und rauche und starre und tippe und fluche. Einen leicht verdaulichen Happen Erkenntnis wollte ich zum Ende dieses Buches servieren. Die Hauptaussage praktikabel und schnörkellos in ein, zwei Sätzen zusammenfassen. Aber so einfach ist es nicht. Das Thema regretting motherhood entzieht sich dieser Idee. Es lässt sich nicht zu einem kleinen, feinen Bonbon zusammenpressen, das allen schmeckt und auch noch angenehm im Magen liegt.

Dass es schwierig werden würde, ahnte ich schon zu Beginn der Recherche. Nicht nur, weil ich als Frau im besten (gebärfähigen) Alter ja selbst Teil der Problematik war, die ich aufzudröseln versuchte. Sondern auch, weil jede Frage, die ich mir und anderen stellte, die ganze Sache noch komplizierter machte. Hatte ich eine Frage beantwortet, standen schon wieder zwei neue auf meinem Zettel. Ich musste bald an die Hydra denken: Dem vielköpfigen Schlangenmonster aus der griechischen Mythologie wuchsen umgehend zwei neue Köpfe, sobald man ihm einen abgeschlagen hatte.

So entpuppte sich schon die einfachste Frage zu Beginn der Recherche als eine der kompliziertesten: Wie verhält sich eine »gute« Mutter?

Man kann diese Frage für einen Witz halten, denn von außen sieht alles ganz simpel aus: Eine gute Mutter gebärt ein Kind, sie liebt es bedingungslos und zieht es mit ständiger Hingabe und Aufopferung groß. Doch je mehr ich diese Antwort im Rahmen meiner Recherche reflektierte, desto mehr stellte ich fest: So einfach zu beantworten war die Frage nicht. Es war viel komplizierter.

Wie kompliziert, das hatte ich oft selbst erlebt. Ich muss etwa dreizehn Jahre alt gewesen sein, als ich meinen ersten Babysitterinnen-Job antrat. Der Junge, auf den ich aufpassen sollte, war knapp ein Jahr alt, ein glucksendes Kind mit feuerrotem Haar. Seine Familie lebte in meinem Dorf, ich besuchte sie mehrmals in der Woche. Begeistert wechselte ich Windeln, kochte Fläschchen und sang Schlaflieder. Als die Mutter noch zwei weitere Kinder bekam, erst einen Jungen, dann ein Mädchen, fuhr ich auch sie im Kinderwagen spazieren. Später planschte ich mit ihnen im Freibad; an den Abenden jener Sommertage saßen wir alle auf flauschigen Handtüchern und aßen Pommes rot-weiß. Reste von Chlorwasser tropften aus unserem Haar ins weiche Gras.

Diese Familie sollte der Anfang meiner »Kinder-Karriere« sein. Obwohl ich keine eigenen Kinder habe, hatte ich immer welche in meinem Leben: Ich arbeitete auch während meines gesamten Studiums noch als Babysitterin bei einer Familie, ich war Au-pair und eine Zeit lang Tagesmutter. Ich feierte bei Kindergeburtstagen mit, klatschte bei Chor- und Gitarrenkonzerten und diskutierte mit Dreijährigen, wieso es ungünstig ist, sich mit dem neuen Fahrradhelm auf dem Kopf schlafen zu legen. Ich habe zwei Jahre lang in einer Wohngemeinschaft mit zwei kleinen Kindern gelebt, auch jetzt wohne ich wieder mit einem Kind zusammen. Es ist ein Mädchen, sie ist knapp zwei Jahre alt und die Tochter meiner Mitbewohnerin.

Rückblickend, das fällt mir jetzt auf, ist es, als hätte ich all die Jahre unbewusst eine Art Feldstudie durchgeführt: Zu jeder dieser so unterschiedlichen Familien entstanden innige Bindungen. Zu den Kindern, aber auch zu den Müttern. Ich erlebte durch diese Bindungen die Möglichkeit, mir früh unterschiedliche Familienformen und Erziehungskonzepte in ihrem Alltag genau anschauen zu können. Wie gingen Mütter mit ihren Kindern um? Wie unterschieden sie sich? Womit haderten sie?

Eine der Mütter stand einmal vor mir und flehte mich an, noch eine halbe Stunde länger zu bleiben und auf die Kinder aufzupassen. Eine andere drückte mir mit verzweifeltem Blick ihr schreiendes Kind in den Arm, entschuldigte sich kurz mit der Aussage, in einer Stunde wieder zurück zu sein, und verließ fluchtartig die Wohnung. Eine dritte schrie regelmäßig in solcher Lautstärke durch das ganze Haus, dass sie mich anschließend mehr als einmal peinlich berührt fragte, ob sie wohl einen Psychologen aufsuchen müsse, um zu lernen, ihre Gefühle besser zu regulieren.

Ich kann also aufgrund eigener Betrachtung sagen: Die Frage, wie eine »gute« Mutter sich verhält, ist viel schwieriger zu beantworten als zunächst gedacht. Ich habe die ganze Palette dessen erlebt, was eine Mutter sein kann: die liebende, empathische und aufopfernde Fürsorgeperson. Aber auch die tobende, rasende und egoistische Mutter, die manchmal gelangweilt, frustriert, ratlos, wütend, enttäuscht und überfordert ist. Wir sollten uns endlich eingestehen: Ja, all das sind Eigenschaften, die auf Mütter zutreffen. Und nein, eine Frau wird wegen dieser Eigenschaften nicht zu einer »schlechten« Mutter. Jede Frau mit Kind erlebt Momente mütterlicher Ambivalenz. Sie sind menschlich. Offenbar aber fällt dieses Eingeständnis uns enorm schwer; lieber bleiben wir am Abziehbildchen der perfekten Übermutter kleben. Lieber verurteilen Mütter sich gegenseitig und kategorisieren in »gut« versus »schlecht«, als sich die eigene Schwäche einzugestehen.

Ich bin durch meine Kinder-Karriere mit einer gewissen Skepsis ausgestattet, was den Gedanken an eigenen Nachwuchs betrifft. Doch selbst ich, die die mütterliche Liebe in all ihrer Komplexität über Jahre betrachtet hatte, musste ganz zu Anfang der Recherche Vorurteile abbauen. Auch ich war zunächst irritiert von den bereuenden Müttern, weil ich ihre Äußerungen nicht mit der Vorstellung übereinbringen konnte, die ich von einer Mutter im Kopf hatte. Es dauerte eine Weile, bis ich genau differenzieren konnte zwischen dem individuellen Gefühl einzelner und dem gesellschaftlichen Zusammenhang. Bis ich verstand: Dieses Thema geht uns alle an.

Denn wenn Frauen sich in ihrer Mutterschaft so sehr gefangen fühlen, dass sie sie am liebsten rückgängig machen würden, aber noch nicht einmal darüber sprechen dürfen, sondern ihnen nur noch die Wahl bleibt zwischen Scham und Selbstverleugnung, dann läuft hier etwas gehörig schief. Dann sagt das etwas aus über unser Frauen- und Mutterbild: Wir haben uns verrannt. In einer Vorstellung, laut derer jede Frau die perfekte Mutter sein soll. Frauen, die etwas anderes wollen, sind zumindest verdächtig. Mütter, die nicht diesem Bild entsprechen, müssen die soziale Ausgrenzung fürchten. So wartet am Ende der Zweifel nur noch das Stigma.

Beim Thema Gleichberechtigung der Geschlechter sind wir in den vergangenen 50 Jahren große Schritte nach vorn gegangen. Doch bei der Frage, wie sich der Dreiklang Frau – Kind – Mutter heute in Harmonie bringen lässt, scheinen wir uns höchstens ein paar Zentimeter bewegt zu haben. Wir glauben, wir seien fortschrittlich – und bewerten eine Frau als skandalös, die sich mit den übersteigerten Anforderungen an die Mutterschaft nicht arrangieren kann und demnach ihre Entscheidung bereut? Die Debatte #regrettingmotherhood verrät viel mehr über uns selbst als über die bereuenden Mütter: Sie ist ein Beweis für die Kleingeistigkeit unseres Denkens, entlarvt sie doch, wie wenig fortschrittlich wir eigentlich sind. Dieses Denken aber ist nicht nur rückständig, sondern auch unmenschlich. Wir überlassen Mütter, die nicht »funktionieren«, sich und ihren Schuldgefühlen, kanzeln sie ab und bewerten sie als moralisch dysfunktional.

Natürlich ist das einfacher, als eine ehrliche Debatte zu führen. Jemandem ein schlechtes »Ranking« zu erteilen und damit jedwede konstruktive Diskussion zu ersticken, ist in unserer heutigen Bewertungsgesellschaft längst der Standard. Die mütterliche Reue aber greift uns so sehr an, auch weil sie unser Selbstbild infrage stellt und eine Geschichte von existentiellen Gefühlen erzählt, die gegen unsere Erwartungen stehen. Feeling Rules, Muttermythos, veraltete Rollenbilder und der Leistungsgedanke einer sich stets optimierenden Gesellschaft behindern uns in einer ehrlichen Auseinandersetzung. Doch wer sich aufrichtig dem Thema nähert, stellt fest: Die bereuenden Mütter sind nicht »moralisch dysfunktional«. Sie lieben ihre Kinder. Genau deswegen leiden sie an ihren widersprüchlichen Gefühlen. Und genau deswegen braucht es eine offene Debatte. Weil die Belastungen, denen Mütter heute unterliegen, auch gesellschaftlich bedingt sind. Und weil Kinderkriegen und Kinderhaben nicht in Scham oder sozialer Ausgrenzung enden sollten, wenn es schwierig wird. Sondern in Verständnis und gegenseitiger Anteilnahme. Das würde im Übrigen nicht nur den Müttern dienen – sondern auch dem Kindeswohl, das in der Diskussion jene Stimmen immer wieder als

Schutzschild vor sich her tragen, die zu faul und zu ängstlich sind, um sich einer ehrlichen Auseinandersetzung zu stellen.

Wie kann diese Situation besser werden? Was brauchen Mütter hierzulande? Auf praktischer Seite: mehr Unterstützung. Beispielsweise ein besseres Steuer- und Unterhaltsrecht für Alleinerziehende sowie eine Umwandlung des Ehegattensplittings in ein Familiensplitting. Also eine konsistente Familienpolitik, die die heutige Vielfalt von Lebensweisen anerkennt und egalitäre Beziehungs- und Erziehungsmodelle fördert. Dazu mehr Teilzeitangebote, eine Umstrukturierung der patriarchal organisierten Arbeitswelt und bessere Betreuungsmöglichkeiten, auf die alle, wirklich alle Mütter zurückgreifen können.

Diese Maßnahmen wären richtig und nötig. Aber sie sind die kleinere Hürde. Wir müssen viel weiter denken, über die Vereinbarkeitsdiskussion hinaus. Denn auch die wird unser Kopfproblem eines eingeschränkten Denkmusters nicht lösen. Wir brauchen eine neue Debatte, die folgende Frage in ihr Zentrum stellt: Wie kann eine Mutterrolle gedacht werden, die ein zeitgemäßes Frauenbild mit einem realistischen Mutterbild vereint? Genau an dieser Stelle nämlich liegt der Kern des Problems: Frauen sollen heute alles Mögliche sein: gutaussehend, hochgebildet, beruflich erfolgreich, dazu auch noch fortschrittlich. Und Mutter, natürlich. Gleichzeitig aber kleben wir an alten Erwartungen, die nichts mit einer zeitgemäßen und ehrlichen Vorstellung von Muttersein zu tun haben. Es ist ein Dilemma, an dessen Erhalt wir selbst mitwirken.

Wir brauchen deswegen neue und authentischere Bilder vom Muttersein. Nicht nur eines, sondern viele. Würden wir diesen Schritt schaffen, wäre schon viel gewonnen: Wir hätten uns ein Stück Leichtigkeit zurückerobert. Mütter könnten dann bei dem ewigen Wettlauf nach sozialer Anerkennung einfach aussteigen. Sie würden sich nicht länger über ihre Kinder definieren und über sie definiert werden, sondern könnten sich als Mutter leichter annehmen, so wie sie eben sind. Sie könnten weiterhin Frau bleiben. Sie wären nicht mehr »fehlerhaft«, nur weil sie in das verstaubte, viel zu enge Kleid der Übermutter nicht hineinpassen, das bis dato als einziges Wahlmodell in unserem Schrank hängt. Sie wären einfach eine Mutter unter vielen. Keine »schlechter« als die andere.

Um diese Utopie zu erreichen, braucht es allerdings mehrere Dinge:

An erster Stelle Mut. Mütter, die mit ihrer Rolle hadern, müssten sich trauen, diese Gefühle anzuerkennen und anschließend aus ihrer Scham herauszutreten. Für die Frauen, deren mütterliche Reue ich in diesem Buch porträtiert habe, bestand ein zentraler Punkt des Umgangs mit den »verbotenen« Gefühlen darin, sich von der Isolation der eigenen Emotionen zu befreien. Also über ihre Gefühle zu sprechen und eben nicht allein zu bleiben. Um diesen schwierigen Schritt zu ermöglichen, braucht es noch eine weitere Komponente: Offenheit. Wir alle müssen umdenken und uns von alten Klischees lösen. Nur wer sich eines offenen und empathischen Umfeldes sicher ist, kann den Schritt wagen, aus dem eigenen Leid herauszutreten, ohne soziale Sanktionen fürchten zu müssen. Um dann zu erkennen: »Es gibt keinen Grund, sich für die eigenen Gefühle zu schämen.«

An die Stelle der Angst muss ein neues Selbstbewusstsein treten. So wird es möglich, sich zu artikulieren, Hilfe anzunehmen und vielleicht auch zu erkennen: »Ich bin mit meinen Zweifeln nicht allein.« Denn das wäre die wichtigste Komponente: ein solidarischer und verständnisvoller Umgang miteinander, der eine Mutter nicht nach der Anzahl ihrer selbstgebackenen Cupcakes bewertet und nur dann in den Kreis der »sozial Erfolgreichen« aufnimmt, wenn alles rundläuft. Sondern ein Umgang, der ein Netz aus Verständnis anbietet, das vor allem dann auffängt, wenn es eben nicht rundläuft.

Wir haben heute alle Möglichkeiten, um diese Schritte zu wagen. Niemand zwingt uns mehr, uns an verstaubte Vorgaben zu halten, die irgendwer irgendwann einmal erdacht hat und die längst ihre Gültigkeit verloren haben – oder die sogar noch nie allgemein gültig waren. Muttersein bedeutet Vielfalt. Frauen und Mütter müssen sich deswegen an ihre Selbstbestimmung erinnern.

Dann kann jede Frau ihre eigene Erzählung schreiben. Wir müssen uns nur trauen.

Danke

Vor allen anderen an: meine kleine Schwester Ariane, ohne die ich sehr wahrscheinlich nie von der israelischen Studie erfahren hätte.

Orna Donath für eben diese Studie.

Christian Weber von der *Süddeutschen Zeitung*, ohne dessen Anschubser ich nie auf die Idee gekommen wäre, das Abenteuer Buch zu wagen.

Meine drei Protagonistinnen aus Kapitel 3, denen ich für ihren Mut und ihre Offenheit tiefen Respekt zolle und deren Kampfgeist ich bewundere.

Alle anderen Protagonistinnen und Protagonisten, Expertinnen und Experten, die sich Zeit genommen haben, um mir mit ihren Informationen weiterzuhelfen und mir ihre Geschichten zu erzählen.

Stefanie Hess, Nadine Lipp und Sabrina Hausmann für ihre Begeisterung, ihre Ratschläge, die gemeinsamen Gespräche und die Arbeit am Text.

Meine Familie für ihre stete Unterstützung und dafür, dass ich durch sie am lebenden Beispiel gelernt habe, was Frauen alles können.

Johanna und Lua für Spiel, Spaß, Schokolade, meine leibliche Grundversorgung und für: Menschen sind!

David Krenz, Hermsi, Nina, Daniel Junglas und Tinka für so viel mehr, aber vor allem fürs Auffangen in der schlimmsten Krise. Und für die nötigen Lacher zwischendurch.

Mein besonderer Dank geht an:

Dr. Daniel Graf, der Agent, Diskussionspartner, Coach und zu allen Zeiten zuverlässiger Berater war. Ich hätte mir keinen besseren Agenten wünschen können.

Dr. Wolfgang Schilling, ohne dessen Geduld, Empathie und kompetente Arbeit ich sonst wo säße – aber sicher nicht hier und jetzt beim Tippen dieser Zeilen.

Christoph. Fürs Aushalten, Anspornen, Kritisieren, Korrigieren, Beruhigen, Kopfkraulen, Verstehen, Ablenken, Ermahnen, Ermutigen und vor allem: für die innere Sicherheit.

Anmerkungen

Vorwort

1   www.spiegel.de/wirtschaft/soziales/deutschland-hat-die-niedrigste-geburtenrate-der-welt-a-1036553.html

1
Was ist regretting motherhood? – Eine Definition

1   Jacinta Nandi: »Alleine mit dem Hass der Gesellschaft«, 08.05.2015. www.resonanzboden.com/streitfall/alleine-mit-dem-hass-der-gesellschaft-jacinta-nandi-regrettingmotherhood/
2   Orna Donath (2014): A sociopolitical analysis. Signs, Journal of Women and Culture in Society, Vol. 40, No. 2, S. 343–367. www.academia.edu/9820246/Regretting_Motherhood_A_Sociopolitical_Analysis
3   Michael Ohara, Jennifer E. McCabe (2013): Postpartum Depression: Current status and future directions. Annual Review of Clinical Psychology, 9, S. 379–407.
4   Donath, S. 358.
5   Ebd., S. 355.
6   Ebd., S. 356.
7   Neil J Roese, Amy Summerville (2005): What We Regret Most… and Why. Personality and Social Psychology Bulletin, 31 (9), S. 1273–1285, S. 2. www.ncbi.nlm.nih.gov/pmc/articles/PMC2394712/pdf/nihms44389.pdf
8   Anne-Charlotte Trepp (2002): Gefühl oder kulturelle Konstruktion. In: Ingrid Kasten, Gesa Stedman und Margarete Zimmermann (Hrsg). Kulturen der Gefühle in Mittelalter und Früher Neuzeit, querelles-net. Rezensionszeitschrift für Frauen- und Geschlechterforschung, Band 7, S. 86–103, S. 87. www.zefg.fu-berlin.de/media/pdf/querelles_jahrbuchaufsatz4.pdf
9   Arlie R. Hochschild (1979): Emotion work, feeling rules, and social structure. American Journal of Sociology, 85, S. 551–575.

10 Niklas Luhmann: Liebe. Eine Übung. Frankfurt am Main, 2008, S. 11.

11 Zur Anzahl weiblicher Beschäftigter in Pflegeberufen: https://statistik.arbeitsagentur.de/Statischer-Content/Arbeitsmarktberichte/Branchen-Berufe/generische-Publikationen/Gesundheits-und-Pflegeberufe-Deutschland-2011.pdf

2
Mutterschaft ist Ideologie –
Frauen in Israel

1 Eva Illouz: Israel, Berlin 2015, S. 57.

2 Ebd., S. 12.

3 Die Autorin ist sich bewusst, dass die folgende Einteilung lediglich einer groben Vereinfachung entspricht. Die Komplexität der verschiedenen religiösen Auffassungen innerhalb des jüdischen Glaubens im Einzelnen aufzuführen, würde an dieser Stelle allerdings den Rahmen sprengen.

4 Ayala Keissar-Sugarmen: A Portrait of Israeli Jews. Beliefs, Observance, and Values of Israeli Jews (2009)
   Guttman Center for Surveys of the Israel Democracy Institute, The AVI CHAI–Israel Foundation, S. 30. http://en.idi.org.il/media/1351622/GuttmanAviChaiReport2012_EngFinal.pdf

5 www.swissjews.ch/pdf/de/factsheet/SIG_Factsheet_Israel_Bevoelkerung_Religionen20121.pdf

6 Elana Maryles Sztokman: The War on Women in Israel: The story of religious radicalism and the women fighting for freedom, Naperville, Illinois 2014, S. 1–66, 148–242.

7 Tamir Tal, Inbal Wilmovsky: Women in Israel – Between Theory and Reality. Data and information, changes and trends (2012). The Israeli Women's Network in Zusammenarbeit mit der Konrad-Adenauer-Stiftung, Kapitel 8, S. 101–122. www.iwn.org.il/site/upload/photos/142600206943708152a.pdf

8 Ebd., S. 122.

9 www.hagalil.com/archiv/2012/03/21/scheidungsverweigerung/

10 Tal, Wilmovsky: Kapitel 2, S. 25–28.

11 Ebd., S. 27.

12 Ebd., S. 25.

13 Sztokman, S. 153.

14 Keissar-Sugarmen, S. 30.

15 Juliane Mittelstaedt: Im Namen der Tugend. In: *Der Spiegel* 2/2012. www.spiegel.de/spiegel/print/d-83504602.html

16 Esti Ahronovitz: No kids, no regret, Haaretz, 24.12.2010. www.haaretz.com/weekend/magazine/no-kids-no-regrets-1.332730

17 Tal Wilmovsky, S. 25–28.

18 Rivka Tuval-Mashiach, Shirit Shaiovitz-Gourman (2014): Maternal Ambivalence and »Ideal Mothering«: Can the Two Go Together? In: Petra Bueskens (Hrsg): Mothering and Psychoanalysis: Clinical, Sociological and Feminist Perspectives, Demeter Press, Bardford, S. 357–373.

19 Sztokman, S. 150.

20 Hanna Herzog: Women in Israeli Society (2004). In: U. Rebhun and C. Waxman (eds.): Jews in Israel: Contemporary Social and Cultural Patterns, University Press of New England/Brandeis University Press, S. 195–220.

21 Fakten dazu finden sich im aktuellen Gender-Report: Hagar Tzameret-Kertcher: The Gender Index. Gender Inequality in Israel (2014), The Van Leer Jerusalem Institute. http://library.fes.de/pdf-files/bueros/israel/11221-en.pdf

22 Hanna Herzog: Family-Military Relations in Israel as a Genderizing Social Mechanism (2004). In: Armed Forces & Society 31 (1), S. 5–30.

23 Immer mehr Frauen legen die Tefillin an und fordern dieses Recht für sich ein. Siehe hierzu: www.juedische-allgemeine.de/article/view/id/18229

4
Eine Kuh wird geschlachtet –
Die Debatte #regrettingmotherhood

1 Alle wörtlichen Facebook-Kommentare innerhalb dieses Kapitels beziehen sich auf den Facebook-Thread vom 05.04.2015 auf der Profilseite der *Süddeutschen Zeitung* unter dem Text: »Sie wollen ihr Leben zurück«: www.facebook.com/ihre.sz/posts/803907839700597

2 Alle wörtlichen Twitter-Kommenrate innerhalb dieses Kapitels beziehen sich auf den Hashtag #regrettingmoterhood: twitter.com/search?q=%23regrettingmotherhood

3 Robin Alexander: Was für ein Unsinn, *Die Welt*, 15.04.15. www.welt.de/debatte/kommentare/article139613779/regrettingmotherhood-was-fuer-ein-Unsinn.html

4 Birgit Kelle: Werdet endlich erwachsen!, *The European*, 20.04.15. www.theeuropean.de/birgit-kelle/10048-selbstmitleid-im-internet

5 *RPonline* (ohne Autorenname): Bekenntnisse reuiger Mütter sind heilsam, 16.04.15. www.rp-online.de/politik/deutschland/kolumnen/gesellschaftskunde/bekenntnisse-reuiger-muetter-sind-heilsam-aid-1.5018899

6 Kati Meyer-Tien: *Mittelbayrische Zeitung*, 08.05.15. www.presseportal.de/pm/62544/3017951

7 *Spiegel Online* (ohne Autorenname): Mütter, die keine sein wollen, 13.04.15. http://www.spiegel.de/panorama/gesellschaft/regrettingmotherhood-muetter-die-keine-sein-wollen-a-1028310.html

8 *Focus.de* (ohne Autorenname): Rückblickend hätte ich auf Kinder verzichtet – darf eine Mutter so was sagen?, 06.05.15. www.focus.de/familie/erziehung/etwas-grosses-passiert-gerade-tabubruch-duerfen-frauen-ihre-mutterschaft-bereuen_id_4660291.html

9 ZDF heute-journal, Sendung vom 14.04.15. Der Beitrag aus der Sendung ist abrufbar unter: http://www.verpasst.de/sendung/238217/Zdf_Heute_Journal.html

10 Schweden: Maike Schultz: Att bli mamma har inte tillfört mig något, *Svenska Dagbladet*, 14.09.15. www.svd.se/att-bli-mamma-har-inte-tillfort-mig-nagot/om/idagsidan
Schweiz: Sandra C.: Regretting Motherhood: Manchmal macht Lügen Sinn, *Schweizer Illustrierte*, 16.04.15. www.schweizer-illustrierte.ch/blogs/der-ganz-normale-wahnsinn/familienblog-regretting-motherhood-twitter-kinder-frauen
Österreich: *der Standard* (ohne Autorenname): Autorin von »Regretting Motherhood-Studie« froh über Debatte, 05.05.15. derstandard.at/2000015321219/Autorin-von-Regretting-Motherhood-Studie-froh-ueber-Debatte

11 Lucie Marshall: Eine heilige Kuh wird geschlachtet – #regrettingmotherhood, 08.04.15. derstandard.at/2000015321219/Autorin-von-Regretting-Motherhood-Studie-froh-ueber-Debatte

12 Kelle: Werdet endlich erwachsen!

13 Vgl. Kapitel 1: Hochschild, S. 551–575.

14 Nina Pauer: Verzicht ist Mist, *Die Zeit*, 16.04.15, No.16/2015, S. 12, online 30.04.15. www.zeit.de/2015/16/meinungsleiter-mutterschaft-bereuen-studie

15 Alexander: Was für ein Unsinn.

16 Claudia Opitz-Belakhal (2002): Pflicht-Gefühl. Zur Codierung von Mutterliebe zwischen Renaissance und Aufklärung. In: Ingrid Kasten, Gesa Stedman und Margarete Zimmermann (Hrsg). Kulturen der Gefühle in Mittelalter und Früher Neuzeit, querelles-net. Rezensionszeitschrift für Frauen- und Geschlechterforschung, Band 7, S. 154–170, S. 160. www.zefg.fu-berlin.de/media/pdf/querelles_jahrbuchaufsatzopitz.pdf

17 Antonia Baum: Die Mutterschaft ist heilig, *Frankfurter Allgemeine Sonntagszeitung*, 19.04.15, Nr. 16/2015, S. 35.

18 Vgl. Kapitel 5.

19 Axel Honneth: Das Recht der Freiheit, Berlin 2011, S. 252–317, S. 287.

20 Ebd., S. 288.

21 Margarete Moulin, Jeanette Otto: Wir sind noch zu feige, *Die Zeit*, 23.07.15, Nr. 30/2015, online 06.08.15. www.zeit.de/2015/30/vaeter-kinder-karriere-vereinbarkeit

5
Eine Idee wird zur Norm – Der deutsche Muttermythos

1 Elisabeth Badinter: Mutterliebe, München 1981, S. 9.

2 Ebd., S. 19.

3 Barbara Vinken: Die deutsche Mutter. Der lange Schatten eines Mythos, München 2011, S. 136.

4 Ebd.

5 Jean-Jacques Rousseau: Émile oder über die Erziehung, Köln 2010, S. 701.

6 Badinter: Mutterliebe, S. 35f.

7 Vinken, S. 144–160.

8 Alle nachfolgenden Informationen zu Luise von Preußen beziehen sich auf ein umfangreiches Dossier des ZDF zur Königin: www.zdf.de/frauen-die-geschichte-machten/koeniginluise-diepreussische-madonna-frauendiegeschichtemachten-30344424.html

9 Hagen Schulze: Kleine deutsche Geschichte, München 2011, S. 65.

10 Martin R. Textor: Familien: Soziologie, Psychologie. Eine Einführung für soziale Berufe, Freiburg 1993. www.ipzf.de/Familien.html

11 Gaby Gschwend: Mütter ohne Liebe. Vom Mythos der Mutter und seinen Tabus, Bern 2009, S. 19.

12 Textor: www.ipzf.de/Familien.html

13 Ebd.

14 www.bpb.de/gesellschaft/gender/frauenbewegung/35256/aufbau-phase-im-kaiserreich

15 Ebd.

16 Anne Wizorek: Weil ein #Aufschrei nicht reicht: Für einen Feminismus von heute, Frankfurt am Main 2014, S. 251.

17 Irmgard Weyrather: Muttertag und Mutterkreuz – Der Kult um die »deutsche Mutter« im Nationalsozialismus, Frankfurt am Main 1993, S. 7.

18 Ebd., S. 17.

19 Ebd., S. 11.

20 Ebd., S. 16.

21 Ebd., S. 88.

22 Ebd., S. 135.

23 Christoph Gehring: Vater, Mutter, Kind, Deutschlandfunk, 04.12. 2008. www.deutschlandfunk.de/vater-mutter-kind.1148.de.html? dram: article_id=180284

24 Ebd.

25 www.bpb.de/izpb/10124/gesellschaftliche-entwicklung?p=all

26 www.planet-wissen.de/gesellschaft/familie/beruf_hausfrau/pwwb-berufhausfrau100.html

27 www.wirtschaftswundermuseum.de/frauenbild-50er-1.html

28 www.bpb.de/politik/innenpolitik/arbeitsmarktpolitik/55097/er-naehrermodell

29 Gschwend, S. 20.

30 Deborah Blum: Die Entdeckung der Mutterliebe. Die legendären Affenexperimente des Harry Harlow, Weinheim und Basel 2010.

31 K. E. Grossmann, F. Becker-Stoll, K. Grossmann, H. Kindler, M. Maier, H. Scheuerer-Englisch, M. Schieche, G. Spangler, K. Stöcker, G. Suess, M. Wensauer & P. Zimmermann (2003). Die Bindungstheorie: Modell, entwicklungspsychologische Forschung und Ergebnisse (Attachment theory: model, developmental research and results). In: Heidi Keller (Hrsg.): Handbuch der Kleinkindforschung, Bern, S. 223–282.

32 Verena Friederike Hasel: Drum prüfe gut, wie früh es sich bindet, *Der Tagesspiegel*, 29.09.12. www.tagesspiegel.de/wissen/psychologie-drum-pruefe-gut-wie-frueh-es-sich-bindet/7195232.html

33 Elisabeth Badinter: Der Konflikt. Die Frau und die Mutter, München 2010, S. 43f.

34 Ebd., S. 68f.

35 Ebd., S. 75.

36 Christine Henry-Huthmacher (Hrsg); Norbert F. Schneider, Sabine Diabaté, Detlev Lück: Familienleitbilder in Deutschland. Ihre Wirkung auf Familiengründung und Familienentwicklung, Konrad-Adenauer-Stiftung, 2014.
www.kas.de/wf/doc/kas_38060-544-1-30.pdf?140612151941

37 Honneth, S. 252–317.

38 Konrad-Adenauer-Stiftung, S. 16/17.

39 www.fr-online.de/wissenschaft/umgang-mit-kindern--urform-der-mutterliebe-gibt-es-nicht-,1472788,25804470.html

40 Jutta Allmendinger: Frauen auf dem Sprung – Das Update 2013, die BRIGITTE-Studie. www.brigitte.de/producing/pdf/fads/BRIGITTE-Dossier-2013.pdf

41 www.fuerkinder.org/files/Chrismon-Emnid_2012_7.pdf

42 www.bunte.de/grossbritannien/herzogin-kate-super-mama-124007.html?utm_source=facebook&utm_medium=cpc&utm_campaign=facebook-bunte-de-cpc&fbc=facebook-bunte-de&utm_content=video

6
Eine Vorstellung wird zur Krux – Die Mär vom Elternglück

1 Elisabeth Badinter: Der Konflikt, München 2010, S. 27.

2 Pressemitteilung des Müttergenesungswerkes vom 17.06.14: www.muettergenesungswerk.de/docs/attachments/b0a9100a-5081-4cbb-93ca-02574c90c2c4/MGW-Pressemappe-PK-170614.pdf

3 Ebd.

4 Ebd.

5 A. Deaton, Arthur A. Stone (2014): Evaluative and hedonic well-being among those with and without children at home, PNAS, Vol. 111. www.pnas.org/content/111/4/1328.full.pdf

6 G. Baetschmann, Kevin E. Staub, R. Studer (2012): Does the storck deliver happiness? Parenthood and Life Satisfaction, University of Zurich Working paper 94. www.econ.uzh.ch/static/wp/econwp094.pdf

7 Matthias Pollmann-Schult (2013): Elternschaft und Lebenszufriedenheit in Deutschland, *Comparative Population Studies – Zeitschrift für Bevölkerungswissenschaft*, Jg. 38, 1, S. 59–84.

www.google.de/url?sa=t&rct=j&q=&esrc=s&source=web&cd=1&-
ved=0CCAQFjAAahUKEwiYl8mpwaHIAhWEvBoKHY48BpY-
&url=http%3A%2F%2Fwww.comparativepopulationstudies.de%-
2Findex.php%2FCPoS%2Farticle%2Fdownload%2F67%
2F121&usg=AFQjCNG8T-aDtgAv9obzgG-6ZTIK16I_jA&b-
vm=bv.104226188,d.bGg

8 www.spiegel.de/wirtschaft/soziales/deutschland-hat-die-niedrigs-
te-geburtenrate-der-welt-a-1036553.html

9 www.welt.de/print/wams/politik/article145780532/33-000-Babys-
mehr-und-kein-Gedoens.html

10 www.spiegel.de/wirtschaft/soziales/deutschland-hat-die-niedrigs-
te-geburtenrate-der-welt-a-1036553.html

11 Zum Elterngeld: www.bmfsfj.de/BMFSFJ/Service/rechner,did=
76746.html

12 Zum Kindergeld: www.bmfsfj.de/BMFSFJ/familie,did=31470.html

13 www.bmfsfj.de/BMFSFJ/familie,did=218354.html

14 Karin Jurczyk, Mitarbeit Ursula Persike und Johanna Possinger
(Stand August 2015): Ziele und Leistungen von Familienpolitik –
wirksam gegen Familienarmut?, Deutsches Jugendinstitut. www.
dji.de/index.php?id=43662&L=0

15 Anne Salles (2009): Französische Familienpolitik. Ein Erfolgsmodell unter Reformdruck. Deutsche Gesellschaft für Auswärtige Politik e.V. (Hrsg.), in Zusammenarbeit mit der Robert-Bosch-Stiftung, Berlin, S. 5.
http://www.zukunftsdialog.eu/fileadmin/user_upload/Bilder/Pub-
likationstitel/2009-06_dgapana_f_salles_famienpol_www.pdf

16 www.statistik.baden-wuerttemberg.de/Pressemitt/2014300.asp

17 www.bpb.de/izpb/8078/sozialstaatskonzeptionen-und-familienpo-
litik?p=2

18 Diese Informationen stammen aus einem Interview mit Annika
Joeres.

19 Marc Brost, Heinrich Wefing: Geht alles gar nicht. Warum wir Kinder, Liebe und Karriere nicht vereinbaren können. Reinbek 2015.

20 www.bpb.de/izpb/8078/sozialstaatskonzeptionen-und-familienpo-
litik?p=2

21 Salles, S. 10.

22 Ebd., S. 11.

23 Annika Joeres: Vive la Famille. Was wir von den Franzosen übers
Familienglück lernen können, Freiburg 2015.

24 Die deutsche Angst vorm Kinderkriegen. Rheingoldinstitut, Insti-

tut für Qualitative Markt- und Medienanalysen, 2010, Köln. www.
rheingold-salon.de/grafik/veroeffentlichungen/PM_Studie_Muet-
ter_in_Angst.pdf

25 Ebd., S. 2.

26 www.bpb.de/izpb/8078/sozialstaatskonzeptionen-und-familienpo-
litik?p=2

27 www.theguardian.com/world/2015/may/28/swedish-fathers-paid-
paternity-parental-leave

28 www.bpb.de/izpb/8078/sozialstaatskonzeptionen-und-familienpo-
litik?p=2

29 http://work.sweden.se/living-in-sweden/social-benefits/

30 https://sweden.se/society/10-things-that-make-sweden-family-fri-
endly/

31 Väter bei der Commerzbank: Ein Kulturwandel entsteht. Die Commerzbank-Väter-Studie 2015, S. 10. www.commerzbank.de/media/
karriere/diversity_neu/Vaeterstudie_2015.pdf

32 www.zeit.de/2014/23/zweimonatsvaeter-elternzeit

33 www.bmfsfj.de/BMFSFJ/Service/themen-lotse,did=76746.html

34 www.heute.de/karlsruhe-bundesverfassungsgericht-kippt-das-be-
treuungsgeld-in-seiner-jetzigen-form-39369036.html

35 http://dejure.org/gesetze/GG/3.html

36 Meldung der *Süddeutschen Zeitung*, 13.07.2015, Nr. 174.

37 www.iwkoeln.de/infodienste/iw-nachrichten/beitrag/arbeitszei-
ten-schwesig-fordert-32-stunden-woche-fuer-eltern-141137

38 www.tagesschau.de/inland/schwesig128.html

39 Vgl. Kapitel 1 und 6.

7

Mutterliebe wird zur Verklärung –
Die vermeintliche Natürlichkeit

1 Kurzübersicht: www.eol.org/pages/1044544/overview
Weiterführend: Nick J. Royle, Per T. Smiseth, Mathias Kölliker: The
Evolution of Parental Care, Oxford 2012.

2 Illouz, S. 137.

3 Vgl. hierzu Kapitel 5.

4 www.youtube.com/watch?v=KwG7mLwWip4

5 Sarah Hrdy Blaffer: Mutter Natur. Die weibliche Seite der Evolution, Berlin 2000.

6 Ebd., S. 340.

7 Ebd., S. 364.

8 Lieselotte Ahnert: Wie viel Mutter braucht ein Kind?, Berlin/Heidelberg 2010, S. 27ff.

9 www.deutschlandfunk.de/schwanger-im-kopf.676.de.html?dram:article_id=19821

10 Ebd.

11 Ahnert, S. 77.

12 Jennifer R. Brown, Hong Ye, Roderick T. Bronson, Pieter Dikkes, Michael E. Greenberg (1996): A defect in Nurturing in Mice lacking the immediate early Gene fosB, The Cell, Vol. 86, S. 297–309.

13 http://news.nationalpost.com/news/canada/vancouver-baby-becomes-first-person-to-have-three-parents-named-on-birth-certificate-in-b-c, sowie: http://www.argentinaindependent.com/currentaffairs/newsfromargentina/first-baby-registered-with-three-parents-in-argentina/

14 Ahnert, S. 63.

15 Gschwend, S. 29.

16 www.stern.de/gesundheit/depression/postnatale-depression-jeden-zehnten-vater-trifft-der-babyblues-3094846.html

17 www.zeit.de/wissen/gesundheit/2014-11/maenner-schwangerschaft-couvade-syndrom

18 Ahnert, S. 82.

19 P.G. Ramchandani, T.G. O'Connor, J. Evans, J. Heron, L. Murray und A. Stein (2008). The effects of pre- and postnatal depression in fathers: A natural experiment comparing the effects of exposure to depression on offspring. *Journal of Child Psychology and Psychiatry*, 49 (10), S. 1069–1078.

20 J.H. Goodman (2003): Paternal postpartum depression, its relationship to maternal postpartum depression and implications for family health. *Journal of Advanced nursing* 45 (1), S. 26–35.

21 Ebd.

22 Grossmann u.a., S. 223–282.

23 Gschwend, S. 27.

24 Die Klarnamen aller Gruppenteilnehmerinnen wurden durch andere Namen ersetzt.

1 Im April 2015 erschien in der *Welt* der Text »Warum mich der Feminismus anekelt«, geschrieben von der jungen Redakteurin Ronja von Rönne. Sie bezeichnet den Feminismus in diesem Text als überflüssig, er sei lediglich eine »Charityaktion für unterbemittelte Frauen geworden, nur noch Symptom einer Empörungskultur, die sich fester an die Idee der Gleichheit klammert als jedes kommunistische Regime«. Daraufhin entbrannte eine heftige Onlinediskussion innerhalb der deutschen Medien, von Rönne sah sich erheblichen Anfeindungen ausgesetzt. Ihr Text kann abgerufen werden unter: www.welt.de/kultur/article139269797/Warum-mich-der-Feminismus-anekelt.html

2 Barbara Potthast: Die Stellung der Frau heute, Universal Lexikon, 2012. http://universal_lexikon.deacademic.com/243925/Gleichberechtigung%3A_Die_Stellung_der_Frau_heute

3 www.bmfsfj.de/BMFSFJ/Gleichstellung/politik-fuer-frauen-und-maenner,did=88464.html?view=renderPrint

4 Wie die Zeit vergeht. Ergebnisse zur Zeitverwendung in Deutschland 2012/2013. Statistisches Bundesamt, im Auftrag des Bundesfamilienministeriums, Wiesbaden, 2015, S. 9. www.destatis.de/DE/PresseService/Presse/Pressekonferenzen/2015/zeitverwendung/Pressebroschuere_zeitverwendung.pdf?__blob=publicationFile
   In Haushalten mit zwei Kindern arbeiten die Väter allerdings zwei Stunden mehr als die Frauen, Vgl. S. 10.

5 www.bpb.de/nachschlagen/zahlen-und-fakten/bundestagswahlen/205707/abgeordnete-nach-geschlecht-und-bundeslaendern

6 www.bmfsfj.de/BMFSFJ/Gleichstellung/politik-fuer-frauen-und -maenner,did=88464.html?view=renderPrint

7 Alison Wolf: Feminists today are too obsessed with their own elite, metropolitan lives, 21.01.15. *The Guardian*: www.theguardian.com/commentisfree/2015/jan/21/feminists-obsessed-elite-metropolitan-lives-low-paid-females

8 Ebd.

9 Deutsche Wirtschaftsnachrichten, 16.03.2014: http://deutsche-wirtschafts-nachrichten.de/2014/03/16/armutsrisiko-mehrheit-der-deutschen-frauen-arbeitet-fuer-niedriglohn/

10 Die Zahl bezieht sich auf das Jahr 2012, vorgelegt vom Sozial- und Wirtschaftswissenschaftlichen Institut in Düsseldorf. Dort findet sich zu dem Begriff Niedriglohn auch die Erklärung: »Als Niedriglohn

wird ein Arbeitsstundenlohn angesehen, der niedriger ist als zwei Drittel des mittleren Bruttostundenlohns. Das ist der Wert, der genau in der Mitte liegt, wenn alle Stundenlöhne vom niedrigsten zum höchsten geordnet werden.« www.boeckler.de/wsi_50910.htm

11 Deutsche Wirtschaftsnachrichten, 16.03.2014: http://deutsche-wirtschafts-nachrichten.de/2014/03/16/armutsrisiko-mehrheit-der-deutschen-frauen-arbeitet-fuer-niedriglohn/

12 Thomas Körner, Holger Meinken, Katharina Puch: Wer sind die ausschließlich geringfügig Beschäftigten? Eine Analyse nach sozialer Lebenslage, Bundesagentur für Arbeit in Zusammenarbeit mit dem Bundesamt für Statistik, 2013: www.destatis.de/DE/Publikationen/ WirtschaftStatistik/Arbeitsmarkt/GeringfuegigBeschaeftigte_ 012013.pdf?__blob=publicationFile

13 Ein sehr schöner Text zu der Thematik, der aus einer privaten Sicht das Leben einer ausländischen Haushaltshilfe und deren Arbeitgeberin in Deutschland beschreibt, ist der Artikel von Gabriela Herpell: Frauen, die Frauen ersetzen, die Frauen ersetzen, *Süddeutsche Zeitung*, 03.10.2015. www.sueddeutsche.de/wirtschaft/arbeitsmarkt-frauen-die-frauen-ersetzen-die-frauen-ersetzen-1.2671635 Sachlicher: http://www.mechthild-rawert.de/inhalt/2014-10-28/welt markt_pflege_globale_versorgungs_und_pflegeketten

14 www.bpb.de/gesellschaft/migration/kurzdossiers/57295/unqualifizierte-frauen

15 Helma Lutz: Wer übernimmt die Care-Arbeit zuhause? Forschung Frankfurt 2/2010, S. 30. www.forschung-frankfurt.uni-frankfurt. de/36050711/03Lutz.pdf?

16 www.care.com/child-care

17 www.care.com/company-overview, Stand: 21.10.15.

18 Laurie Penny: Unsagbare Dinge. Sex, Lügen und Revolution, Hamburg 2014, S. 260.

19 Angela McRobbie: Frauen sind die perfekten Mitglieder einer neoliberalen Gesellschaft, *Süddeutsche Zeitung Magazin*, 10/2015. http://sz-magazin.sueddeutsche.de/texte/anzeigen/42858/Frauen-sind-die-perfekten-Mitglieder-einer-neo-liberalen-Gesellschaft

20 Lutz, S. 29.

21 Alleinerziehende in Deutschland – Lebenssituationen und Lebenswirklichkeiten von Müttern und Kindern – Monitor Familienforschung, Ausgabe 28, 2012, S. 6, Bundesministerium für Familie, Senioren, Frauen und Jugend. www.bmfsfj.de/BMFSFJ/Service/ Publikationen/publikationsliste,did=187504.html

22 Report Analyse des Arbeitsmarktes für Alleinerziehende, Bundes-
    agentur für Arbeit, 2013, S. 6.

23 Monitor Familienforschung, Ausgabe 28, S. 6.

24 Anne Lenze: Alleinerziehende unter Druck. Rechtliche Rahmenbedin-
    gungen, finanzielle Lage und Reformbedarf. Hochschule Darmstadt, im
    Auftrag der Bertelsmann Stiftung. www.alleine-erziehen.de/files/114-
    2014_bst_studie_alleinerziehende_im_recht_final_3.pdf

25 Lenze, S. 7.

26 Constanze von Bullion: Alleinerziehende werden entlastet, *Süddeut-
    sche Zeitung*, 04.06.2015. www.sueddeutsche.de/politik/steuerfrei-
    betrag-alleinerziehende-werden-entlastet-1.2505957

27 Birgit Thater: Die Story – Arm gemacht – Alleinerziehende in
    Deutschland, WDR, Sendung vom 22.06.15, O-Ton Manuela
    Schwesig ab Minute 36.00, abrufbar unter: www1.wdr.de/media
    thek/video/sendungen/die_story/videoarmgemachtalleinerziehende
    indeutschland100.html

28 Ebd.

29 Jurczyk, Deutsches Jugendinstitut: www.dji.de/index.php?id=
    43662&L=0

30 Lenze, S. 7.

31 Ebd.

32 www.soforthilfe-scheidung.de/unterhalt/unterhalt+von+eltern+
    nichtehelicher+kinder/unterhalt+von+eltern+nichtehelicher+kin-
    der.html

33 Ich und meine Rente. Was wir für Familien tun, Deutsche Renten-
    versicherung, 8. Auflage, 2015, S. 22. www.deutsche-rentenversi-
    cherung.de/cae/servlet/contentblob/232652/publicationFile/
    53638/was_wir_fuer_familien_tun.pdf

34 Ebd., S. 24.

35 Ebd., S. 4. Diese Regelung gilt aber nur für Mütter, deren Kinder
    nach 1992 geboren wurden. Davor beträgt die »Mütterrente« zwei
    statt drei Jahre.

36 Lenze, S. 13.

37 Penny, S. 14.

1   Die beiden wörtlichen Facebook-Kommentare aus diesem Kapitel ebenso wie jene aus Kapitel 4 beziehen sich auf den Facebook-Thread vom 05.04.2015 auf der Profilseite der *Süddeutschen Zeitung* unter dem Text:»Sie wollen ihr Leben zurück«: www.facebook.com/ihre.sz/posts/803907839700597

2   Moderne Väter – Wie die neue Vätergeneration Familie, Gesellschaft und Wirtschaft verändert. Durchgeführt von der differentlabs GmbH, im Auftrag der Väter gGmbH, 2012, S. 11. Abrufbar unter: http://vaeter-ggmbh.de/wp-content/uploads/2013/01/130124_Trendstudie_Einzelseiten_FINAL.pdf

3   Nina Pauer: Die Schmerzensmänner, *Die Zeit*, Nr. 2/2012. www.zeit.de/2012/02/Maenner

4   Kostras Petropulos: Neue Väter, neue Probleme, *Die Zeit*, 10.01.14. www.zeit.de/gesellschaft/2014-01/kinderbetreuung-vater-teil-zeit-sigmar-gabriel

5   Barbara Streidl: Die neuen Väter müssen keine Softies sein, *Die Welt*, 30.08.15. www.welt.de/debatte/kommentare/article1457785 44/Die-neuen-Vaeter-muessen-keine-Softies-sein.html

6   Karl Ove Knausgard: Lieben. München 2013, S. 115.

7   Marc Brost, Heinrich Wefing: Geht alles gar nicht. Warum wir Kinder, Liebe und Karriere nicht vereinbaren können. Reinbek 2015, S. 55.

8   Ebd., S. 63.

9   Ebd., S. 64.

10 forsa. Gesellschaft für Sozialforschung und statistische Analysen mbH. Meinungen und Einstellungen der Väter in Deutschland. Berlin, 2013. www.eltern.de/public/mediabrowserplus_root_folder/PDFs/Ergebnisbericht_Vaeterumfrage_2013.pdf

11 An diesem Punkt muss allerdings die große Altersspanne der Probanden berücksichtigt werden. Die gesetzlich geförderte Elternzeit existiert erst seit 2007. Das heißt, die älteren Väter in dieser Umfrage, deren Kinder das Kleinkindalter schon hinter sich haben, konnten sich gar nicht für oder gegen die Elternzeit entscheiden. In anderen Umfragen liegen die Zahlen der Väter, die Elternzeit nehmen, deutlich höher. So gab beispielsweise das Bundesfamilienministerium 2015 zu Protokoll: Für Kinder, die im Jahr 2011 geboren wurden, liegt die Väterquote bei 27,3 Prozent. Vgl. auch Kapitel 6.

12 Wie die Zeit vergeht. Ergebnisse zur Zeitverwendung in Deutsch-
    land 2012/2013. Statistisches Bundesamt, im Auftrag des Bundes-
    familienministeriums, Wiesbaden 2015, S. 14. www.destatis.de/DE
    /PresseService/Presse/Pressekonferenzen/2015/zeitverwendung/
    Pressebroschuere_zeitverwendung.pdf?__blob=publicationFile
13 Unternehmensmonitor Familienfreundlichkeit 2013, Institut der
    deutschen Wirtschaft Köln, im Auftrag des Bundesfamilienministe-
    riums, S. 8. www.bmfsfj.de/RedaktionBMFSFJ/Broschuerenstelle/
    Pdf-Anlagen/Unternehmensmonitor-Familienfreundlichkeit-2013,
    property=pdf,bereich=bmfsfj,sprache=de,rwb=true.pdf
    Es muss an dieser Stelle allerdings bemerkt werden, dass es sich bei
    der vorliegenden Studie nicht um ein Längsschnittpanel handelt,
    d.h., dass sich die Stichproben 2003, 2006, 2009 und 2012 nicht
    aus den gleichen Unternehmen zusammensetzen.
14 Ebd.
15 Ebd., S. 10.
16 Karin Flaake: Neue Mütter – neue Väter. Eine empirische Studie zu
    veränderten Geschlechterbeziehungen in Familien. Gießen 2014.
    Die zwölf befragten Familien stammen aus den alten Bundeslän-
    dern und der gehobenen Mittelschicht. Das Ausbildungsniveau der
    Paare war hoch, ein Migrationshintergrund lag nicht vor.
17 Ebd., S. 110.
18 Väter bei der Commerzbank: Ein Kulturwandel entsteht. Die Com-
    merzbank-Väter-Studie 2015. www.commerzbank.de/media/karri-
    ere/diversity_neu/Vaeterstudie_2015.pdf
19 Speziell für Väter hat Marc Schulte zusammen mit seinem Kollegen
    Eberhard Schäfer, der ebenfalls im Väterzentrum in Berlin arbeitet,
    einen Trennungsratgeber geschrieben und im Selbstverlag publi-
    ziert: Stark und verantwortlich: Ein Ratgeber für Väter nach Tren-
    nungen, 3. überarb. Aufl., Berlin 2015. ISBN: 978-3-00-049064-4
20 www.destatis.de/DE/PresseService/Presse/Pressemitteilungen/2015
    /07/PD15_266_12631.html;jsessionid=01F90450DAE91988A9
    CDD0098ADC6708.cae2

Schlusswort

1 Hochschild, S. 572/573.

Weiterführende Literatur und Links

1
Was ist regretting motherhood? – Eine Definition

– Die Ausgangsstudie: Orna Donath (2014): A sociopolitical analysis. Signs, Journal of Women and Culture in Society, Vol. 40, No. 2, S. 343–367.
www.academia.edu/9820246/Regretting_Motherhood_A_Sociopolitical_Analysis

– Überblicksartikel zum aktuellen Forschungsstand postpartale Depression: Michael Ohara, Jennifer E. McCabe (2013): Postpartum Depression: Current status and future directions. Annual Review of Clinical Psychology, 9, S. 379–407.

– Zur Ambivalenz bei Müttern: Rivka Tuval-Mashiach, Shirit Shaiovitz-Gourman (2014): Maternal Ambivalence and »Ideal Mothering«: Can the Two Go Together? In: Petra Bueskens (Hrsg): Mothering and Psychoanalysis: Clinical, Sociological and Feminist Perspectives, Demeter Press, Bardford.

– Zum Thema Reue allgemein: Neil J Roese, Amy Summerville (2005): What We Regret Most ... and Why. Personality and Social Psychology Bulletin, 31 (9), S. 1273-1285.
www.ncbi.nlm.nih.gov/pmc/articles/PMC2394712/pdf/nihms44389.pdf

– Zur Historie von Gefühlen: Anne-Charlotte Trepp (2002): Gefühl oder kulturelle Konstruktion. In: Ingrid Kasten, Gesa Stedman und Margarete Zimmermann (Hrsg): Kulturen der Gefühle in Mittelalter und Früher Neuzeit, querelles-net. Rezensionszeitschrift für Frauen- und Geschlechterforschung, Band 7, S. 86–103.
www.zefg.fu-berlin.de/media/pdf/querelles_jahrbuchaufsatz4.pdf

– Zur Bildung von Emotionen im soziologischen Kontext: Jürgen Gerhards (1988): Die sozialen Bedingungen der Entstehung von Emotionen. Eine Modellskizze. Zeitschrift für Soziologie, Jg. 17, Heft 3, S. 187–202.

– Ebenfalls: Arlie R. Hochschild (1979): Emotion work, feeling rules and social structure. American Journal of Sociology, 85, S. 551–575.

- Zum Gefühl der Liebe: Niklas Luhmann: Liebe. Eine Übung. Frankfurt am Main 2008.
- Ein Standardwerk für jeden, der mehr über mütterliche Ambivalenz, Feminismus und Mutterschaft erfahren möchte: Adrienne Rich: Of Woman Born. Motherhood as Experience and Institution, London 1977.
- Als Sidekick eine interessante Arbeit zum Thema Reue speziell bei türkischen Frauen: Sule Toktas (2002): Engendered Emotions: Gender awareness of Turkish women mirrored through regrets in the course of life. Women's Studies International Forum, Vol. 25, No. 4, S. 423-431. www.researchgate.net/publication/222827907_Engendered_emotions_Gender_awareness_of_Turkish_women_mirrored_through_regrets_in_the_course_of_life

2
Mutterschaft ist Ideologie – Frauen in Israel

- Basiswissen zum jüdischen Glauben und zur Praxis jüdischen Lebens findet sich in dem kleinen Buch von Günther Stemberger aus der C.H. Beck Wissen-Reihe: Günter Stemberger: Jüdische Religion, München 2015.
- Eine Übersicht zur Bevölkerungsstruktur Israels: www.swissjews.ch/pdf/de/factsheet/SIG_Factsheet_Israel_Bevoelkerung_Religionen 20121.pdf
- Eine journalistische Einführung zum Thema Israel gewährt: GEOEpoche, Nummer 61: Israel, Hamburg 2013.
- Eine aktuelle Einschätzung der politischen Lage liefert: Eva Illouz, Israel, Berlin 2015.
- Eine literarische Annäherung bietet: Wolfang Büscher: Frühling in Jerusalem, Berlin 2014.
- Für diejenigen, die lieber schauen statt lesen, sich aber speziell für das Leben der Charedim interessieren, sei diese fünfteilige youtube-Dokumentation empfohlen:
  Teil 1: www.youtube.com/watch?v=FGJg1lHPPZw
  Teil 2: www.youtube.com/watch?v=6MAN8gF1mvY
  Teil 3: www.youtube.com/watch?v=ypZE4XJY-cI
  Teil 4: www.youtube.com/watch?v=vJ29LtE9iLg
  Teil 5: www.youtube.com/watch?v=yOWd0Bf8gUg
- Wer sich näher für Haviva Ner-David interessiert, für ihre Ansich-

ten zum jüdischen Glauben und ihr alltägliches Leben: Haviva Ner-David: Channah's Voice. A Rabbi wrestles with gender, commandment, and the women's rituals of baking, bathing and brightening, New Jersey 2014.

- Mehr zum Einfluss des Militärs auf die Geschlechterrollen innerhalb der israelischen Gesellschaft: Hanna Herzog: Homefront and Battlefront and the Status of Jewish and Palestinian Women in Israel (1998). In: Israel Studies 3 (1), S. 61–84.

- Sowie: Hanna Herzog: Family-Military Relations in Israel as a Genderizing Social Mechanism (2004). In: Armed Forces & Society 31 (1), S. 5–30.

- Zu den Schwierigkeiten, mit denen sich unfreiwillig kinderlose Paare in der israelischen Gesellschaft auseinandersetzen müssen: Ruchama Weiss und Rabbi Levi Brackman: Praying for a child: Infertility in religious society. http://www.ynetnews.com/articles/0,7340, L-4105459,00.html

- Ein hoch spannendes Buch, das die Situation von Frauen in Israel genau analysiert, verständlich wiedergibt und zudem viele Organisationen auflistet, die sich in Israel feministisch engagieren: Elana Maryles Sztokman: The War on Women in Israel: The story of religious radicalism and the women fighting for freedom, Naperville, Illinois 2014.

- Blog von Hannah Katsman: www.amotherinisrael.com

- Genaue Zahlen zu der Frage, wie es Frauen in Israel geht: Hagar Tzameret-Kertcher: The Gender Index. Gender Inequality in Israel (2014), The Van Leer Jerusalem Institute.
http://library.fes.de/pdf-files/bueros/israel/11221-en.pdf

- Mehr zur Situation von Frauen in Israel: Tamir Tal, Inbal Wilmovsky: Women in Israel – Between Theory and Reality. Data and information, changes and trends (2012). The Israeli Women's Network in Zusammenarbeit mit der Konrad-Adenauer-Stiftung.
www.iwn.org.il/site/upload/photos/142600206943708152a.pdf

- Zahlen generell zur Bevölkerung Israels: Ayala Keissar-Sugarmen: A Portrait of Israeli Jews. Beliefs, Observance, and Values of Israeli Jews (2009), Guttman Center for Surveys of the Israel Democracy Institute, The AVI CHAI–Israel Foundation. http://en.idi.org.il/ media/1351622/GuttmanAviChaiReport2012_EngFinal.pdf

4
Eine Kuh wird geschlachtet –
Die Debatte #regrettingmotherhood

- Lucie Marshall: Eine heilige Kuh wird geschlachtet – #regretting-motherhood, 08.04.15:
  www.luciemarshall.com/de/?p=7840
- *Spiegel Online* (ohne Autorenname): Mütter, die keine sein wollen, 13.04.15:
  www.spiegel.de/panorama/gesellschaft/regrettingmotherhood-muetter-die-keine-sein-wollen-a-1028310.html
- Robin Alexander: Was für ein Unsinn, *Die Welt*, 15.04.15: www.welt.de/debatte/kommentare/article139613779/regrettingmother-hood-was-fuer-ein-Unsinn.html
- *RPonline* (ohne Autorenname): Bekenntnisse reuiger Mütter sind heilsam, 16.04.15:
  www.rp-online.de/politik/deutschland/kolumnen/gesellschaftskun-de/bekenntnisse-reuiger-muetter-sind-heilsam-aid-1.5018899
- Nina Pauer: Verzicht ist Mist, *Die Zeit*, 16.04.15, Nr.16/2015, on-line 30.04.15:
  www.zeit.de/2015/16/meinungsleiter-mutterschaft-bereuen-studie
- Sandra C.: Regretting Motherhood: Manchmal macht Lügen Sinn, *Schweizer Illustrierte*, 16.04.15:
  www.schweizer-illustrierte.ch/blogs/der-ganz-normale-wahnsinn/familienblog-regretting-motherhood-twitter-kinder-frauen
- Antonia Baum: Die Mutterschaft ist heilig, *Frankfurter Allgemeine Sonntagszeitung*, 19.04.15, Nr. 16/2015, S. 35.
- Birgit Kelle: Werdet endlich erwachsen!, *The European*, 20.04.15:
  www.theeuropean.de/birgit-kelle/10048-selbstmitleid-im-internet
- *der Standard* (ohne Autorenname): Autorin von »Regretting Mo-therhood-Studie« froh über Debatte, 05.05.15: http://derstandard.at/2000015321219/Autorin-von-Regretting-Motherhood-Studie-froh-ueber-Debatte
- *Focus.de* (ohne Autorenname): Rückblickend hätte ich auf Kinder verzichtet – darf eine Mutter so was sagen?, 06.05.15:
  www.focus.de/familie/erziehung/etwas-grosses-passiert-gerade-tabu-bruch-duerfen-frauen-ihre-mutterschaft-bereuen_id_4660291.html
- Kati Meyer-Tien: *Mittelbayrische Zeitung*, 08.05.15:
  www.presseportal.de/pm/62544/3017951
- Jacinta Nandi: Alleine mit dem Hass der Gesellschaft, 08.05.2015:

215

www.resonanzboden.com/streitfall/alleine-mit-dem-hass-der-ge-
sellschaft-jacinta-nandi-regrettingmotherhood/
– Margarete Moulin, Jeanette Otto: Wir sind noch zu feige, *Die Zeit*,
23.07.15, Nr. 30/2015, online 06.08.15:
www.zeit.de/2015/30/vaeter-kinder-karriere-vereinbarkeit
– Claudia Opitz-Belakhal (2002): Pflicht-Gefühl. Zur Codierung
von Mutterliebe zwischen Renaissance und Aufklärung. In: Ingrid
Kasten, Gesa Stedman und Margarete Zimmermann (Hrsg). Kulturen der Gefühle in Mittelalter und Früher Neuzeit, querelles-net. Re-
zenzionszeitschrift für Frauen- und Geschlechterforschung, Band 7.
www.zefg.fu-berlin.de/media/pdf/querelles_jahrbuchaufsatzopitz.
pdf
– Axel Honneth: Das Recht der Freiheit, Berlin 2011.

5
Eine Idee wird zur Norm –
Der deutsche Muttermythos

– Unverzichtbar für jeden, der mehr über die Entstehung des deut-
schen Muttermythos wissen will: Barbara Vinken: Die deutsche
Mutter. Der lange Schatten eines Mythos, München 2011.
– Ebenso unverzichtbar, wenn es um Muttermythos und Mutterliebe
geht:
Elisabeth Badinter: Mutterliebe, München 1981.
Elisabeth Badinter: Der Konflikt. Die Frau und die Mutter, Mün-
chen 2010.
– Noch ein Klassiker: Simone de Beauvoir: Das andere Geschlecht,
Reinbek 1989.
– Sehr lesenswert: Gaby Gschwend: Mütter ohne Liebe. Vom Mythos
der Mutter und seinen Tabus, Bern 2009.
– Eigentlich geht es in diesem großartigen Buch um die Frage, wie
man mündig und damit erwachsen wird, ohne die eigenen Ideale zu
verraten. Man erfährt beim Lesen aber auch viel über Rousseau und
dessen Figur Émile: Susan Neiman: Warum erwachsen werden?,
Berlin 2015.
– Jean-Jacques Rousseau: Émile oder über die Erziehung, Köln 2010.
– Ein tolles Buch, das man immer wieder lesen kann, um in der deutschen Geschichte zu kramen: Hagen Schulze: Kleine deutsche Geschichte, München 2011.

- Wer sich nicht auskennt in Sachen Geschlechterforschung, aber Lust hat, mehr zu lernen, ist mit diesem Buch gut bedient. Es sammelt einige grundlegende Arbeiten, fasst diese jeweils zusammen und kontextualisiert u.a. Texte von Hedwig Dohm, Simone de Beauvoir oder Judith Butler. Weil es sich um ein Fachbuch handelt, ist es an einigen Stellen schwer zugänglich und nicht immer gut verständlich. Aber die Mühe lohnt sich trotzdem. Martina Löw und Bettina Mathes (Hrsg): Schlüsselwerke der Geschlechterforschung, Wiesbaden 2005.

- Zum Thema Geschichte und Frauen ist dieses Buch eine sehr gute Einführung: Ute Gerhard: Frauenbewegung und Feminismus. Eine Geschichte seit 1789, München 2012.

- Für moderne Feministinnen und solche, die es werden wollen: Anne Wizorek: Weil ein #Aufschrei nicht reicht: Für einen Feminismus von heute, Frankfurt am Main 2014.

- Zum Mutterbild speziell unter den Nationalsozialisten im Zweiten Weltkrieg: Irmgard Weyrather: Muttertag und Mutterkreuz – Der Kult um die »deutsche Mutter« im Nationalsozialismus, Frankfurt am Main 1993.

- Es sei an dieser Stelle die Bundezentrale für Politische Bildung erwähnt, die zu den verschiedensten Themenkomplexen fundierte Dossiers anbietet. So beispielsweise auch zur Frauenbewegung (www.bpb.de/gesellschaft/gender/frauenbewegung/), zur deutschen Nachkriegsgeschichte (www.bpb.de/izpb/10124/gesellschaftliche-entwicklung?p=all) oder zum Stichwort Familie (www.bpb.de/politik/grundfragen/deutsche-verhaeltnisse-eine-sozialkunde/138023/was-ist-familie).

- Wer einen ausführlichen Überblick zu der Frage lesen möchte, was junge Frauen von heute wollen:
  Jutta Allmendinger: Frauen auf dem Sprung – Das Update 2013, die BRIGITTE-Studie:
  www.brigitte.de/producing/pdf/fads/BRIGITTE-Dossier-2013.pdf

– Zur Frage, wie der deutsche Staat Familien und Eltern finanziell
weiterhilft, mit zahlreichen Verlinkungen:
www.bmfsfj.de/BMFSFJ/Service/themen-lotse,did=76746.html
– Kritik dazu: Karin Jurczyk, Mitarbeit Ursula Persike und Johanna
Possinger (Stand August 2014): Ziele und Leistungen von Familienpolitik – wirksam gegen Familienarmut?, Deutsches Jugendinstitut:
www.dji.de/index.php?id=43662&L=0
– Wie es sich als deutsche Mutter in Frankreich anfühlt: Annika Joeres: Vive la Famille. Was wir von den Franzosen übers Familienglück lernen können, Freiburg 2015.
– Erläuterung und Kritik der französischen Familienpolitik: Anne
Salles (2009): Französische Familienpolitik. Ein Erfolgsmodell unter Reformdruck. Deutsche Gesellschaft für Auswärtige Politik e.V.
(Hrsg.) in Zusammenarbeit mit der Robert-Bosch-Stiftung, Berlin
– Zur Zufriedenheitsforschung:
1. Matthias Pollmann-Schult (2013): Elternschaft und Lebenszufriedenheit in Deutschland, Comparative Population Studies –
Zeitschrift für Bevölkerungswissenschaft, Jg. 38, 1 (2013): 59–84
www.google.de/url?sa=t&rct=j&q=&esrc=s&source=web&cd=1&-
ved=0CCAQFjAAahUKEwiYl8mpwaHIAhWEvBoKHY48BpY-
&url=http%3A%2F%2Fwww.comparativepopulationstudies.de%
2.Findex.php%2FCPoS%2Farticle%2Fdownload%2F67
%2F121&usg=AFQjCNG8T-aDtgAv9obzgG-6ZTIK16I_jA&b-
vm=bv.104226188,d.bGg
3. G. Baetschmann, Kevin E. Staub, R. Studer (2012): Does the
storck deliver happiness? Parenthood and Life Satisfaction, University of Zurich Working paper 94.
www.econ.uzh.ch/static/wp/econwp094.pdf
4. A. Deaton, Arthur A. Stone (2014): Evaluative and hedonic well-
being among those with and without children at home, PNAS,
Vol. 111, No. 4, S. 1328–1333.
www.pnas.org/content/111/4/1328.full.pdf

7
Mutterliebe wird zur Verklärung –
Die vermeintliche Natürlichkeit

– Zum Thema Muttertier: Nick J. Royle, Per T. Smiseth, Mathias Kölliker: The Evolution of Parental Care, Oxford 2012.

– Absolut empfehlenswert ist dieses mehrere hundert Seiten umfassende Werk der Anthropologin Sarah Hrdy Blaffer, die eine atemberaubende Fülle an Fakten rund um das Thema Vielfalt und Mutterschaft zusammenträgt und sich nicht an die Grenzen einzelner Fachbereiche hält: Sarah Hrdy Blaffer: Mutter Natur. Die weibliche Seite der Evolution, Berlin 2000.

– Zur Kindesentwicklung: Lieselotte Ahnert: Wie viel Mutter braucht ein Kind?, Berlin/Heidelberg 2010.

– Zur emotionalen Entwicklung von Müttern: Daniel N. Stern, Nadia Bruschweiler-Stern Nadia, Alison Friedland: Geburt einer Mutter: Die Erfahrung, die das Leben einer Frau für immer verändert, München 2000.

– Grundlegendes zur Bindungstheorie: K.E. Grossmann, F. Becker-Stoll, K. Grossmann, H. Kindler, M. Maier, H. Scheuerer-Englisch, M. Schieche, G. Spangler, K. Stöcker, G. Suess, M. M. Wensauer, & P. Zimmermann (2003). Die Bindungstheorie: Modell, entwicklungspsychologische Forschung und Ergebnisse (Attachment theory: model, developmental research and results). In: Heidi Keller (Hrsg.). Handbuch der Kleinkindforschung, Bern, S. 223–282.

8
Gleichheit wird zum Trugschluss –
Frauen im Dilemma

– Sehr interessante Studie zu der Frage, wie die Deutschen ihre Zeit aufteilen: Wie die Zeit vergeht. Ergebnisse zur Zeitverwendung in Deutschland 2012/2013. Statistisches Bundesamt, im Auftrag des Bundesfamilienministeriums, Wiesbaden 2015.
www.destatis.de/DE/PresseService/Presse/Pressekonferenzen/2015/zeitverwendung/Pressebroschuere_zeitverwendung.pdf?__blob=publicationFile

– Wer sich besonders für das Phänomen der Care-Ketten interessiert: Helma Lutz (Mitarbeit Susanna Schwalgin): Vom Weltmarkt in den

Privathaushalt. Die neuen Dienstmädchen im Zeitalter der Globalisierung, Leverkusen 2008.

- Ein sehr schöner Text zum Thema Care-Kette, der aus privater Sicht das Leben einer ausländischen Haushaltshilfe und deren Arbeitgeberin in Deutschland beschreibt: Gabriela Herpell: Frauen, die Frauen ersetzen, die Frauen ersetzen, *Süddeutsche Zeitung,* 03.10.2015.
  www.sueddeutsche.de/wirtschaft/arbeitsmarkt-frauen-die-frauen-ersetzen-die-frauen-ersetzen-1.2671635

- Wer sich fragt, wie es Alleinerziehenden in Deutschland geht, kommt an dieser umfassenden Studie nicht vorbei: Anne Lenze: Alleinerziehende unter Druck. Rechtliche Rahmenbedingungen, finanzielle Lage und Reformbedarf. Hochschule Darmstadt, im Auftrag der Bertelsmann-Stiftung, 2014.
  www.alleine-erziehen.de/files/114-2014_bst_studie_alleinerziehende_im_recht_final_3.pdf

- Dazu auch empfehlenswert: Alleinerziehende in Deutschland – Lebenssituationen und Lebenswirklichkeiten von Müttern und Kindern – Monitor Familienforschung, Ausgabe 28, 2012, Bundesministerium für Familie, Senioren, Frauen und Jugend.
  www.bmfsfj.de/BMFSFJ/Service/Publikationen/publikationsliste,-did=187504.html

- Wer lieber schaut als liest: Birgit Thater: Die Story – Arm gemacht – Alleinerziehende in Deutschland, WDR, Sendung vom 22.06.15:
  www1.wdr.de/mediathek/video/sendungen/die_story/videoarmgemachtalleinerziehendeindeutschland100.html

- Sollte jede junge Frau (und jeder junge Mann!) lesen: Laurie Penny: Unsagbare Dinge. Sex, Lügen und Revolution, Hamburg 2014.

- Spannendes Interview zum Dilemma moderner Frauen sowie zu der Frage, warum der Feminismus noch lange nicht am Ende ist: Angela McRobbie: Frauen sind die perfekten Mitglieder einer neoliberalen Gesellschaft, *Süddeutsche Zeitung Magazin*, 10/2015.
  http://sz-magazin.sueddeutsche.de/texte/anzeigen/42858/Frauen-sind-die-perfekten-Mitglieder-einer-neo-liberalen-Gesellschaft

- Zwei der mittlerweile zahlreichen Studien zu den neuen Vätern:
  1. Moderne Väter – Wie die neue Vätergeneration Familie, Gesellschaft und Wirtschaft verändert. Durchgeführt von der differentlabs GmbH, im Auftrag der Väter gGmbH, 2012.
  http://vaeter-ggmbh.de/wp-content/uploads/2013/01/130124_Trendstudie_Einzelseiten_FINAL.pdf
  2. Zwar nur auf Angestellte der Commerzbank beschränkt, dafür aber sehr aktuell: Väter bei der Commerzbank: Ein Kulturwandel entsteht. Die Commerzbank-Väter-Studie 2015. www.commerzbank.de/media/karriere/diversity_neu/Vaeterstudie_2015.pdf
- Nimmt die Probleme noch einmal gesondert in den Blick: Kostras Petropulos: Neue Väter, neue Probleme, *Die Zeit*, 10.01.14.
  www.zeit.de/gesellschaft/2014-01/kinderbetreuung-vater-teilzeit-sigmar-gabriel
- Ein Vater, der in die Rolle der Mutter schlüpft und seine Erfahrungen in ein schonungsloses Literaturzeugnis umwandelt: Karl Ove Knausgard: Lieben, München 2013.
- Zwei deutsche Väter beschweren sich: Marc Brost, Heinrich Wefing: Geht alles gar nicht. Warum wir Kinder, Liebe und Karriere nicht vereinbaren können, Reinbek 2015.
- Sehr interessante Studie, die einen teils intimen Einblick in verschiedene Paarwelten liefert: Karin Flaake: Neue Mütter – neue Väter. Eine empirische Studie zu veränderten Geschlechterbeziehungen in Familien, Gießen 2014.

Nina Puri

KARRIERE IM EIMERCHEN

Warum Mütter nicht zum Arbeiten kommen

Ich bin dann mal weg vom Fenster

Wieso basteln Frauen in Deutschland Kastanienmännchen statt an ihrer Karriere? Was meinen Väter, wenn sie scherzhaft »Natürlich teilen wir uns den Haushalt« sagen? Was verstehen Chefs unter »gleichwertige Arbeitsstelle«? Und warum machen Kindergärten immer zu, bevor das Meeting zu Ende ist?

Jede berufstätige Mutter wird sich in diesem Buch wiederfinden. Denn es geht dem Irrsinn der mütterlichen Arbeitswelt furchtlos und ohne Rücksicht auf Tretminen auf den Grund. Wer es liest, ist für jede Diskussion besser gerüstet als mit einem kugelsicheren Still-BH.

Von der Autorin des Bestsellers »Elternkrankheiten«

»Wie Nina Puri an das Dilemma von Müttern herangeht, ist extrem unterhaltsam«

Stern